国家级精品资源共享课（排球）课程建设项目
河南省高等学校哲学社会科学优秀学者资助项目（2016-yxxz-20）

中国男排50年砥砺奋进综观

ZHONGGUO NANPAI
50NIAN
DILI FENJIN ZONGGUAN

许瑞勋　郭瑞平　著

人民体育出版社

许瑞勋与国家男排原主教练谢国臣（左）

曼谷1978年亚运会中国队与韩国队在比赛中

新德里1982年亚运会中国队与日本队比赛中

汉城1986年亚运会中国男排第一次获得
亚运会冠军。图为中国队双人拦网

北京1990年亚运会中国男排在比赛中

1998年世界男子排球锦标赛中国男排在比赛中

雅典2004年奥运会落选赛中国队与法国队在比赛中

北京2008年奥运会中国队与意大利队在比赛中

东京2020年奥运会资格赛中国男排在比赛中

中国男排“元老”戴廷斌

“网上飞人”汪嘉伟

历史的突破者——周建安

中国男排原主教练谢国臣

作者简介

许瑞勋，男，郑州西亚斯学院教师，二级教授，教育学博士，中国共产党党员，2009年9月被中华人民共和国人力资源和社会保障部、中华人民共和国教育部授予“全国模范教师”称号。历任河南师范大学体育系主任、体育学院院长等职务。兼任全国高等院校体育教学训练研究会副会长、全国高等学校体育教师教育研究会副理事长、河南省高等学校体育教学指导委员会委员、河南省学生体育总会排球协会副主席等职，并应邀担任几所院校的兼职教授。

许瑞勋教授是国家级精品资源共享课、国家级精品课程“排球”课程学科带头人，河南省教育厅学术技术带头人、河南省重点学科“体育学”一级学科学术带头人，教育部高水平运动队（排球）建设单位学科带头人，河南师范大学省级实验教学示范中心“运动人体科学实验教学示范中心”学术带头人。

许瑞勋教授作为河南省哲学社会科学研究优秀学者，曾荣获河南省社会科学优秀成果一等奖一项、三等奖一项，荣获河南省体育局体育课题研究项目一等奖一项，荣获河南省教育厅人文社会科学研究成果一等奖两项。

许瑞勋教授长期从事体育教学、科研和管理工作，主要研究方向为体育教育训练学。正式出版的专著、教材主要有《排球运动文化导论》《中国女排40年发展历程纵览》《中国体育教师教育的改革审视与创新研究》《实用训练学》《体育学科理论与排球运动实践》、普通高等教育“十三五”国家级规划教材《球类运动——排球》《排球》《排球学习指导》等20余部（套）；在全国各级专业刊物上共发表《现代生活方式与体育》《体育与健康课程学习领域的划分及领域之间逻辑关系》《高等体育教育质量标准的特征、价值取向与结构体系》《现行教育体制下体育教师培养的课程研究》《论坚持和完善中国竞技体育的举国体制》《大型赛事促进高校体育发展研究》《排球运动文化的概念、研究进展及研究趋势》《现代排球技术发展特点及趋势》等学术论文100余篇；承担“中国体育教师教育改革理论与实证研究”“普通高等院校学校体育促进学生发展的有效途径与方法研究”等国家级、省级科研课题20余项。

许瑞勋教授是国家曾宪梓教育基金奖获得者，曾多次荣获“河南省体育科技进步奖”“河南省哲学社会科学研究优秀学者”“本科教学特殊贡献奖”“教学名师”等称号。

郭瑞平，女，河南师范大学教师，副教授，教育学硕士，中国共产党党员。1979年9月出生，河南洛阳人，主要从事排球运动教学与科研工作。

郭瑞平同志在教学中承担了体育教育排球普修、大学体育排球及气排球等课程的教学。曾在河南师范大学青年教师课堂教学比赛中获得一等奖，曾多次获得“优秀教师”“三育人先进个人”和“文明教师”称号，以及河南师范大学“十佳教师”称号。在河南省教育信息化大赛中，多次参加高校组课件制作比赛和微课教学比赛，获得了有关排球运动发球、垫球、传球和扣球的多媒体课件制作一等奖四项，微课教学比赛二等奖一项。

郭瑞平同志承担了国家级和省级课题共10余项，是国家级精品资源共享课程——“排球”的主要参与人，主持完成了河南省教师教育改革课题和河南省教育厅人文社会科学项目各一项，多次主持河南省社科联项目并获得一等奖三项。在全国各级刊物上公开发表了《排球运动衍生项目的社会学分析》《2013—2014年中国女排联赛决赛技术分析》《排球运动中的哲学规律研究》《体育运动中的辩证法》等学术论文20余篇，参加了第十届和第十一届全国体育科学大会，并做了大会专题报告，《中国女排发展成就及经验研究》一文入选第十二届全国体育科学大会专题报告。

郭瑞平同志现为室内排球国家级裁判，多次参加全国排球超级联赛、全国男子排球锦标赛和全国U16男子、女子排球锦标赛的裁判工作，在河南省青少年排球锦标赛和大学生排球联赛中也多次担任裁判，多次获得“优秀裁判员”称号。2014年，带队参加河南省第12届运动会大学生组排球比赛，获得优异成绩，同时获得“优秀教练员”称号。

自序

1895 年，美国人威廉·摩根发明了排球运动，至今已有 120 多年的历史，回顾排球运动发展的百年历程，有百花齐放、百家争鸣的发展高潮期，也有蓄势积淀、遭遇困境的艰难时期，世界各国的队伍和运动员在排球运动的发展历程中既展现了高超的技战术水平，又体现了团结、拼搏、奋进、创新的优秀品质，他们为自己和国家赢得了荣誉和尊重，也为世界排球运动做出了卓越的贡献。

现代排球运动已经成为集竞技、娱乐和健身于一体的运动项目，由于它兼具竞争对抗和娱乐健身的功能，因此在各国发展较好，受到各个阶层人们的喜爱和关注。1995 年，国际排球联合会借排球运动诞辰 100 周年之际，就大力推广排球，时任国际排联主席阿科斯塔声称要“把排球运动变成世界第一运动”，显示了国际排联发展排球运动的目标和决心。

中国男排是一支战斗力强、凝聚性高的队伍，为新中国体育发展做出了突出贡献。1956 年，中国男排首次参加世界大赛——世界男子排球锦标赛，获得了第 9 名的成绩。20 世纪 60 年代，中国排球开始学习日本，确立了“三从一大”的训练方针。1972 年，周恩来总理亲切看望男排运动员，促使我国排球运动开始出现转机。1976 年，我国组建了新的国家男子排球队，并于 1977 年参加了第 3 届男子世界杯排球赛。在这次比赛中，毫无大赛经验的中国男排勇者无惧、敢打敢拼，先后战胜了美国、巴西和加拿大等世界强队，以“快速多变”的独特打法令世界排坛刮目相看，同时获得了第 5 名的好成绩，显示了迅猛的发展势头，中国男排主力队员汪嘉伟也被誉为“网上飞人”，中国男排的创新型打法引起各国队伍的重视，其他世界强队开始研究并学习中国男排的技战术打法。

1979 年，中国男排在亚洲男子排球锦标赛中获得冠军，同时获得了参加奥运会的资格，中国排球首先实现了冲出亚洲、走向世界的目标，但是由于政治原因，中国男排未能参加这次奥运会，也失去了一次证明自己的绝佳机会。1981年的世界杯预选赛在中国香港举行，中国男排在与韩国队的比赛中先失两局，形势十分危急，但是中国男排顶住压力，连扳三局，最终赢得了这场比赛。在电视机前观看了这场惊心动魄又精彩绝伦比赛的北京大学学子们激动地走上街头，喊出了“团结起来，振兴中华”的时代最强音，这个口号响彻全国，成为那个时代特殊的记忆。对于刚刚打开国门、百废待兴的中国来说、中国男排的这场胜利正是当时社会急需的精神食粮，中国社会急需这样一句口号来为自己加油、喝彩。因此，“振兴中华”的口号深深烙在了中国人民的心中，鼓舞了整整一代人，20世纪70年代末80年代初的这一时期是中国男排的第一次高潮发展期。

中国男排历史上共有两次参加奥运会的经历：1983年，中国男排冲奥失利，未能获得参加洛杉矶奥运会的资格，但是后来幸运地替补参加了比赛。新组建的队伍缺乏比赛经验、磨合不足，最终仅获得第8名的成绩。20世纪90年代，中国排球开始滑坡，中国男排失去了亚洲霸主地位，在国际大赛中的成绩也逐步下滑，1997年，“网上飞人”汪嘉伟回国执教，迅速带领中国男排实现了亚洲“三连冠”，实现了中国男排的第二次腾飞，但是仍然没有实现参加奥运会的梦想。此后中国男排经历了较长时间的低谷，直到周建安执教后，中国男排在北京奥运会上才实现了历史性突破，获得了第5名的成绩，这是近些年来我们取得的最好的大赛成绩，但是之后男排成绩因为伤病等原因出现了断崖式的下滑。

谢国臣执教后，曾带领中国男排重新夺得了亚洲杯的冠军，但是由于伊朗、澳大利亚等队的崛起，想要重回亚洲巅峰已经是非常困难了。外教洛萨诺接任后，没能实现既定的目标，反而因为与男排队员磨合不当而创下了亚洲比赛的最差纪录，中国男排陷入冰点低谷，令人唏嘘。巴黎奥运周期已经开启，新时期的中国男排在吴胜主教练的带领下，正在为振兴男排而努力，也在为一直以来的奥运目标而砥砺前行。

1972年到2022年，中国男排经历了50年的风雨历程，相比于中国女排，中国男排的发展更加跌宕起伏。亚洲比赛曾7次夺冠，其中亚锦赛和亚运会分别夺冠3次，亚洲杯夺冠1次；世界大赛的最好成绩是第5名，分别是1977年和1981年世界杯2次获得的第5名和北京2008年奥运会的第5名。虽然与中国女排的辉煌成绩无法媲美，但是中国男排同样为世界排球的发展做出了不可缺少的贡献。一方面，中国男排“快速多变”的进攻打法推动了世界男子排球的不断发展，男排创新发明的“前飞”“背飞”和“拉三”“拉四”等战术打法极大地丰富了世界排球的技战术，为世界男排的“流派”打法增添了新的血液，使高度、力量和速度结合的全面型成为现代排球的发展方向；另一方面，中国男排的发展同时也促进了中国女排走向辉煌，中国男排是最早在世界上崭露头角的，中国女排的很多教练员都来自男排队伍，如带领中国女排实现第二次辉煌的陈忠和教练，就是“男排元老”戴廷斌的弟子，中国男排为女排提供了优质的教练资源，为中国排球的繁荣昌盛做出了极大贡献。

习近平总书记在南京青奥会运动员村亲切看望中国体育代表团时提出：“‘三大球’要搞上去，这是一个体育强国的标志。”中国女排在东京奥运会上折戟而归，中国男排仍在为奥运梦想而不懈努力，中国排球的发展需要国家的重视和社会的关注，中国“三大球”的前景仍不容乐观。中国男排在20世纪七八十年代曾是世界一流强队，在世界排坛享有盛誉，而今随着世界排球的快速发展，我们却逐渐掉队，总结中国男排的发展历程，吸取教训的同时也要积累发展的经验，中国已经站在了新时代的起点上，建设体育强国需要中国男排的一份力量。因此，中国男排永不言弃的精神值得我们肯定，但更重要的是新时期我们要加快发展的速度，为巴黎奥运周期的目标和任务而全力以赴。

本书研究时间跨度较长，涉及的赛事多、人员广，因此研究起来有一定的难度。作为长期从事排球教学训练的体育教育工作者，出于对我国排球事业的忠诚和对中国男排的关注与期望，我们克服困难，努力完成，尽力将其呈现，敬请各位专家指导，希冀与同行交流，也为我国排球事业的发展提供一些参考。

在本书的编著过程中，笔者力求其准确性、前瞻性和先进性，参阅、借鉴了众多领导、专家、学者的学术论文、著作和参考资料，在此一并表示感谢。

书中如有不妥之处，恳请读者给予谅解和指正。

目　录

第一章

CHAPTER 1

世界排球运动发展综述

排球运动自1895年诞生至今已有120多年的历史，现在的排球运动已经发展为深受人们喜爱并融合了竞技、娱乐和健身等元素的运动项目之一。排球运动所具备的突出的竞争特质、对抗元素、娱乐性能、趣味特色和普适性等，使其在世界上的影响力越来越大，同时受到社会各界人士的喜爱，世界各国的排球运动正在蓬勃发展。

第一节　排球运动的起源与传播

一、排球运动的起源

19世纪末，美国在体育运动方面走在世界前列，当时社会上橄榄球和篮球运动开展得较好，但是这些项目往往对抗激烈程度较高，比较适合青年人活动，让有意参加的女性朋友和中老年人叹为观止，所以人们希望找到一种参与人数多、运动量适中的适合男女老少都能参加的体育活动。1895年，一位美国马萨诸塞州的基督教青年会体育干事，名为威廉·摩根的年轻人一直在进行实践探索，试图找到一种适合更多人参加的活动。他由网球运动受到启发，在网球场上将球网放在大约1.98米的高度上，参与活动的人们在网的两侧将篮球胆来回拍击，使球胆在空中飞行，这种活动形式成为排球运动最早的雏形。后来威廉·摩根先生找到当时美国较大的体育用品制作公司——司保丁公司，按照自己实践的结果设计制作了与现代排球相似的历史上第一批真正的排球，在橡胶球胆外裹着皮制的表层，圆周为25~27英寸，重量为9~12盎司，现代排球的尺寸和重量也是在此基础上演变而来的。

威廉·摩根先生把这种体育活动命名为“mitintte”，在英语中是“小网子”的意思，取意隔网活动。随后，这种活动不断发展，并于 1896 年在美国马萨诸塞州斯普林菲尔德基督教青年会体育指导大会上进行了首次表演赛。后来，春田市的哈尔斯戴特博士根据这种活动的特性将其更名为“volleyball”，即“空中截击”之意，并且也征求了威廉·摩根先生的意愿，于是，volleyball 这个词就一直沿用到今天。

由于这种运动形式开展很好，1897 年 7 月，美国的知名杂志《体育》对排球比赛的规则专行了详细介绍，之后排球运动逐渐推广。最初的比赛并不规定上场人数，只要双方人数相等即可，由于活动形式简单易行，排球比赛受到了世界各界人士的欢迎，并很快在教会、学校和社会中流行，它同时还被纳入美国的军事体育活动范畴。

排球运动诞生于 1895 年，此后 40 年在美洲、欧洲、亚洲得到较为广泛的开展，许多国家相继成立了全国性的排球协会。1946 年 8 月 26 日，法国、波兰和捷克斯洛伐克这 3 个国家的排球协会代表，在布拉格举行会议，计划成立一个排球运动的国际联合会。翌年 4 月 18 日至 20 日，由比利时、巴西、埃及、美国等 14 个国家排球协会的代表聚会法国巴黎，宣告国际排球联合会成立。会上决定 1949 年在捷克斯洛伐克的首都布拉格举办第一届世界男子排球锦标赛，这也是排球运动的第一次世界大赛。在奥运会排球赛、世界排球锦标赛和世界杯排球赛这三大国际排坛赛事中，世界排球锦标赛举办的历史最为悠久。

二、排球运动的传播

美国创始了排球运动后，后来经过教会间的交流和各种军事活动的传播，排球运动逐渐在世界各地流行开来，各地由于传入时间和采用的规则不尽相同，所采用的排球运动形式也不相同，水平各有高低。

现在使用最多的 6 人制排球最先传到美洲，但只是作为一种娱乐活动来进行消遣和休闲活动，而排球运动的竞赛本质并未得到充分重视，直到 1964 年排球运动被列为奥运会竞赛项目，美洲地区的排球运动水平才逐渐提高。

随后排球运动开始传入亚洲，在基督教青年会的各种活动中得到传播。亚洲排球运动最初是以 16 人制、12 人制和 9 人制的活动形式为主，直到 20 世纪 50 年代，6 人制排球运动才开始在亚洲盛行。排球运动传入中国是在 1905 年。

排球运动传入欧洲的时间迟于美洲和亚洲，是由参加第一次世界大战的美国士兵传播过去的，虽然接触的时间晚，但传入欧洲的是 6 人制的活动形式，而且当时已经开始发掘其竞争性，所以排球运动在欧洲发展较快，水平也较高，在相当长一段时间里，欧洲国家的排球运动水平一直位于世界前列。

非洲最晚开展排球运动，而且开展状况并不太好，由于一直处于不温不火的状态，所以直到现在非洲的排球竞技水平仍然比较落后。

第二节　世界排球运动的发展历程

经历 120 多年的发展，世界排球运动经历了三个阶段的演进：第一是从娱乐排球向竞技排球过渡阶段；第二是竞技排球的盛行阶段；第三是竞技排球 的多元化趋势阶段，同时娱乐排球再次回归。

一、娱乐排球向竞技排球进阶

排球运动创始之初是为了满足更多人活动锻炼的需要，人们隔网拍打，娱乐消遣，这种游戏并没有技术含量，人们只是习惯了将球一次击打过网，一次未过的，由同伴补击。慢慢地，人们在游戏过程中发现，一次击球过网并非最佳选择，在近网处跳起进行击打，反而胜算更大，因此大家便多次拍打，力争找到更好的击球机会，这样不断尝试以获得成功的集体智慧的集合就是后来的排球运动战术的雏形。由于击球次数不等易产生矛盾，规则又进行了三次击球过网的规定，击球次数的限制促进了击球逐渐分化为传球和扣球两种不同的技术。随着排球运动的技术逐渐丰富，精彩刺激的扣球动作出现后，年轻人群参加的就越来越多，排球运动游戏和娱乐的性质逐渐改变，更加激烈的对抗性质开始为排球运动增添色彩。为了阻拦对方扣球，拦网技术应运而生，发球也使用侧面的发球技术以增加攻击性，扣球、拦网和发球等各种技术动作的产生使排球运动的发展产生了质的飞跃。

随着排球运动竞技性和对抗性的不断发掘和提升，竞赛规则越发重要。在

1921—1938 年的 17 年间，人们对排球运动的规则进行了多次修订。当时，除垫球外，传、拦、扣、发已经成为排球的四大技术，比赛中也出现了位置分工，形成了有目的、有意识的战术配合。20 世纪 30 年代末和 40 年代，排球战术配合得到进一步发展，扣、吊结合的打法和多人拦网的集体配合促进了拦网保护战术体系的产生。这时的国际排球比赛还没有统一规则，竞赛组织比较混乱，正处于从娱乐性质向竞技性质突出的方向进阶。

二、竞技排球的如火如荼

随着世界排球运动竞技水平不断提高，有些国家已经有了自己的排球组织，人们在统一国内竞赛的同时也希望国际上能够统一管理，提高规范性。1946 年，法国、捷克斯洛伐克和波兰三国协商提议成立国际排球联合会，经过讨论和考察，1947 年国际排球联合会在巴黎正式成立，各个国家的 14 名负责人出席了会议，来自法国的保尔·黎伯成为国际排球联合会历史上的第一任主席。这次大会制定了国际排球联合会的宪章，成立了排球技术、竞赛和裁判委员会，并正式出版了国际统一的竞赛规则。国际排联的正式成立标志着排球运动从娱乐游戏的时代跨向竞技对抗时代。

国际排球联合会在成立后进行了许多交流性的国际比赛，在这些大型比赛和国际交流的促进下，世界排球的技战术水平得到了快速的发展。在历史的长河中，一些国家因其突出的特点给人留下深刻的印象：苏联男、女排因为身形高大和扣球力量大被誉为“力量派”，他们以自身的优势曾多次蝉联世界冠军；捷克斯洛伐克男排被誉为“技巧派”，他们擅长掌握和变化出不同的扣球线路，同时对球的落点控制精准。苏联和捷克这两派是当时世界上较为先进的流派，两者一直是竞争的对手，但是在多次交锋中，“力量派”相对占据优势。

20 世纪的 60 年代至 70 年初是世界排球发展的迅猛时期，世界排坛呈现百花齐放的局面。20 世纪 60 年代初，日本女排在魔鬼教练大松博文的指导下，苦练基本功，发明创造了攻击性能强的勾手发飘球技术，在身材矮小的基础上扬长避短，利用滚翻救球、前臂垫球等技术弥补防守的不足，刻苦的训练、顽强的作风帮助日本队大大提高竞技水平，成为当时苏联最强劲的对手。日本女排在发球、前臂垫球和滚翻救球这三项技术上的发明是排球运动发展史中的重大革命，极大地促进了世界排球运动的发展，日本女排因此跻身世界强队。日本队的配合型防守体系与苏联的力量型进攻体系形成鲜明的对比，这两支队伍在当时的世界大赛中不断抗衡，不断制约，共同把持着世界女子排坛。

1965 年规则“允许手可过网拦网”的规定使如何突破拦网，提高网上控制力成为比赛取胜的关键。民主德国的“超手扣球”打法新颖，优势突出，帮助他们连夺两次世界冠军，他们也成为另一支以高度获胜的队伍。当时的中国男排发明了“盖帽拦网”和“平拉开扣球”技术，不断丰富了排球的技战术，同时这种“以小打大”的成功引起了世界排坛的注意。日本男排在学习中国男排“平拉开扣球”和“近体扣球”等先进技术的基础上又创造了“短平快”“时间差”和“位置差”扣球等技术动作，并在第 20 届奥运会上为亚洲夺得首枚奥运金牌。中国队和日本队在世界排坛以快速进攻著称，被誉为“速度派”。这一时期男子排坛的特征是各种流派的竞争，激烈的竞争对抗促进了排球运动的快速发展，各种发明革新使排球运动的特点和性质在各流派的竞争中得到长足的发展。

1977 年，国际排球联合会再次修改规则，允许队员在拦网触手后仍可击球 3 次，排球运动攻防的激烈程度再次加剧。20 世纪 70 年代后期是排球运动在空间维度上的一次重大革命，中国女排发明的“单脚背飞”进攻技术和中国男排创造的“前飞”“背飞”等空间差进攻，以及波兰男排率先使用的后排进攻战术，极大地丰富了排球运动的进攻战术，奠定了三维立体进攻的理论和实践发展，创造了排球发展的新纪元。随着国际交往的增多，各种流派在取长补短中渐渐融合，20 世纪 70 年代成为排球技战术迅速发展的时代，排球运动的竞技水平迅猛发展。

三、竞技排球的多元化发展和娱乐排球的盛行

（一）竞技排球的多元化发展

20 世纪 80 年代后，竞技排球的发展已经到了高水平的成熟阶段，技战术的单一优势再也不能像原来那样轻易夺冠。而中国女排在 20 世纪 80 年代的“五连冠”是在艰苦训练的情况下结合自身优势获得的，在高度与灵活、进攻和防守等方面都达到了统筹兼顾。中国女排形成了自己独特的打法，这一时期的中国女排

在世界排球运动发展中留下了最光辉的形象。同一时期，美国男排发明使用了摆动型的进攻战术，比赛中跳发球和后排进攻技术的运用效果明显，使排球比赛扩展为纵深立体战术，且他们勇于改革创新，这使得他们连续4次登顶世界之巅。

中国女排的“五连冠”和美国男排的“四连冠”，都是对排球运动技战术观念的正确理解造就的，同时也象征着排球运动全攻全守时代的到来。国际排球联合会在攻守平衡的问题上采取了积极鼓励防守政策，但对进攻并未一味限制，而是在规则上对击球的部位放松限制，防守也由“出击防守”代替了“等待防守”。20世纪90年代，意大利和荷兰男排快速发展，在国际排坛迅速占据领先地位，竞技排球的社会化和职业化时代拉开帷幕，排球运动的技战术水平产生了新的飞跃。

21世纪以来，世界排坛的格局再次发生了翻天覆地的变化。中国、美国、俄罗斯、巴西和意大利女排进入多强对峙时代；男子排球从百家争鸣改变为巴西队独占鳌头，包揽了多次世界大赛的冠军，美国、意大利和俄罗斯男排保持着第一集团的实力。

（二）娱乐排球的盛行

排球运动的创始初衷是一项娱乐活动，其本质就是游戏。随着社会的发展，排球运动的竞技性被不断挖掘并不断扩大。自20世纪80年代以来，竞技排球的技战术发生了巨大的变化，规则的改变使得比赛越来越赏心悦目，但随着社会压力不断加大，人们对各方面的需求更加精确丰富，已不仅仅满足于观看比赛，更渴望通过亲身体验这项活动来娱乐身心。但竞技排球的高门槛使人的参与积极性大受打击，人们更希望找到自己力所能及的排球运动，于是人们开始尝试从排球的性能和规则上不断地进行变化，至此，娱乐性排球的衍生项目便应运而生，娱乐排球再次回归。

为了吸引更多的人参与到排球运动中，国际排球联合会对于适合大众开展的娱乐排球形式给予了积极的支持和关注。1996年，将沙滩排球纳入奥运会正式比赛项目就是一个重大改革，除此之外，软式排球、气排球、墙排球、草地排球等新兴项目如雨后春笋般涌现，对六人制排球的软化和降低难度是娱乐排球发展的主要形式。总之，娱乐排球的回归，标志着竞技排球与娱乐排球已成为时代共同的宠儿。

第三节 排球运动在我国的发展

一、项目名称的改变

排球运动在20世纪初传入我国，1905年，排球活动最初是在广州市的南武中学和香港的皇仁书院开始盛行，后来逐步在其他一些学校中流行起来。根据volleyball的英语译音，人们称其为“华利波”运动。1913年，世界上第一次正式的排球国际比赛在菲律宾举行，即第1届远东运动会排球赛，中国也参加了这次比赛的男子项目，当时中国的代表队是临时从田径和足球队中抽调的队员，赛后这些队员将排球运动带到了广州、台山、文昌等地，排球运动在中国开始推广和发展。

1930年旧中国第4届全运会之前，将这项运动正式更名为“排球”，排球这项运动开始在我国传播。我国正式实行6人制的排球是在中华人民共和国成立以后，虽然当时这项运动已经在我国开展了40多年，但由于普及程度较低，人们的参与意识较弱，只有一些大城市和东南沿海地区开展较好，因此竞技水平较低。

二、6人制排球在我国的推广、发展与繁荣

中华人民共和国成立后，百业待兴，中华人民共和国体育运动委员会（以下简称国家体委）比较注重“三大球”的发展，排球运动也在全国进行推广。1951年5月，在北京举行的第1届全国篮、排球比赛大会上，我国首次采用6人制排球赛制，并且建立了当时的国家队——中央体训班男、女排球队。1952年，毛泽东同志题词发表“发展体育运动，增强人民体质”，党中央有关体育运动方针政策的实施推动了全国排球运动的发展。1953年，我国青年女排首次参加第1届国际青年友谊运动会排球赛。1954年我国成为国际排球联合会会员国之一。我国排球运动在20世纪50年代的指导思想比较正确，强调的是普及与提高的同时发展，在普及的基础上注重提高，在提高的影响下加强普及。1956年，我国首次参加世界排球锦标赛，女子获得第6名，男子获得第9名，说明这一时期我

国排球的水平提高相对较快。

1964年，日本女排获得世界冠军，为了学习世界先进技术、提高中国排球水平，周恩来总理邀请了日本女排的教练大松博文来华交流，同时还请他协助指导中国运动员训练，在此基础上，中国确立了“三从一大”的训练方针，也为中国男排的崛起和女排后期的“五连冠”奠定了基础。我国在1976年组建了新的国家男、女排球队，于1977年参加世界杯排球赛获得男子第5名和女子第4名的成绩，1978年在世界排球锦标赛中获得男子第7名和女子第6名的成绩。这一时期是中国男排的第一个高潮期，为我国男子排球之后的发展树立了榜样和标杆。1979年我国男、女排在亚洲排球锦标赛中均获得冠军，同时获得参加奥运会的资格，中国排球率先实现了冲出亚洲、走向世界的梦想。但由于中国抵制第22届奥运会，中国排球失去了证明自己的一次机会，中国男排也错过了也许是历史上最好的一次机会，首次冲击奥运会便成功入围的中国男排只能遗憾地放弃参赛资格。

随后，中国女排经历了20世纪80年代的“五连冠”，创造了我国排球发展史的辉煌一页，中国男排则陷入新老交替、青黄不接的境地，之后我国排球由于指导思想跟不上世界排球运动发展的速度，男、女排成绩均下滑，陷入低谷。直到1997年，中国男排在汪嘉伟的带领下才重夺亚洲霸主地位，实现了第二次发展的高潮期；而2003年中国女排也重回世界之巅，获得女排世界杯冠军，紧接着在2004年雅典奥运会上夺得冠军，实现了中国女排的第二次腾飞。2008年中国作为东道主参加了北京奥运会，中国女排获得了铜牌，中国男排则获得了历史性的突破，排在第5位，这是中国男排在奥运会中的最好成绩。继北京奥运会之后，我国女排的成绩一直不理想，男排更是举步维艰。2013年，郎平在期望和压力中接手中国女排，2014年中国女排在世界女子排球锦标赛中获得亚军；2015年，在女子世界杯排球赛中，中国女排在主力队员受伤的情况下力克群敌，最终获得了冠军；2016年，中国女排小组第四出线，突破重重困难夺得了里约奥运会的金牌；2020年，东京奥运会中国女排止步八强，遭到了沉重的打击。但女子排球仍是目前我国“三大球”中最强的队伍，总结失败的教训，重新起步，中国女排绝不会轻易放弃。中国男排在20世纪70年代末80年代初取得的成绩是迄今为止最好的大赛成绩，随后中国男排逐渐落伍，与世界强队的距离越来越大，历史上只有两次参加奥运会决赛，1984 年依靠替补名额幸运获得，2008 年依靠东道主席位最终获得历史性的第 5 名。汪嘉伟任职期间中国男排曾多次获得亚洲冠军，但是现在中国男排的处境艰难，在亚洲都无法站稳脚步，走向世界的梦想就更为遥远。2017—2019 年，中国男排在外教任职期间发展缓慢，更是创下历史最差成绩，令人痛心。但是中国男排一直没有放弃过，一代又一代排球人仍在为冲进奥运会决赛而不懈奋斗着，目前中国男排在吴胜主教练的带领下，正在备战巴黎奥运周期的各项比赛。

中国女排在 20 世纪 70 年代中期以后开始在各类比赛中崭露头角，纵观中国女排 40 余年的发展历程，大致经历了提高阶段（1975—1980 年）、第一次巅峰辉煌期（1981—1986 年）、间歇低谷期（1987—2002 年）、第二次再辉煌期（2003—2004 年）、停滞徘徊期（2005—2013 年）和第三次鼎盛期（2014 年至今）。

中国男排在 20 世纪 70 年代末 80 年代初致力于创新钻研，达到了发展的高峰期，在当时属于世界强队，曾获得世界杯和世锦赛的第 5 名和第 7 名，是迄今为止中国男排在世界大赛中的最好成绩。20 世纪 90 年代由于没有跟上国际排球发展的步伐，处于徘徊下滑阶段，2008 年中国男排作为东道主参加了北京奥运会，获得了决赛第 5 名的成绩，取得了历史性的突破。纵观中国男排 50 年的发展历程，大致经历了发展初期（1972—1976 年）、第一次高潮发展期（1977—1982 年）、稳定发展期（1983—1990 年）、徘徊下滑期（1991—1996 年）、第二次高潮发展期（1997—2005 年）、跳跃式发展期（2006—2016 年）、冰点低谷期（2017—2019 年）、发展新周期（2020 年至今）。

在中国体坛“三大球”中，中国女排是最耀眼的球队，目前中国女排已经拿到了 10 次世界冠军，其中包括 5 次世界杯冠军、3 次奥运会冠军和 2 次世锦赛冠军，成绩十分出色。相比于中国女排，中国男排的整体战绩较为逊色，虽然亚洲范围内，中国男排曾经多次获得亚洲杯冠军、亚运会冠军和亚锦赛冠军，不过在世界排坛，中国男排尚未取得前三名的成绩。截至目前，中国男排世界大赛中最好成绩是第 5 名，中国男排在 1977 年男排世界杯拿到第 5 名。回看中国男排相关资料，中国男排素以全面快速多变的技战术风格著称，是 20 世纪 70 年代末 80 年代初的一支世界劲旅。进入 21 世纪，周建安教练带领中国男子排球队征战

2008年北京奥运会并最终获得第5名，取得历史性突破。

了解中国排球发展的每个阶段，掌握我国排球发展的规律，对比世界排球发展的态势，提出新时期中国排球的发展方向，是对我国排球理论的充实并为运动实践提供了有力的依据。前面我们已经回顾了中国女排40年的发展历程，有高潮有低谷，总结历史为中国女排今后的发展提供了有力的帮助。本书中我们重点阐述中国男排50年发展的艰辛历程，虽然中国男排的成绩与女排相去甚远，但是中国男排的发展与女排的发展息息相关，而且中国男排从未放弃过，一直在为冲出亚洲、走向世界而努力，中国男排的坎坷历程和坚持不懈更值得我们深思和肯定。总结过去是为了更好地把握将来，中国男排，加油！

第二章

CHAPTER 2

中国男排的发展初期（1972—1976年）

中国历史上的20世纪60年代到70年代，经历了一场“文化大革命”，中国体育事业也受到一定影响。1972年，周恩来总理接见排球运动员，充分说明了国家领导人对排球运动的重视，国家体委也提出了“振兴三大球”的号召，中国男排的发展开始步入正轨，各级训练开始恢复，中国排球开始吹响复苏的号角，这一时期是中国男排的发展初期，正是这一时期所奠定的基础，才造就了之后中国男排的第一次发展高潮。

第一节　中国男排发展初期的成绩

在中国的各种体育运动项目中，最早参加世界比赛的项目就有排球运动。中华人民共和国成立后，就组建中国男排参加了1956年举行的第3届世界男子排球锦标赛。排球项目自1905年传入中国，至今已有117年的历史，中国最早的排球活动是一些排球运动爱好者在南方沿海地区和经济文化比较发达的都市首先开展的。旧中国从第2届全国运动会起就设有排球项目，但当时的水平较低，与现在的规模与水平相差较大。中华人民共和国成立后，党和政府非常重视体育运动，排球运动作为“三大球”之一在我国获得了快速的发展。

一、中国男排开始参加世界大赛

1954年，中国排球协会正式进入国际排球联合会并成为正式会员，中国排球同世界各国排球的交流日益频繁，当时中国排球运动在全国范围内普遍开展，男、女排球甲级队、乙级队和青年队数量众多，各类中学、大学代表队也经常参加排球比赛，中国男排参加世界大赛的序幕也随之拉开。

20世纪50年代中期，第3届世界男子排球锦标赛在法国巴黎举行，共有24个国家派队伍参赛，中国队派出了由教练孙志安和张然、江振洪等12名队员组成的队伍。虽然与欧洲强队有相当差距，但中国队的后排插上、快球，以及快球掩护的前后交叉扣球、重叠扣球，成为这届世锦赛的一大亮点，被巴黎媒体称为“东方快球”“杂技般的技术”[1]。这也是中国男排“快速多变”进攻打法的雏形。最终中国队在这届世锦赛上取得3胜8负的战绩并获得第9名，这个名次对现在的中国男排来说是相当不错的成绩了，但在当时只是男排发展初期的表现。

20世纪60年代，中国男排先后参加了第5届世界男子排球锦标赛和第6届世界男排锦标赛，这一时期的队员主要有邓若曾、李宗镛、祝嘉铭、马立克和李耀先等排球名宿，中国男排两次都是获得第9名的成绩，媒体把当时的中国男排称为“超音速排球队”。

我国于1955年3月在天津召开的“运动员训练工作会议”上最早提出技战术指导思想，国家体委对“三大球”提出了“积极主动、灵活快速”的技战术指导思想[2]。后来，我们根据世界排球运动发展的趋势和自身实情，又提出了“技术全面、战术多样”和“快、准、狠、变”的思想方针，为我国排球运动的发展奠定了基础。

二、中国排球“文化大革命”后重新起步

正在中国排球不断学习提升自身水平时，一场浩劫突然来临，1966年以后的10年间，由于“文化大革命”的影响，本身一片大好形势的中国排球运动，在训练和比赛方面都受到了严重的影响。当时中国男排队伍是比较整齐的，已经形成了自己独特的技术风格，但是男排国家队中的队员年龄都比较大，也没有后备力量的增补，“青黄不接”的现象十分严重。袁伟民和祝嘉铭、马立克、邓若曾、冯正海、李宗镛等队员，为了国家荣誉忘我苦练、积极提升，就是为了打好排球翻身仗，攀登世界高峰。可是天有不测风云，正当我国男排水平大幅提高、

---

[1] 王全立．中国男排世锦赛回眸：袁伟民曾获殊荣　最佳战绩第7［EB/OL］．(2010-09-25)［2021-09-25］．http://sports.sina.com.cn/0/2010-09-25/17295218736.shtml.

[2] 靳小雨．技战术指导思想与中国排球运动的发展［J］．中国排球．2003（2）．

很有希望打出更好成绩的时候，这场运动使体育事业暂时停顿下来，也使中国男排与世界先进水平的差距逐渐拉大。

历经磨难的中国排球运动，直到20世纪70年代初才出现转机。中国男排重新组队，31岁的袁伟民雄心不减当年，在男排队伍青黄不接之际，再度出山，担任队长，一直打到35岁。但是，从队伍的整体水平来说，已经是今非昔比了。这批排坛老将们知道，靠自己去摘取世界排坛的桂冠已经不可能了，只能将希望寄托在下一批运动员的身上。

1972年4月9日，周恩来总理来到了广东体工队驻地二沙头，观看了男女排球队及其他队的表演，并与运动员进行了亲切的交谈。周恩来总理详细问起了运动员的学习、训练、生活和家庭情况，鼓励他们刻苦训练，为祖国做出新的贡献。周恩来总理在广州接见排球运动员的讲话，很快传播到全国，从而吹响了中国排球复苏的号角[1]。但是，由于“文化大革命”期间训练中断，当时中国排球运动的水平与世界强队相去甚远，中国男排与日本队的青年队比赛都赢不了，在国际交流中也表现较差。1974年中国男排参加了在墨西哥举行的第8届世界男子排球锦标赛，这次比赛共有24支队伍参赛，孙志安仍然担任主教练一职，由于中国排球水平受国内形势影响下降，而国际排坛竞技却日益激烈，中国男排在这次比赛中仅获得第15名，处于比较落后的水平，这一成绩与之前相比有了大幅度的降低。

这一时期的中国男排处于发展初期，也是不断向世界先进水平学习的阶段，但是中国男排表现出来的速度型进攻已经体现出男排的特色，即“快速多变”的进攻打法。这一时期中国男排取得了较为稳定的大赛成绩，并且为不断攀登世界排球的高峰而积极努力着。1974年9月在伊朗首都德黑兰举办的第7届亚洲运动会，是中国男排第一次参加亚运会，中国男排苦练基本功，最终获得第3名的成绩。1975年举行的第1届亚洲男子排球锦标赛上，中国男排名次也是排在日本及韩国之后，再次夺得第3名。整体来说，由于排球事业遭受重创，中国男排当时在世界排坛还处于比较落后的状态。

---

[1] 中国排球协会．中国排球史连载（七）［EB/OL］．（2020-08-05）［2021-08-05］．http://www.volley china.org/hv/2020-08-05/doc-iivhvpwx9358904.shtml.

参加完亚运会和亚锦赛后，国家队的情况非常糟糕，队员年龄较大，伤病较多，技战术也相对落后，中国男排面临着严峻的考验。为了快速赶超世界先进水平，国家体委决定解散老国家队并重新组队。1976 年 6 月，国家体委重新组建新的排球国家队，戴廷斌和袁伟民分别担任中国男、女排的主教练，亲自到集训基地挑选运动员，中国排球开始担负起赶超世界先进水平、冲击排坛高峰的重任。组队后的中国男排不断发扬奋发图强的精神，在主教练戴廷斌的带领下，全队鼓足干劲儿，勤学苦练，在技术水平和战术组织上都得到了极大的发展和提高。

第二节　中国男排发展初期的历史背景

一、国内形势

20 世纪 50 年代的巴黎世界排球锦标赛是中国 6 人制排球第一次参加重大国际比赛，具有划时代的历史意义。这次比赛也是中国排球向世界排球强国行列迈进的开始。

中国排球运动在 20 世纪 60 年代有了一定程度的提高。当时，“东洋魔女”日本女排获得了世界冠军，这对中国排球界来说无疑是一个极大的震撼和鼓舞，同为亚洲人，日本女排的成功让中国排球界看到了希望，中国排球由学习苏联开始转向学习日本。日本女排教练大松博文来华执教 1 个月，他“魔鬼式”的大运动量训练成为中国教练提高球队训练质量和水平的一大重要法宝，并不断在训练中进行技战术的创新。中国男排当时借鉴了大松博文的多球训练法和分场地训练法，使男排的训练质量大大提高。这阶段我国运动员利用“允许过网拦网”规则创新了“盖帽”式拦网，被人称为“中国的万里长城”；利用过网区延长了 40 厘米的规则，在继承 9 人排球技术的基础上，创新了“平拉开”进攻战术，被人称为“超音速排球”[1]。中国男排凭借自己独特的打法，以压倒性的优势战胜了当时世界锦标赛第 5 名的日本队。1994 年出版的《中国排球运动史》一书中称，20 世纪 60 年代中期中国排球已具备了屹立于世界强队之林的能力。

---

[1]　曾倩．中国排球运动世纪回眸［J］．上海体育学院学报，1999，23（4）：72-78.

正当中国男排兵强马壮、做好充分准备时，一场“文化大革命”的到来严重破坏了前景一片光明的局面，中国男排虽然在第6届世锦赛上继续保持第9名的成绩，但是“文化大革命”几乎把中国排球刚刚建立起来的家底一扫而光，队伍和队员无法正常参加训练和比赛，中国男排的技战术水平已呈现下滑态势。

“文化大革命”期间，中国的排球运动受到了巨大的影响，国家队被迫解散，国内各省市的排球专业队也停止了训练，我国排球运动水平在短时间内急剧下降，中国排球连续8年没有参加国际排球联合会组织的比赛，现役排球队伍的技战术水平急剧下降，而且在后备人才方面出现了严重的“青黄不接”，中国排球陷入了低谷。

1972年，我国排球运动开始出现转机，周恩来总理接见排球运动员的这一事件，充分表明了国家对排球运动的重视，中央提出了“三大球”要在三五年内达到一般国际水平的要求。在国家形势的影响下，中国排球开始狠抓后备人才的培养，建立漳州等排球训练基地，一批年轻队员迅速成长，为中国排球的崛起做好了准备。1972年11月，中国男排出台了新的战术指导思想，“在技术全面的基础上，以攻为主，积极防守，发展高度，加强配合，实现快、狠、活的技术”[1]。这一时期的技战术指导思想，充分结合了国际排球运动的发展动态，确定了快速灵活是中国排球的特色和优势，正是树立了正确的技战术指导思想，才有了中国男排在20世纪70年代末80年代初的第一次辉煌腾跃。

据《中国排球运动史》记载，1972年为加速我国排球运动的发展，国家体委决定在我国温暖的南方建立一个排球训练基地，以进行排球集训大会战。为选择合适的集训基地，国家体委排球处委派当时在排球调研组工作的张然到南方考察。建基地是大事，经过张然的调研，时任国家体委排球处处长的钱家祥又带上国家体委财务司的同志赶赴漳州进行实地考察，认为把漳州作为排球训练基地有4个优势，即当地领导重视体育、群众性排球基础好、冬季气候宜人、物质产品丰富。总之，漳州客观条件和主观努力均符合国家排球训练基地建设需要，于是上报国家体委，最终决定将基地设在漳州。中国首个排球训练基地定址漳州后，短短23天，6个用于训练的竹棚馆搭建而成，国家排球冬训队如期入住漳州，

[1] 张宏伟，沈辉．从2003年世界杯看中国男排的出路［J］．南京体育学院学报，2004（2）：94-98.

中国第一次排球大集训就此在漳州这座千年古城拉开序幕。1973 年，国家体委开始正式投资兴建漳州排球训练基地，为漳州成为“中国女排的娘家”“世界冠军的摇篮”奠定了基础，也为中国男排提供了最初的训练基地。“漳州基地为国家队做了很大贡献，可谓功不可没”，张然表示，集训大练兵培养了干部，造就了教练，锤炼了队员，积累了经验，提升了我国排球技战术水平。在漳州基地集训 4 年之后，队员的技术水平日趋成熟，这为 1976 年中国男、女排重新组建并实现之后的辉煌打下了坚实基础。

1974 年，邓小平在接见中国参加亚运会的队伍时强调：毛主席向来主张，体育方面主要是群众运动，就叫发展体育运动，增强人民体质，就是群众性问题[1]。说明当时国家对群众体育运动比较重视，全国的群众体育运动开展得比较广泛，各项运动的基础还不错，这也为中国排球之后的蓬勃发展奠定了坚实的群众基础。看一个队，不光看国家队水平，还要看后备力量[2]。

1976 年，体育系统开始回归正常轨迹，国家体委组建了新的国家男、女排球队，戴廷斌和袁伟民分别担任中国男、女排主教练，下一步的计划就是总结和学习国际先进的技战术打法，恢复正常的训练和比赛，中国男、女排肩负着为国争光的使命，开始苦练技术，不断进行技战术的创新和发明，为之后中国男、女排的光辉业绩埋下伏笔。

二、国际形势

20 世纪 60 年代中期到 70 年代，世界排坛出现了百花竞开、群雄纷争的局面，男子排球的 9 次大赛中，捷克斯洛伐克、苏联、波兰、民主德国和日本这 5 支球队位居第一梯队，他们代表了当时排球运动的最高水平和不同流派。捷克斯洛伐克是“技巧派”的代表，苏联是“力量派”的代表同时结合了两次球及转移和“边跟进”防守阵型，民主德国队是“高度派”的代表、“超手扣球”和“高成功率”是他们的优势。日本队在学习总结了中国“近体快”和“平拉开”等快攻战术的基础上，创新发明了“短平快”和“时间差”等战术，成了“速

[1] 宋明伟，吕立，于江杨．新中国五代领导人关于体育的重要论述及逻辑意蕴［J］．浙江体育科学，2021，43（4）：7–12，79.

[2] 全国排球教练员训练班讲义［Z］．北京：北京体育学院，1983.

度派”的代表。日本男排在快速进攻的基础上同时采用了日本女排防守的成功经验，攻防兼备、实力均衡。波兰队同样攻防全面，战术变化是他们的特点。这一时期世界排球运动百家争鸣、快速发展：由特色单一到不同流派的产生、从重攻轻守到攻防兼备、从追求高度和力量到追求技术和战术、由强调个人技巧到加强集体配合，这一时期的竞技排球技战术取得了巨大的进步。

从20世纪60年代世界排球的发展局势来看，很多结果和经验都是现代排球发展中仍需重点把握的，如集体配合、攻守兼备等都是现代排球的战术思想。可见排球运动的发展在将近60年的时间里，在宏观方面仍保持着相同的发展方向，各个阶段在不同方面存在细节的不同和提升，如从过去单一的速度型、力量型、高度型、技巧型等风格，发展到现在的全攻全守复合型风格，就是在原有基础上的提高和升级。因此，把握好世界排球运动的发展态势，超前认识，有备而战，对于在排球运动的发展中占据主动地位是非常重要的。

中国男排在20世纪60年代中期因为国内“文化大革命”的影响受到了沉重打击，技战术方面不进反退，与世界先进水平的差距逐渐加大。直到20世纪70年代初，才开始出现转机，修建场地，重新进行训练。20世纪70年代是世界排球快速发明新技术的时代，中国男排也开始步入正轨。20世纪70年代中期，我国在学习掌握日本新技术的基础上创新发明了“背快时间差”“背溜”和“短平时间差”等更加细化的战术配合，“夹塞”和“串平”等战术也应运而生，中国男排开始展现自己的钻研创新能力，为之后的第一次发展高潮期积累了许多便利条件。

第三节 中国男排发展初期的主要历史人物

孙志安（1927—2018年），男，汉族，出生于辽宁省鞍山市岫岩镇，中共党员。曾任中国排球协会副主席，国家体委体育科学学会理事，运动训练学会常委、秘书长，全国体育总会第五届委员，国家体委训练局国家排球队国家级教练员，“八一”男子排球队前主教练、正师级。荣获1991年国家体委科技进步一等奖。曾被国家体委授予“中华人民共和国体育运动荣誉奖章”；被解放军总政治部授予“胜利功勋荣誉章”及“新体育开拓者证书”等。孙志安是中华人民共和国成立后首任国家和军队男排主教练，带领中国男排取得了世界杯和世锦赛较好的成绩。

1948 年，孙志安参加中国人民解放军，曾担任东北军区体工大队副队长。1950 年，成为新中国国家男子排球队队员，代表中国参加了 3 次世界大赛，可以说是中国男排的先驱者之一。由于出色的带队成绩，1951 年孙志安担任“八一”男排主教练，带队夺得了 4 次全国冠军，1956 年起借调到国家体委担任国家男、女排球队的总教练。孙志安担任国家男、女排总教练期间，中国女排先后获得了第 3 届世界杯和第 9 届世锦赛冠军；中国男排获得了第 3 届世界杯第 5 名，第 10 届世锦赛第 7 名的成绩，中国男、女排在这一时期都达到了巅峰期，孙志安为中国排球事业做出突出贡献。1983 年至 1988 年孙志安退居二线，任职国家体委训练局技术咨询委员会主任，先后赴 9 个省、市讲学。1984 年，孙志安担任国家体委排球大纲组组长，历时 4 年写出了排球教学大纲与教法指导书及选材、技战术，其音像片发行全国，为排球运动在我国的传播发展起到了积极推动作用。

中国男排发展初期的主要教练是孙志安，他带领中国男排参加了 1974 年第 7 届亚运会并获得第 3 名（中国首次参加亚运会），1975 年参加了第 1 届亚洲男子排球锦标赛并获得第 3 名，当时的主要队员有袁伟民、祝嘉铭等，这些队员后来都成了中国排球的功勋人物，为中国排球的发展奠定了最坚实的底层基础。

第三章
CHAPTER 3

中国男排的第一次高潮发展期（1977—1982年）

20 世纪 70 年代，中国体育逐渐复苏，国家体委提出“振兴三大球”的号召，中国男排重新组建后励精图治、不断创新，发明创造了一系列新的进攻打法，并逐渐在世界大赛中崭露头角，中国男排坚持走自己的道路，在国际排坛占有了一席之地，获得了世界杯第 5 名和世界锦标赛第 7 名的历史成绩，开创了我国男排的第一次发展高潮。

第一节　中国男排迅速崛起

20 世纪 70 年代中后期，当时的国家队在年龄和训练水平上已经不能适应我国排球运动发展的需求。1976 年，国家排球队重建后，戴廷斌担任中国男排主教练，开始带领中国男排向世界顶峰发起进攻。戴廷斌和容植聪两位教练敬业负责，在训练中强调因材施教，充分挖掘每个队员的特长，注重集思广益，开动脑筋、钻研技术，同时密切关注和研究国际排球的发展形势，结合亚洲人身体素质的切实情况，扬长避短，建立和发展了一套适合中国男排自身特点的独特打法，中国男排进入了快速发展阶段。

一、中国男排开创新的快攻体系

20 世纪 70 年代重返国际赛场后，中国与世界强队差距加大，国家男排进行重组，主教练戴廷斌慧眼识珠，在这一时期选拔了汪嘉伟、胡进、沈富麟和侯杰等一批身体素质好、技术全面的队员，为以后的技战术创新和实力提升奠定了坚实的基础，这批队员也被称为“黄金一代”。为了缩小与世界强队的差距，在排球战术方面不断钻研创新的中国男排在坚持发挥自身原有快速优势的基础上，重点改进进攻和拦网技术，先后创新发明了“前飞”“背飞”“拉三”“拉四”等新的快攻打法，使快攻体系更加丰富立体，非常符合世界排球的发展。这批男排队员每个人都有特色，其中突出的是“网上飞人”汪嘉伟，他作为副攻手在比赛中运用“前飞”“背飞”的打法，进攻时，扣球成功率曾高达70%，绝佳的身体素质造就了他空中滞空移位的能力，也正是他的个人特点才使得中国队的快攻战术体系更加丰富多样，汪嘉伟也因为其出色的进攻被国际排球联合会评为世界最佳6人组“世界明星队”队员；二传手沈富麟头脑灵活，移动迅速，分配球合理，在战术组织上善于变化，被称为“世界第三二传手”，其在1981年男排世界杯比赛中被评为“最佳二传手”，是中国排球历史上唯一一位在大赛中得到个人单项奖的男排队员；身高2.02米的凶猛副攻手陈刚，跳发球第一人徐真等都是“黄金一代”的优秀队员。这一时期的中国男排突飞猛进，这源于认真负责和勇于创新的教练、身体素质超群的队员，以及国内外大环境的造就，可以说是天时地利人和都具备了。

当时世界男排的发展潮流主要是欧洲、美洲的高度派和力量派打法，亚洲队伍的身材并不占优势，中国男排通过认真研究对手，发现身材高大和力量型的队员在移动时比较慢。于是，根据自身的素质基础及移动灵活、速度快的优势发展创新出“快”“变”的新型战术，就是这些创新型的打法体系，在与欧美强队进行速度和力量的对抗中取得了一定的主动权和优势，为中国男排的第一次发展高潮打下了良好的技战术基础，也开创了中国特色的“快攻”体系。

二、中国男排亮相世界杯

在世界杯集训期间，全队训练的干劲儿很大，钻研技战术的风气也很浓，全队树立了为国争光的思想，备战世界强队时，树立了“敢于摸老虎屁股”的敢打敢拼思想，为世界杯比赛做足了准备。我们要遵照毛泽东同志讲的“我们不能走世界各国技术发展的老路，跟在别人后面一步一步地爬行”[1]，认真总结我

[1] 共产党员网．党史百年·天天读［EB/OL］．（2021-12-10）［2022-12-10］．https://www.12371.cn/2021/12/10/ARTI1639117921665171.shtml.

国排球运动的历史经验。

1977年11月，第3届世界杯排球赛在日本举行，中国男子排球代表队在离开国际赛场10余年后首次参加世界大赛。可以说，中国男排的崛起就是从1977年的世界杯开始的，在比赛中队员们敢打敢拼、勇者无畏，力压巴西、美国等欧美球队，没有大赛经验的中国男排以快速多变的独特打法，战胜了加拿大、韩国、巴西等世界强队，展现了焕然一新的精神面貌，在中国男排世界大赛史上首次获得第5名的好成绩，这使中国男排逐渐崛起并显示了迅猛的发展势头。

中国男排在预赛中，首战以3∶0轻松取胜平均身高1.93米的加拿大队。当时日本报界这样评论："加拿大队在赛前练习扣球，击球点高，力量凶狠，使观众大吃一惊。但比赛一开始就被平均身高1.87米的中国队镇住了，观众第二次大吃一惊。"当时，一些世界强队虽然已经较好地掌握了近体快球、短平快、平拉开、时间差等快攻技术，但远不如中国队的"前飞""背飞""后飞"及"拉三""拉四"等技术的突然性和攻击性[1]。这些快攻战术的使用造就了中国男排在打法上的鲜明特色，使中国男排成为世界杯上的一匹黑马。

中国队的快攻新打法在比赛中频繁运用，大大提高了进攻的成功率。汪嘉伟的"前飞""背飞"令人捉摸不透，日本队防不胜防，他们称之为"魔鬼似的快攻"。队员周仲瑜的"错位差"也屡建奇功，李建新的"后飞"犹如利剑一般打得对方毫无招架之力，平时刻苦训练的成果得以在比赛中大放异彩，这一批队员也成为日本观众心中最崇拜的运动员。

中国男排这一时期在战术打法上具有鲜明的特点，尤其是在接发球及其进攻时，充分展现了快速灵活的特点，形成了快速多变的技巧型战术打法，并且能够因人制宜地选择战术。在与欧美高大队员对阵时，以速度、技巧制衡其高度和力量；在应对打法相近的亚洲球队时，则充分利用自身的高度优势，高快结合，在网上压倒对手，事实证明，这样的策略取得了极大的成功。但由于缺乏比赛经验，中国队预赛中以微弱的劣势输给了古巴队和日本队，遗憾未进四强。值得一提的是，自1974年以来中国男排与韩国队的8次交手中我们均落败，1976年韩

---

[1] 中国排协．中国排球运动史连载（8）：别具一格的中国男排［EB/OL］.（2020-07-17）［2021-07-17］. http://sports.sina.ccm.cn/others/volleyball/2020 - 07 - 17/doc - iivhuipn3486367.shtml? cre = sinapc&mod = g.

国队教练员根据双方表现曾说，中国队至少在两年之后才能成熟起来并与韩国队抗衡，然而时隔一年，在这次世界杯比赛中，中国队就两次以3:0的大比分战胜了韩国队，充分显示了中国队成长的速度。

从世界杯比赛的情况来看，这一时期世界各队的拦网水平都有提高，网上争夺愈加激烈。随着世界竞技排球队员身形日益高大化，中国男排想要在网上占有优势，就必须开创新的局面，在原有的快攻打法上寻求创新。当时，国内各省队男排也在进行技战术的创新研究，陕西男排创造的“空中移动扣球”新技术具有一定的可行性，又称“飘”，中国男排很快就掌握、运用并发展创新了这种新技术，把它巧妙地与原有的战术体系结合起来，命名为“飞”。后来中国男排又根据扣球位置的不同发明了“前飞”“背飞”和“后飞”等新的战术打法，并进一步衍生出“拉三”“拉四”等更为精准的战术配置。这些新的战术融会贯通之后，中国男排形成了一套特色鲜明的战术系统，这种位置变化的新型进攻战术使进攻成功率大大提高，那些身形高大对手也无从下手，世界各队对中国队的跑动型进攻完全没有应对之策。从相关数据可知，中国男排扣球命中率为52.44%，居第3届男子世界杯排球赛所有队伍的第一位。据该赛事组委会技术组统计，在中国男排的1540次扣球中，快攻战术扣球418次，占总扣球次数的27.1%，其中四号位战术扣球123次，三号位战术扣球174次，二号位战术扣球101次。这样高的快攻战术比例，这样分散的三点快攻，而且在各位置的扣球还有个人变化，即使是拦网水平很高的队伍，也会处于困境[1]。因此，尽管当时的中国男排队员整体身材不够高大、进攻不够强势，但由于这套特色鲜明的快攻体系的出色发挥，以及自身战术的丰富使用和技术的多变，使得中国男排在进攻效果上并不差，最终比赛的结果也不错。

另外，中国队在比赛中拦网的成功率也比较高，仅次于冠军苏联队，排在第二名。这次世界杯中国男排取得了在历次世界大赛中最好的成绩，接近了世界一流水平，展现了男排队员不俗的实力。更使中国队员兴奋的是，在这次世界杯比赛中，中国男排两次战胜了当时的亚洲排坛劲旅韩国队，在与日本队的交锋中也

---

[1] 中国排协．中国排球运动史连载（8）：别具一格的中国男排［EB/OL］．（2020-07-17）［2021-07-17］．http://sports. sina. com. cn/others/volleyball/2020-07-17/doc-iivhuipn3486367. shtml? cre=sinapc&mod=g.

是以 2:3 略占下风，显示了中国男排强劲的发展势头，也说明我们在亚洲已经具有很大的竞争力。

这次世界杯中国男排存在的主要问题是防反环节较为薄弱，反击得分的能力不强，否则我们可以获得更好的成绩。排球比赛中网上争夺是制胜的要点，但拦网只是第一道防线，防守同样不能忽视，正是这个原因造成了中国队无法取得更进一步的成绩。创新的快攻体系使中国男排掌握了制胜法宝，在国际排坛脱颖而出，中国男排一跃而跻身世界强队行列。值得注意的是，中国男排阔别世界排坛近 10 年，训练和比赛曾遭受沉重打击并暂停，归来后他们奋起直追，苦练基本功，潜心研究、不断进行技战术的创新，终于在世界男子排坛崭露头角并迅速崛起，男排队员们这种不怕落后、勇攀高峰的精神值得称赞，也正是他们这种无畏的创新精神造就了中国男排第一次发展的高潮。

中国男排在世界杯获得不俗成绩后，并没有沾沾自喜，而是树立了更长远的目标。我们在世界杯比赛中虽然取得“一年初见成效”的可喜成果，但应该清醒地看到：要实现“大见成效”的战略目标，要在国际排坛力胜群雄，高速度地攀登高峰，必须付出更大的代价和辛勤的劳动，“登顶”的阶段是艰巨的战斗[1]。

第二节 中国男排成绩斐然

一、中国男排首次获得奥运会参赛资格

1978 年，中国男排在备战第 9 届世界男子排球锦标赛时，为了适应大赛节奏，进行了一些国际交流比赛。同年 6 月出访日本，与其交流时获得了一胜一负的战绩；8 月至 9 月中国男排参加了在罗马尼亚举行的“托米斯杯”国际男子排球锦标赛比赛中，中国队战胜波兰、民主德国、巴西、比利时和埃及队，输给了苏联、捷克斯洛伐克、意大利和保加利亚队，最终获得了这届比赛的第 7 名，这也是中国男排参加历届世锦赛取得的最好成绩。

[1] 中国男子排球队参加第三届世界杯男子排球赛总结［J］体育科技资料，1978（19）：17-24.

从这届锦标赛各队的表现来看，当时世界男子排坛在技战术风格上分为三种不同的打法类型：第一种是以强攻为主，快攻辅助的打法；第二种是以快攻强攻均占50%的打法；第三种是以纯强攻型的打法，但这种打法已经比较保守和落后，单一强攻的世界强队已经很少且不占优势，学习新的快攻打法势在必行。这一时期的国际男子排坛，亚洲快攻打法独领风骚，成为欧美各队的学习榜样。

自1977年以来，中国男排在保持原有传统快攻打法的基础上，又在进攻体系中融入了“前飞”“背飞”“拉三”“拉四”等快攻战术，使得中国式快攻打法上更加特色鲜明，战术组织更为丰富，使中国男排具备了一定的优势。但是中国男排同样也存在不足之处，虽然快攻有特点，但一传不到位时中国男排的强攻能力就比较差，防守能力也有待提高。总体来说，20世纪70年代后期，中国男排取得了世界杯第5名和世界锦标赛第7名的不俗战绩，同时形成了一套中国特色的战术打法，中国男排迅速赶超世界强队，达到了一个新的高度。

1979年，中国男排要面临的主要任务是第2届亚洲男子排球锦标赛，同时也是莫斯科1980年奥运会亚洲资格赛。锦标赛前中国男排在同年5月出访日本，与日本国家队进行了三场交流赛，战绩一胜两负，同时以3∶1战胜美国队；9月参加罗马尼亚“托米斯杯”国际男排邀请赛并获得亚军；之后到联邦德国进行了一系列交流切磋，在16场比赛中保持全胜的纪录；11月与来访的美国男排进行了两场比赛并全部获胜。

1979年12月，中国男排参加了在巴林举办的第2届亚洲男子排球锦标赛。

这次锦标赛代表了亚洲排坛最高的水平，中国队在之前的热身交流赛中积累了不少经验，经过激烈的争夺，中国队终以3∶1战胜1977年世界杯亚军日本队，以3∶0击败了1978年世界锦标赛第四名韩国队，首次在亚洲比赛中拔得头筹，这是中国男排第一次获得亚洲男子排球锦标赛冠军，同时也是我们的第一个亚洲冠军，中国队夺冠结束了日本排球独霸亚洲的历史，亚洲排球从此进入中、日、韩三强鼎立的局面。

夺得亚洲冠军后，中国男排自然获得莫斯科1980年奥运会的参赛资格，首次参加奥运会，全队上下憋着一口气，定要大干一场。尝到创新“快攻”体系的甜头后，令人敬佩的戴廷斌指导带领队员开始了新一轮的技术变革。由于世界各队都在学习“快攻”战术，而快攻的实施很大程度上依赖一传的质量，因此发球技战术的创新成为男排教练和队员们的研究重点，跳发球就是这种背景下诞生的。戴廷斌指导说："如果一个球队没有新的亮点，没有自己的绝招，是出不了成绩的。"事实的确如此，日本队发明了勾手飘球，中国队发明了跳发球，勇于创新的队伍总是会走在前列，当年的日本队和中国队都是世界强队。目前中国男排之所以成绩上不去，发球速度不够快和力量差是致命点之一；另一原因就是我们总是在向别人学习，缺乏技术创新和自身特色，这也是现在中国男排的软肋。

1979 年，中国排球集体爆发，男、女排均获得亚洲冠军，同时也都取得了参加莫斯科 1980 年奥运会的资格。此时，中国排球已经到了比较成熟的时期，万事俱备只欠东风，可惜的是，因抵制苏联出兵阿富汗的国际政治因素，中国没有派队参加这届奥运会，而中国排球也失去了一次挑战世界强队的机会，中国男排未参加第 22 届奥运会，失去了证明自己的一次机会，也错过了也许是历史上最好的一次机会，首次冲击奥运会便成功入围的中国男排只能遗憾地放弃参赛资格。殊不知，之后的 40 年里，中国男排一直都在为打进奥运赛场而努力，而 1980 年，他们曾离得那么的近。

二、"团结起来，振兴中华"口号诞生

众所周知，女排精神是由中国女排缔造传承的，但是在 20 世纪 80 年代最先影响中国社会的却是男排比赛所引发的一句"团结起来，振兴中华"的口号，40 年前的中国男排用一场比赛唤醒了中国人的爱国之情。1981 年 3 月 20 日，第 4 届世界杯排球赛亚洲区预选赛在香港伊丽莎白体育馆进行，比赛双方是中国男排和韩国男排，胜者将代表亚洲参加在日本东京举行的世界杯排球赛。当时正是改革开放初期，代表生活水平的电视机已经开始进入普通群众家里，但对于比赛进行现场转播的情况仍然很少。1980 年，中国男排在巴林参加奥运会预选赛所拍摄的录像，在国内播放了一次，当时在全国范围内引起了很大的反响。因此，1981 年的这次世界杯预选赛，中央电视台特意租用了国际卫星信号，对这场关键比赛进行现场直播，当时心系男排的全国观众都准时守在电视机前，期待着这场中韩大战。北京大学 38 号楼的男生们挤在会议室里观看直播，但是想要观看比赛的学生太多了，中间有座位的同学坐着看，两边和后面的同学只好站着看，

来晚了的同学站在凳子上伸长脖子看，同学们都非常期待中国男排的表现。

在这场比赛前，中国男排对战胜对手是非常有信心的，因为当时的中国男排实力水平都很强，而且之前与韩国队的几场比赛我们都赢了，因此是势在必得的。但是，韩国队在比赛一开局就给中国队造成了很大的困扰，他们使用了全新的阵容和战术配合，做好了充分的准备。中国队面对韩国队的新阵容和打法，刚开始并不适应，很快以5:15和12:15连丢两局，大比分落后，中国队形势严峻，电视机前中国观众的心开始忐忑不安，关键的第三局开始前，主教练戴廷斌不断鼓励队员，让大家放下包袱打出自己的水平。

当时，香港还没有回归祖国，但男排在这里比赛享受了和主场一样的加油声、欢呼声，这使得队员们非常兴奋。第三局开始，中国男排亮出了看家本领——“中国式快攻”：在一传到位的情况下二传手多次组织双快、梯次、前交叉、背交叉等战术，各种不同位置的快变战术运用得得心应手，打得对手应接不暇，“网上飞人”汪嘉伟运用“前飞”“背飞”等快攻频频得分，“世界跳发球第一人”徐真的大力跳发球极大地冲击了对方的一传，放下思想包袱后，队员们齐心协力、减少失误，很快连赢两局，重新与对手站在同一起跑线。当时在会议室观看比赛的北京大学（以下简称北大）的同学们看到对阵局势被扭转，不停地鼓掌、喊叫、敲打饭盆，原来忐忑不安的心情瞬间释放，在男排队员扣球时不停地大喊“快球”“拦网”“扣球”等。北大晚自习下课后，观看比赛的学生越来越多，比赛进行到决胜局时更加激烈，电视里是场上比赛的组织叫喊和加油声，北大校园里是学生们热烈的鼓掌声和助威声，看不到电视的学生根据大家的声音也能判断出场上的形势。

决胜局两队都使出浑身解数，中国队一鼓作气以9:7领先，正在比赛白热化时，中央台的电视转播信号突然中断，只能听见播音员解释说：“观众同志们，由于这次排球比赛时间超长，我们租用的卫星转播时间已结束，比赛结果将会在本台新闻节目中告知大家，请谅解！”电视看不成了，大家马上找到另一种方式，就是收听广播，当时中央人民广播电台也在转播这场比赛，虽然看不到画面，但是可以了解比分，大约半小时以后比赛结束，中国队最终以15:9赢下了这场比赛，实现了惊天大逆转，同学们兴奋地大喊：“我们赢啦！我们赢啦！”中国男排战胜韩国队，同时获得了男排世界杯的参赛权。

这场比赛中国队先输后赢实现逆转后，北大校园38号楼里的男生顿时欢呼起来，同学们不断高喊“我们胜利了！”“祖国万岁！”“中国万岁！”等口号，欢呼声响彻整个校园。同学们按捺不住激动的心情，点起火把，欢呼雀跃，在38楼前的空场上庆祝起来，还有人敲锣打鼓，开始自发地组织游行来祝贺中国男排获胜。后来北大与清华大学等其他大学的学生一起走出校园，步行来到天安门广场。大街上人们不停地呼唤，一位学生觉得大家喊得太乱就说：“咱们概括成一句话，喊整齐！”于是，“团结起来，振兴中华”的口号就这样诞生了。很快《人民日报》就刊登了北大学生为庆祝中国男排取得胜利进行游行的报道，题目就是“团结起来，振兴中华”，这个口号很快响彻全国，成为那个时代特殊的记忆，鼓舞了整整一代人。至今，“团结起来，振兴中华”的口号仍然令人激动、兴奋。当时中国男排的风云人物“网上飞人”汪嘉伟、“世界最佳二传”沈富麟等队员成为人们心中的偶像，他们也是中国男排历史上的“黄金一代”，是永远令人敬佩的一个光辉群体。

这场比赛结束后，中国男排并没有大肆庆祝，因为根据当时两队的实力，韩国队并不是中国的对手，队员们更不清楚国内发生的庆祝游行事件。直到比赛过后第二天早上，领队孙志安通知大家后，并拿着许多祝贺男排的电报，运动员们才知道学生们的游行。运动员们听了以后都很高兴，没想到比赛胜利会对国人产生这么大的影响。回国后，中国男排暂停训练，专门去北大与学生们进行互动活动。1981年3月29日，中国男排坐着大巴来到了北大，队员们刚一下车，就受到学生们的热烈欢迎，学生们不由分说把男排队员从校门口一直抬到北大礼堂里面。在庆功会上，为队员们欢呼，请他们签名，热情的师生们喊起了那句“团结起来，振兴中华”的口号。随后，这句激动人心的口号传遍了全国各地，北大学子的这一口号，成为当时社会的特殊印记，激励着社会各界、各行各业的生产和发展。

这次世界杯排球赛亚洲区预选赛，中国男排不畏强敌、在0:2落后的情况下奋起直追，逆转击败了韩国队，他们表现出的中华民族坚持不懈的精神和敢于争取胜利的意志极大地感动了国人，这句“团结起来，振兴中华”的口号是当时国人爱国情怀的表现，这次胜利也激发了全社会对排球运动的喜爱。1981年世界杯，中国女排首次夺冠，女排精神传遍神州大地，这对中国男排也是一种莫大的激励，而中国排球，也从此作为一种民族精神的象征被永远地载入史册。

回想当初的瞬间，前中国男排主教练汪嘉伟不无感慨："1981 年，竞技体育在中国人的生活中扮演了重要角色，在电视直播这种全新生活方式的促进下，成为抒发爱国激情、吐露时代心声的一个突破口。"在当时的中国，赢得比赛、为国争光是无上的光荣，运动员们坚持不懈、顽强拼搏，就是为了最后能站上最高领奖台、为国家获得荣誉，这也是国家和人民凝聚力的最大体现。

当时中国男排是这样总结这场比赛的：综观全场比赛，若笼统地按照优秀或是良好等的评分方法，中国队只能达到及格线，但是在及格的表现中既暴露了不少的问题，又展现了努力拼搏的精神。之所以是及格，是指队员们经过自己的不懈努力，终于击败对手，获得了参加 1981 年 11 月世界杯决赛的资格，为我们"走向世界"迈出了坚定的一步；但不足之处是前两局打得过于急躁，攻防转换混乱，导致连丢两局；然而中国男排在先失两局的紧急关头，临危不惧，奋起直追，力挽狂澜取得胜利，展现了不俗的精神面貌，证明了自己。

也许从今天的眼光来看，将一场亚洲级别的比赛上升到振兴中华的高度未免有些小题大做，但对于当时经历了 10 年内乱、百废待兴、刚刚向外界打开国门的中国老百姓来说实在是太需要这样一句口号为自己加油、喝彩了[1]。中国男排的这场胜利正是当时中国社会所需的精神食粮，为国争光、为国奉献成为一代人的追求，这些男排队员成了 20 世纪 80 年代初国人心中最可爱的人，"团结起来，振兴中华"的口号也深深烙在中国人的心中。

1981 年 11 月，中国男排作为亚洲冠军，代表亚洲参加了在日本举行的第 4 届世界杯赛。参赛队有东道国日本、上届杯赛冠军苏联、锦标赛亚军意大利、欧洲亚军波兰、南美冠军巴西、中北美冠军古巴、非洲冠军突尼斯等多支队伍，经过 7 场激烈的竞争，中国男排取得了 3 胜 4 负的成绩，与 1977 年第 3 届世界杯成绩持平，再次名列第 5 名。有些遗憾的是，中国男排是在头号主力汪嘉伟受伤缺阵的情况下，获得了第 5 名，其实按实力，中国队打进前三名也是非常有希望的。

这届比赛正是中国男排处于较成熟的阶段，是向世界水平冲击的好机遇，但由于在心理和意志作风训练方面的欠缺，导致中国男排背负了沉重的思想包袱，

[1] 陈建华. 团结起来，振兴中华 [J]. 中国排球，2001 (4): 12-13.

影响了最终的结果。在对阵巴西队的比赛中，结果是直接影响最终名次的，中国男排认为自己具备一直强于巴西的心理优势，造成了轻敌的潜在思想，因此，在比赛中打得不顺，遇到困难时波动较大，产生了想赢怕输的思想，自乱手脚，影响了技战术水平的发挥。另外，也暴露了自身的一些不足，尤其是技术全面程度和防反成功率的问题较大，并且主力队员汪嘉伟的意外受伤给全队实力和情绪也带来一定影响，种种因素造成了最终的比赛结果。

从这届比赛中仍可看出当时的中国男排是一支水平和实力较强的队伍。在一些比赛中发挥了较高的水平，快攻战术也具有相当的威力。二传手沈富麟表现得十分出色，被第4届男子世界杯排球赛组委会评为“优秀二传手”，全队在拦网水平上也有一定的提高。中国男排在世界杯后，认真总结了经验教训，决心“卧薪尝胆图再强，立志打好翻身仗”，同年冬季中国男排在郴州基地进行了艰苦的训练，为之后的训练和比赛奠定了坚实的基础。

1982年6月，中国男排在上海参加了有日本、美国、南斯拉夫、加拿大、法国，以及江苏、上海、中国青年队参加的上海国际男排邀请赛，中国男排获冠军，展现了较强的实力和技战术水平。

为了备战1982年10月在阿根廷举办的第10届世界男子排球锦标赛，中国男排9月初就踏上了征程，参加了由3个国家举办的国际排球邀请赛进行练兵。中国男排先是在意大利和法国的国际男排邀请赛中获全胜；而后又飞抵巴西参加有12个队参与的巴西国际男排邀请赛，并获得第3名；接着中国男排从巴西飞往阿根廷参加世界男子排球锦标赛。参加这届锦标赛的共有24支队伍，比赛采用预赛带分进入复赛，决赛交叉的赛制。中国男排与日本、韩国、意大利分在第一组，苏联、美国、古巴、巴西等都在第二组。

预赛中，中国男排以3∶0的比分战胜了所有对手。复赛时，中国男排同日本、阿根廷、加拿大、民主德国、韩国编在一组。在与日本队的一场比赛中，中国队此前虽有连胜日本16场的纪录，却意外地以2∶3输掉了这场比赛。接下来与阿根廷队的比赛，论实力，阿根廷队是上届世界男子排球锦标赛的第22名，中国队要强得多，就连阿根廷当地的报纸也说：“阿根廷要想赢中国队只是一场梦想。”然而在比赛中，阿根廷队发挥了较高的水平，在1万多名主场观众的呐喊助威声中，中国队的心理出现了波动和慌乱，队员们没有稳住阵脚，最终阿根廷队以3∶0战胜了中国队，中国男排失去了进入四强的机会，在第5名至第8名的决赛中，又以1∶3负于波兰队，最终仅获第7名。

1982年的阿根廷排球世锦赛，是孙志安最后一次作为领队出现在赛场。中国男排在预赛出线后，首战大意失荆州，失利于此前曾16连胜的日本队手，次战又没能预料和抵挡住东道主观众热情的“欢迎和鼓舞”，负于实力明显弱于自己的阿根廷队，最后仅获得第7名，中国男排冲击世界前三的愿望落败，这成为教练孙志安和队员们心中永久的痛。

同年，孙志安改任国家体委训练局技术咨询委员会主任后，做了两项主要工作。其一，他和几名排球专家、学者一起，到内蒙古、广东等七省、区为当地排球学习者讲学、送技术，把自己多年的经验和知识传授给他们，帮助他们提高理论知识和技术水平。如今，很多听过他们讲学的人已经成为当地排球部门的骨干力量。其二，孙志安主持编写了《中国排球教学大纲》。他和同事们经过收集资料和考察验证，历经6年时间多次进行反馈和修改，终于将排球运动相关教学内容编纂成书，这也意味着排球运动从专业层面进入了普及层面。这本书从排球运动员的选材、身体训练、素质指标、技战术训练等多方面进行了详细阐述。这部包括教学方法、教学大纲和实战录像的书一出版就受到了排球界的热烈欢迎，特别是录像资料部分，更是精心剪辑了多名世界排球名将的技战术特长，具有很高的科研价值，教学方法也为基层教练和学校教师提供了专业的指导和练习依据。

在世界锦标赛后，中国男排于1982年11月在印度举行的第9届亚洲运动会上，遗憾负于日本，仅获亚军，失去亚洲霸主地位，世界大赛发挥不佳，中国男排开始了与日本、韩国的三强对峙局面，但这一时期，中国男排在亚洲仍属于一流球队，这也是我国男排最为辉煌的一个时期。

专家普遍认为中国男排巅峰时期的真正实力应该排在世界第2名，仅次于苏联队。但由于各种原因，中国男排遗憾地错失了三次争金夺银的良机。第一次是莫斯科1980年奥运会，由于政治原因，中国抵制参赛。第二次是在1981年的第4届世界杯排球赛上。中国队首战对阵排名世界第2位的古巴队，以摧枯拉朽、永不可挡之势轻松的先下两城。在第三局大比分领先即将取得比赛胜利时，遗憾的事情发生了，全队最主要的得分手“网上飞人”汪嘉伟在一次扣球落地时，脚踝不慎骨折导致不能继续参加比赛，中国队反胜为败，此后汪嘉伟又缺席了余下的6场比赛，使球队进攻威力大打折扣，最终仅名列第5名。第三次是在1982年第10届世界男子排球锦标赛上，中国男排身强力壮，准备充分，正处于历史的鼎盛期，加上在此前巴西小世界杯赛上战胜世界头号强队苏联队。全队士气如虹，准备一鼓作气勇夺冠军。然而，赛场风云变幻莫测，中国队接连战胜巴西、波兰、韩国等世界强队后，却因轻敌和比赛作风不过关，而败于弱旅阿根廷和日本队。最终再次遗憾地名列第7位。尽管如此，两届世界杯第5名和两届世锦赛第7名的战绩，也是迄今为止中国男排的历史最好成绩。

第三节　中国男排第一次高潮发展期的时代背景

一、国内形势

1972年，周恩来总理在广州二沙岛体育训练基地视察时，观看了排球比赛并亲切问候运动员，国家领导人的关怀、“文化大革命”后的重生，中国男排在训练中充满了前进的力量。1976年，因为国内外形势的需求，中国男、女排重新组建，戴廷斌和袁伟民走马上任，国家非常重视，教练和队员也鼓足了干劲，中国排球开始在国际比赛中崭露锋芒。当时，国内各省队男排也致力于创新技战术，其中陕西男排创造的“空中移动扣球”新技术带给了中国男排很多启发，在掌握、运用和延展创新后，中国男排发明了新的扣球战术，并命名为“飞”。

1977年，中国男排在世界杯排球赛上大出风头，战胜了加拿大、巴西、韩国等世界强队，获得第5名，中国队独创的“前飞”“背飞”等技战术组合令世界诸强大为头疼，中国女排在同年的世界排球锦标赛上获得了第6名，开始跻身世界强队之列。中国男排在世界大赛中取得好的成绩，也大大激励了我国女排的姑娘们，由于女排的许多教练都是男排队员，当时技战术属于世界先进水平的男排队员为女排的训练带来了极大的帮助，如女子技术男子化等，也为20世纪80年代中国女排获得“五连冠”奠定了坚实的基础。

1979年，随着党的十一届三中全会的召开，国家工作重点的转移，各项事业百废待兴，我国排球运动也有了新的发展。同年12月在中国香港举办的第2届亚洲锦标赛上，中国男排在主教练戴廷斌的带领下战胜了韩国队，取得了冠军，这也是中国男排第一个亚洲冠军，女排也同样获得冠军，中国排球实现了“冲出亚洲”的梦想，同时获得了奥运会参赛资格，从此中国排球在“三大球”中率先走向世界。

夺得亚洲冠军后，中国队接下来就是备战1980年的奥运会。首次参加，全队上下憋着一口气定要大干一场。由于中国男排在世界杯上出色的表现已经引起排球界的关注，中国队的比赛录像也被许多国家重点研究，因此戴廷斌指导未雨绸缪，带领队员开始了新一轮的技术革新，中国男排首先使用的跳发球也就是在这种创新技战术的背景下诞生的。“如果一个球队没有新的亮点，没有自己的绝招，是出不了成绩的。”正是本着这样的指导思想，善于创新的中国男排在20世纪70年代末、80年代初才能迅速崛起，快速发展。中国男排发明了跳发球，而男排队员徐真则是“跳发球第一人”，但是在当今的排球比赛中，跳发球却成为欧美强队的得分利器，作为发明者的中国男排并没有充分地利用先辈们的这项革新成果，缺乏适应新形势的创新和特点，以致现今的中国男排寸步难行。

前男排国手徐真回忆说：“首次运用跳发球时，曾有一个球直接发到对方的脸上，对方却不知球是怎么过来的。当时的球速大约每小时250千米，是那个年代最快的球速。目前中国男排之所以成绩上不去，发球速度不够快是致命点之一；另一原因就是总跟在别人后面跑，缺乏技术创新。”徐真一针见血地点评了现在中国男排的软肋。

1977年中国男排在创新“空中飘动”的基础上，研发了“前飞”“背飞”“拉三”“拉四”等打法，1979年中国发明了单脚起跳的“前快”“背快”“短平快”“前飞”“背飞”等技术，正是这一时期的这些发明创新为中国男排的第一次腾飞奠定了坚实的基础。

中国男排的“黄金时代”就在那几年，如果参加奥运会很有希望夺前三名，因为之前除了没胜过男排之首苏联队外，排名第2~4名的罗马尼亚、保加利亚及波兰队，中国男排均战胜过他们，“可惜我们没能参加奥运会”，这也是那届男排队员们最为遗憾的事。最大快人心的比赛是1981年3月20日亚洲杯决赛，前两局输给韩国，之后经过顽强的拼搏反败为胜，最终夺冠，从而顺利进军世界杯。这场比赛极大地鼓舞了士气，充分反映了中国男排顽强的比赛作风和临危不惧的意志品质，也就是这场比赛激发了北大的学子，喊出了“团结起来，振兴中华”的口号。比赛后时隔一天，《人民日报》发表评论，题目就是“团结起来，振兴中华”。这句口号表明了国人在看到男排健儿们从落后到领先再到胜利后对其的敬佩，同时也表达了当时改革开放新局势下这场胜利对人们精神上的鼓舞和激励，这句口号喊出了人们的心声，伴随着整个社会40余年。

从中国男排获得的一系列优异成绩的实践证明，树立正确、先进的排球技战术指导思想是至关重要的，这对中国排球运动的发展起到了重要的指导和推动意义。任何一种指导思想都是在认真审视当今排坛发展的局势下结合队伍自身特点而确定的，是某一阶段确立训练和比赛目标的先行条件。

二、国际形势

可以说，20世纪70年代末至80年代初是中国男排的第一个辉煌时期，中国男排是当时世界排坛上的一支具有较大影响力的球队，在世界排球运动发展史上也是占有一席之地的。在20世纪50年代，中国男排就凭借着自己快变的技战术打法特点，创造了“快板球”，在当时崇尚“高举高打”的世界排坛引起了不小的轰动，并随后形成了“快速灵活”的新打法流派，与当时以苏联及东欧为代表的“高举高打”风格形成了一定的对抗。

中国男排在20世纪70年代的快速发展中取得了巨大进步，并在积极进行改革创新中形成了自己的特点，事实证明，唯有高质量的技战术创新才是中国男排在竞争日益激烈的比赛中站稳脚步的出路。在20世纪80年代以前，快速多变的进攻战术没有被世界强队所重视和应用，中国男排坚持走快速灵活的道路，以快制高，在世界比赛中取得比较理想的成绩。技术细腻、注重技巧，在全面基础上发展快速，战术运用丰富、攻守相对平衡等鲜明的特色使中国男排成为“亚洲式”打法的代表性队伍，中国男排在不断创新实践的过程中，先后发明“前飞、背飞、拉三、拉四”等先进的进攻技术和鱼跃救球的防守动作，坚持发挥自身“快速灵活”和“集体配合”的优势，开创了适合自己的道路，在男排的技战术方面创造了领先地位的局面，在相当一段时期内独领风骚，并因此称雄亚洲排坛。

中国男排风头正盛，1979年在罗马尼亚“托米斯杯”国际比赛中，中国男排以3:0战胜保加利亚、巴西等多个世界强队，苏联男排主教练普拉托诺夫说：

中国队已经成为我们的主要对手，如果中国男排参加莫斯科1980年奥运会，根据当时的国际形势，他们想要获得一枚奥运会奖牌是非常可行的。中国男排在当年4月至5月进行一系列出访比赛：访问巴西时6场全胜；访问阿根廷时8场全胜；顺访日本时全部比赛均获胜，当时的中国男排完全具备冲击奥运奖牌的实力，因为当时这支球队已经击败了除苏联队之外的所有劲旅，然而由于国际大环境的影响，我国最终决定抵制莫斯科1980年奥运会，踌躇满志的戴廷斌和中国男排失去了证明自己的机会。

莫斯科1980年奥运会男排比赛的八强是苏联、保加利亚、罗马尼亚、波兰、巴西、南斯拉夫、古巴和捷克斯洛伐克，当时的中国男排实力完全在保加利亚、罗马尼亚、波兰、巴西和南斯拉夫等队之上。但是机会已经逝去，中国男排唯有坚定信心，勇往直前，为一直以来的梦想继续努力。

1981年，中国男排出征第4届世界杯男排赛，继续向世界三强发起冲击，然而命运却与戴廷斌开了个不小的玩笑。当时参赛的8支队伍采用单循环赛制，一场关键场次的胜负往往决定最终排名。首场比赛中国男排迎战实力不俗的古巴队，此役胜负很有可能关系到中国男排能否进入三强。谁也没想到，比赛刚刚拉开战幕，中国男排进攻核心汪嘉伟在一次进攻时脚不慎扭伤，不得不离开赛场，汪嘉伟的挂彩使中国男排网上攻防实力明显下降，虽然戴廷斌调用了网上实力不弱的新秀王铁山，但最终仍以2∶3惜败。此后6场比赛，汪嘉伟始终未能上场，中国男排最终仅名列第5位，又一次与世界三强位置擦肩而过。那届比赛，古巴队紧随苏联队之后名列第2，获得第3名的是巴西队，而这支球队一年前访华时竟然还是江苏队、上海队的手下败将！

1982年秋，中国男排又一次向世界三强发起冲击，中国男排飞赴阿根廷参加第10届世界锦标赛，当时中国女排刚刚在秘鲁夺得世锦赛冠军，实现“二连冠”，女排的成功大大鼓舞了戴廷斌和中国男排的士气。事实上，1982年的中国男排仍处于顶峰期，世锦赛开幕前在巴西举行的第1届小世界杯赛，中国男排战胜了多个世界强队跻身四强，半决赛与世界霸主苏联队狭路相逢，此役虽以0∶3失利，但每局比分均是12∶15，令苏联队吃惊不已，最终名列第3位。赛后，苏联队主帅普拉托诺夫认为，中国男排极有可能在阿根廷世锦赛上夺得奖牌。然而，命运与戴廷斌又一次开了个不小的玩笑。复赛中，中国男排先后出人意料地负于一直未胜过自己的球队——日本队、阿根廷队，将四强位置拱手相让。和前两次受挫经历不同，兵败阿根廷缘于中国男排将士在关键场次想赢怕输，自己打败了自己。

中国男排两次在世界大赛上未能如愿，或许是天意，或许是时运不佳，或许是对中国男排的考验，更是因为年轻的男排队员们心理不够成熟，而且各男排队员对中国队的“快速多变”打法已经有了一定的研究和防范，总之中国男排在最辉煌的时期没有抓住机会，就必须等到拥有绝对实力时才能实现当初的梦想，而现在的中国男排步履维艰，距离世界强队的距离越来越远，想要改变现状必须多管齐下，创新改革，逐步提升。

三、技战术指导思想

1978 年 2 月，我国在福建漳州召开了排球工作会议，会议分析了 1972 年制定的技战术指导思想，又根据近 6 年来我国排球所取得的成功经验，并结合当时国际排坛的发展趋势，重新对我国排球技战术指导思想进行了修订，提出“在技术全面的基础上，发扬各队特长，向全攻全守的方向发展；坚持快速，发展高度；狠抓扣、拦、发三项得分技术，力争网上优势；以全面、快速、高度、灵活、准确的打法，争取主动，夺取胜利”。这一新的指导思想突出了“全攻全守”及防守反击的得分环节，是对原先“以攻为主”指导思想的科学修正，对中国排球运动的发展产生了深远影响，从会议以后到 20 世纪 80 年代中期，中国女排处于鼎盛期，连续 5 次夺得世界冠军，中国男排也两次取得世界杯第 5 名的历史最好成绩，中国排球进入世界先进行列，在国际排坛上赢得举世瞩目的地位[1]。

20 世纪 80 年代初期，中国男排已经具有非常鲜明的技战术风格，自从 1979 年第一次获得亚洲锦标赛冠军，中国男排开始跟上国际强队的步伐，在技战术革新中发明了“盖帽拦网、鱼跃救球、前飞、背飞、拉三、拉四”等一系列领先世界的技战术，并结合我国“灵活多变”和“默契配合”的自身特点，形成了独特的中国特色，在男排世锦赛上获得第 5 名的成绩，在亚洲范围内，中国男排

[1] 靳小雨．技战术指导思想与中国排球运动的发展［J］．中国排球，2003（2）：13-14.

已经处于领先地位。中国男排这一时期的打法特点：快速全面、善于变化、攻守平衡、注重技巧，同时又有“配合型打法”的保驾护航，非常契合中国男排的身体条件，技战术创新也发挥得淋漓尽致。

第四节　中国男排第一次高潮发展期的主要战绩及历史人物

一、教练员

1976年，来自福建的戴廷斌被任命为中国男排主教练，与他同龄的袁伟民则同时执掌中国女排帅印。当时的中国排球刚刚进入第二次创业时期，戴廷斌招入了汪嘉伟、沈富麟、胡进、侯杰等一大拨青年才俊。锐意改革的他在坚持中国男排快速打进的前提下，狠抓进攻和拦网技术，并大胆创造了“前飞”“背飞”“拉三”“拉四”等新的快攻体系，使快攻趋向立体化，这一系列战术不久在国际比赛中收到明显成效，中国男排在1977年第3届男子世界杯排球赛、1978年第9届世界男子排球锦标赛上分别获得第5名、第7名，跻身国际排坛强队之列，而在1974年第8届世界男子排球锦标赛上，中国男排仅排在第15名，名次提高了将近10名，上升幅度之大一目了然，充分显示了这支男排的强大冲击力。

1979年，中国重新进入国际奥委会，中国排球开始向世界顶峰前进，中国男排名帅戴廷斌，率领汪嘉伟、沈富麟等“黄金一代”队员获得第2届亚洲男排锦标赛的冠军，率先冲出亚洲，同时获得1980年奥运会参赛资格，中国男排首次冲奥便成功获得奥运参赛资格，这是对当时中国男排的最大肯定。但是，因为政治原因，中国男排遗憾错过那届奥运会，后来，国际排坛变幻莫测，中国男排成绩下滑，戴廷斌教练也离开了中国男排帅位，经历了稳定期和下滑期。戴廷斌的得意弟子汪嘉伟实现了中国男排的第二个发展高潮期，但是取得奥运会参赛资格似乎成了中国男排一个难以突破的难关，始终未能实现，直到现在，男排一直在为这个目标而不懈努力。

戴廷斌教练与当时执掌女排的袁伟民齐名，是一位优秀的排球教练员，他带领中国男排创造的“双快-游动”等快攻战术，是我国男排的得分利器，积极推动了世界排球的发展。戴廷斌教练认为：亚洲男排发展的方向就是快速多变的技战术组织，中国男排需要坚持走自己的路，同时学习国际先进技战术打法，丰富发展自身，不断向世界高峰前进。其实戴廷斌执教的中国男排是男排历史上的最强时期了，虽未进入世界三强，但是中国男排凭借“快变”进攻长时间处于亚洲领先地位，戴廷斌带领的中国男排是当时公认的世界强队，具有一流的水平和实力，戴指导对中国男排的发展做出了突出贡献，他绝对称得上是中国男排的“元老”。

1982年，男排经过调整，开始备战新德里亚运会和世锦赛。当时的队员有八一队的陈刚、王铁山、侯晓非，福建的汪嘉伟、徐真、郭明，江苏的曹平、邸安和、薛永业，北京的潘利军，队长是辽宁的胡进和上海的沈富麟。这支男排队伍整体实力不错，队员个人特点突出，可惜强攻的火力欠缺，最终没能在世界大赛上有所突破，这也成了戴廷斌后来辞职的原因。在那个时代，主教练辞职的做法很难被人理解和接受。当时戴廷斌认为自己没能带队取得好的成绩，殊不知，中国男排最好的世界大赛成绩就是戴指导当年带队取得的。

北大学子喊出“团结起来，振兴中华”的口号，源自中国男排击败韩国队的一场比赛。大家为中国男排骄傲，却无人留意设计和指挥这场胜仗的主帅戴廷斌。现代排球多种快攻技术和战术组合所经历的发展过程中，戴指导功不可没，绝对值得立上一座石碑。戴廷斌任中国男排主教练期间，培养出了汪嘉伟、沈富麟和胡进等一批明星球员，中国女排的功勋教练陈忠和也是戴廷斌的得意弟子，戴廷斌根据女排发展的需要向袁伟民推荐了陈忠和，这才有了后来陈忠和指导从超级陪练到助理教练，再到担任中国女排主教练的佳话。

戴廷斌对待任何一项工作都是那么的一丝不苟、兢兢业业，把自己的业余时间几乎全都花在了钻研新的训练方法和新战术上，直到生命的最后一两年，甚至最后几个月，他还在奔走忙碌，为了中国的男排——那是很多人都看不出有多大希望的项目，为了赵蕊蕊和冯坤——那是很多人都认为难以康复的女排伤号，戴老没想去创造什么奇迹，只是闷头做一点力所能及的事情，他不仅带领中国男排创造了迄今为止最出色的战绩，还用他的敬业、他的忠诚和他的智慧，为所有的排球人树立了一根标杆。

二、大赛成绩及主要队员

中国男排在第一次发展高潮期参加了多次世界大赛（表3-1），获得了第3

届男子世界杯排球赛第5名，第9届世界男子排球锦标赛第7名的历史成绩，逐渐确立了“快速多变”的技术风格，形成了独有的中国特色，这一时期的鼎盛离不开戴廷斌教练的辛勤付出，同时也涌现了汪嘉伟、沈富麟、邸安和等一批优秀的队员，他们共同为中国男子排球的发展贡献了突出的力量。

表3-1　中国男排第一次高潮发展期（1977—1982年）的成绩及历史人物

教练员	大赛战绩	主要队员
戴廷斌	1977年第3届男子世界杯排球赛第5名	胡进、汪嘉伟、李建新、王康恒、李连邦、侯杰、周仲瑜、林榆廷、郑宗源、沈富麟、谈一平、张建新
	1978年第9届世界男子排球锦标赛第7名	汪嘉伟、沈富麟、胡进、李建新、侯杰、周仲瑜、郑宗源
	1978年第8届亚运会第3名	汪嘉伟、邸安和、胡进、沈富麟、李建新、侯杰、周仲瑜、郑宗源、王庆恒、李建新、陈刚、徐真
	1979年第2届亚洲男排锦标赛第1名	邸安和、汪嘉伟、沈富麟、胡进、陈刚、李建新、侯杰、郑宗源、徐真
	1981年第4届男子世界杯排球赛第5名	邸安和、汪嘉伟、胡进、沈富麟、陈刚、李建新、侯杰、徐真、王铁山
	1982年第10届世界男子排球锦标赛第7名	陈刚、王铁山、侯晓非、汪嘉伟、徐真、郭明、曹平、邸安和、薛永业、潘利军、胡进、沈富麟
	1982年第9届亚运会第2名	陈刚、王铁山、侯晓非、汪嘉伟、徐真、郭明、曹平、邸安和、薛永业、潘利军、胡进、沈富麟

第四章

CHAPTER 4

中国男排的稳定发展期（1983—1990年）

中国男排在20世纪70年代末80年代初达到第一次发展高潮，创造了至今最好的大赛成绩，显示了强劲的发展势头，20世纪80年代中期，“黄金一代”优秀的运动员逐渐离开赛场，中国男排进入新老交替时期，但是由于我们所创新的“快速多变”打法体系仍具有一定优势，因此，这一时期的中国男排虽然队员进行了调整，但整体发展趋于稳定，仍保留着一定实力。

第一节　中国男排第一次奥运之旅（1984年）

1983年1月，在北京召开了中国排球协会教练委员会扩大会议，总结了这几年中国男排的经验教训，并对中国男排今后的发展提出了规划和建议。会后，中国男排进行了大调整，国家队原队员祝嘉铭担任了领队兼主教练的职务。调整教练班子后，摆在中国男排面前的任务是，争取1983年第3届亚洲男子排球锦标赛冠军，以获得洛杉矶1984年奥运会的参赛资格。假若亚锦赛不能夺冠，就要参加1984年1月在西班牙举行的奥运会男排落选赛，再次争夺出线权，任务十分艰巨。

一、中国男排冲奥失败

1983年11月，中国男排肩负着夺取奥运会参赛资格的重任，参加了第3届亚洲男子排球锦标赛，男排健儿先是以3∶2艰难战胜老对手韩国队，从而取得了与日本队争夺奥运会入场券的资格。在这场中日决战中，中国男排连胜两局，距离洛杉矶1984年奥运会仅一步之遥，然而，就在胜利在望之际，男排队员们心理容易波动的老毛病此时再次作祟，领先优势下，心理上的变化导致了中国男排技战术发挥出现不稳定，结果我们在领先两局的情况下被日本队连赢三局逆转取得胜利，几乎到手的胜利化为泡影，男排也失去了第一时间进入奥运会的资格。

亚锦赛失利后，未获奥运会资格的中国男排怀着最后一搏的心情，参加了1984年1月在西班牙巴塞罗那举行的奥运会男排落选赛，与韩国、保加利亚、意大利等强队争夺唯一的一张入场券。这个最后的机会导致多个强队的争夺更加激烈，中国男排的冲奥历程愈加坎坷。在前几场的比赛中，中国队均取得胜利，最后一场对阵欧洲劲旅保加利亚队，中国队面对强手敢打敢拼，前3局以2∶1领先，给了对手很大的威胁，后来中国队在第五局0∶8落后，形势极为不利，但是经过队员们的努力拼搏和顽强反击，我们以14∶12扭转战局获得大好形势，在此关键时刻，中国男排由于急于求成，防反乏力，结果在领先情况下再次被对手翻盘，将近在咫尺的出线权拱手相让，中国男排历史上的第一次冲奥以失败遗憾告终。

二、中国男排替补获得奥运会参赛资格

落选赛归来，主教练祝嘉铭因工作需要离任，由江苏男排教练邹志华接替主教练一职。由于落选了洛杉矶奥运会，资格赛后，中国男排进行了新老队员的更替，准备为下一个奥运周期做准备。第23届夏季奥运会男子排球比赛于1984年7月29日至8月11日在美国洛杉矶长滩体育馆举行，但是，就在洛杉矶奥运会召开前夕，上届冠军苏联队、欧洲代表队波兰、奥运会落选赛出线队保加利亚，以及古巴队相继宣布不参加这届比赛，于是国际排球联合会于6月在瑞士洛桑召开紧急会议决定以韩国队替代保加利亚队，中国队替代古巴队，意大利队替代苏联队，突尼斯队替代保加利亚队，保证了奥运会的参赛队伍数量，并决定分组不变。1980年，中国男排因为国家抵制未能参加奥运会，成为一大憾事，四年后这一遗憾得到了补偿。中国男排意外获得参加奥运会的资格，但是当时国家队已经重组，国家体委决定让新组建的中国男排参加这届奥运会，锻炼队伍，为以后的发展做好准备。

中国男排自1980年错失第一次参加奥运会的良机后，1984年的洛杉矶奥运

会，也成为中国男排历史上唯一一次在本土之外参加的奥运会，而且是通过替补名额获得参赛资格。当时，“黄金一代”年龄偏大，已经处于职业生涯末期的“网上飞人”汪嘉伟和“最佳二传手”沈富麟在男排重组时都没能入选大赛名单，两人也相继选择退役。为了准备下届奥运会，中国男排根据当时的实际情况，补充了大量的年轻队员，奥运会落选赛时的主力阵容只剩下两人，新的中国男排平均年龄只有22.5岁，平均身高达到了192.5厘米，队员年轻、身高条件不错，但是最大的问题是队伍的技战术很不成熟，而且中国男排巅峰时期的实力和水平已经完全没有了。组队时认为经过几年的锻炼，到下届奥运会时，主力阵容的年龄就比较合适了，再加上训练和配合，技战术也能够比较成熟，4月组队，直至5月队员才到齐，队员实力比较接近，在5月底出访巴西和美国后才确定了主力阵容和战术部署，确定替补参加这届奥运会后，时间仓促，因此国家体委决定直接由新组建的男排参加这届奥运会。

比赛仍然按照之前的分组进行，A组为东道主美国队、阿根廷队、巴西队、韩国队和突尼斯队。B组为日本队、加拿大队、埃及队、中国队和意大利队。比赛第一阶段采用小组单循环，然后前两名和第三、四名分别进行交叉赛确定四强队伍，第5~8名采用一样的方法。经过8轮29场的激烈较量，东道主美国队夺得冠军，上届奥运会第5名巴西队获得亚军，意大利队获得季军，第4~8名依次是加拿大队、韩国队、阿根廷队、日本队、中国队。由于苏联等一些世界强队没有参加这次奥运会，对这次比赛水平有所影响，但参赛各队争夺十分激烈，中国男排在6场比赛中1胜5负获第8名。

中国男排在这次奥运会上的表现突出了一个由来已久的问题，就是作风问题，缺乏拼搏精神，严重地影响着中国男排场上技战术的发挥。由于队伍比较年轻，配合时间短，大赛经验较少，因此运动员在场上欠缺心理稳定性，在不利局面中同样缺乏激发队伍战斗力和凝聚力去逆转局势的能力，而且在赛场上队员不够活跃，缺少比赛激情，队员间的互动较少，没有完全发挥集体的力量，新组建的这支队伍在技战术发挥上还存在很多不足，串联技术也不够协调，影响了整体实力的发挥。往往我们在领先情况下发挥更差，不自信、不稳定。例如，我们在与日本对阵的一场比赛中开局以8∶3领先占据了优势，但队员在领先情况下场上气势不足，没有一鼓作气、气贯长虹的自信表现，结果被日本反超，最后丢掉了这关键的一局，也直接影响了最后的成绩。当然，实践证明，思想作风与技术过硬是相辅相成的，由于缺乏全面的技术，也常常导致情绪的低落[1]。由于组队时间短、训练时间少，年轻的队员们技术不够稳定是硬伤，因此才会出现不自信和易波动情况，最终决定了不能发挥应有的实力和水平。

从比赛情况分析，中国男排在思想作风上与世界强队具有明显差距。美国队同样是新组建的队伍，但全队的精神面貌很好，队员在训练、比赛中能严格要求自己，使队伍具备了较强的竞争力。冠亚军决赛中，美国队员敢打敢拼，撞翻挡板奋力救球的场景极大地激发了队伍的斗志。巴西男排同样拥有顽强的训练和比赛作风，在世界排坛以顽强而著称，比赛中不顾自身安危扑地救球的情况时有发生，遇到很重的扣球时也毫不退缩，场上形势不好时会更加积极拼搏，充分体现了古巴队顽强拼搏的优秀作风。同样地，日本男排在比赛中也非常顽强，在与意大利队比赛中，日本队先输两局，第三局在12∶14落后的情况下仍然没有放弃，终于一点一点地追回来，以3∶2逆转取胜，这种逆转获胜的情况对队伍的锻炼价值很大，队员在落后的情况下能够暗示自己拥有更强的信心，从而取得最终的胜利。阿根廷国家队的很多老球员都在意大利各俱乐部效力，因此全队一起训练的时间少，但是他们自觉性很高，效率也高，虽然技术水平并不占优势，但由于态度认真、作风顽强，比赛成绩也不差。相比之下，中国男排在训练和比赛中所表现出来的意志品质还不够顽强，需要向世界强队多多学习，中国女排“五连冠”时期也是“苦”字当头才取得了辉煌的成绩，原本身体素质就不占优势，如若没有训练量的积累和付出，也没有技战术的创新和改革，那么我们在世界排坛就难寻一席之地。

既缺乏技术核心，又缺乏思想核心，这是中国男排需解决的当务之急。场上没有“主心骨”缺乏指挥，还没有捏到一块儿，有时甚至连准备会上的精神也得不到很好贯彻[2]。技术不够全面同时缺乏特色，这是中国男排存在的另一个主要问题。与世界强队相比较，中国男排队员技术不够全面，基本功不扎实，比赛中自身失误较多，这可能也与队伍组建时间短、训练不够充分有关。第一场与

[1] 邹志华，江申生．第23届奥运会男排比赛追记［J］中国体育科技，1984（28）：7-39.
[2] 邹志华，江申生．第23届奥运会男排比赛追记［J］．中国体育科技，1984（28）：7-39.

日本队的比赛中，我国男排扣球失误高达 14 分，第二场比赛的扣球失误也有 13 分，而日本队每场扣球失误仅有 5 分，仅在这一项上我们就丢了 10 分，这就使我们在比赛中非常被动，高水平的比赛胜负往往就在几分之差，这一项的差距就足以让我们难以取胜。我们的主攻手扣球时调整能力较差，连续失误的情况时有发生，打“乱球”时的发挥更不稳定。根据比赛统计可知，中国队在八强的扣球成功率为 50. 3%排第 4 位，单项排名还是不错的，但是失误率这一项却达 9. 9%，高居第 2 位；无独有偶，中国队的发球得分率排第 3 位，但失误率也高居第 2 位，一传和防守方面存在的问题更多，优势被淡化，整体实力大打折扣。总之，没有强项，失误过多，关键分的相持能力差，这支中国男排的第一次奥运之旅最终以成绩第 8 名结束，此后，将近 40 年里中国男排一直在为打进奥运会而努力着。

第二节　中国男排的发展趋于稳定

这一时期，中国男排反映出的问题主要有大赛经验不足，场上应变能力差，二传和拦网有待提高，战术组织没有形成鲜明的风格，而世界男子排坛竞争激烈，大局势是苏美对抗、强手如林，中国男排的优势已不复存在，想要攀登世界高峰，需要付出更多的努力。从思想方面讲，国人对男排抱有很大的希望，在女排辉煌成绩的映衬下，男排的压力也很大，可以说，中国男排在 20 世纪 80 年代后期正处在国内外形势严峻的时刻。针对当时中国男排存在的问题及今后任务的要求，我们需要重解决以下几个方面的问题：学习女排，狠抓作风训练，提高训练标准，严格要求自己，同时充分重视基本功的重要性，不断钻研，提高战术组织能力和水平，科学合理安排周期性训练，做好长期目标和短期目标的协调发展。

1986 年亚运会男排决赛轮，中国队首场就遭遇实力强劲的韩国队，韩国队有着主场之利，开局很快进入了状态，进攻犀利，首局领先。中国队在落后局面下，老将汪嘉伟发挥了关键作用，31 岁的他原本已退役两年，在日本读研究生，面对国家队的需要，这位曾获得过“世界杯最佳扣球手”称号的名将中断学业重披战袍。赛前集训时，汪嘉伟手指骨折，带着上了夹板的伤指汪嘉伟拦网扣杀频频得分，将韩国队打得乱了阵脚，中国队连扳三局逆转取胜。比赛中，汪嘉伟光是直接拦网就得了 8 分。此后，中国男排又接连战胜上届冠军日本队和印度队，夺得了队史上第一枚亚运金牌。

中国男排虽然获得这枚亚运会冠军奖牌，但是与日本和韩国队相比并没有太大优势，与世界强队之间的差距更大，因此，中国男排制定的下一个目标就是争取打好 1987 年的亚洲锦标赛，力争获得 1988 年奥运会的参赛资格。为了达到上述目标，第一是要继续抓好运动员的思想作风建设，这一点与女排是有差距的；第二是要加强技术训练，进一步发扬一次进攻、快变和拦网的特长；第三是要争取培养一些年轻高大的优秀选手，加强实力；第四是要尽量地多参加国际比赛，丰富比赛经验[1]。

自 20 世纪 80 年代中后期起，世界男子排坛风起云涌，形势发生了较大变化。东欧国家实力下降，亚洲强队失去领先地位，西欧各国强队逐渐崛起，美洲队伍后来者居上，世界男排形成强队林立、群雄争霸的局面。在技术、战术上，欧美队伍本身具备身高和力量优势，在学习亚洲男排快变进攻打法后，更是如虎添翼；其他一些国家在推进排球职业化、商业化后，运动员得到更好的锻炼，水平也大大提高；而国际排球联合会对排球竞赛规则的一些修改（如设立自由防守队员，发球触网过网是好球等），对欧美球队也大有裨益。

在此期间，中国排球未能适应这种变化形势，不但在训练上没有新的建树，技术上缺少独到东西，而且原有的优良训练传统和某些技术优势也有被弱化的趋势，加上国内正处于商品经济大潮的冲击，人们的世界观、价值观发生了较大变化，队伍的管理、训练的理念、技术的要求、水平的提高都受到新的挑战[2]。虽然我国从 20 世纪 90 年代中后期起，对排球运动的训练、竞赛体制进行了改革，使排球训练条件等得到很大改善，在运动员选拔方面也提升了高度，同时排球教练员素质也得到提升，科研成果的实践运用也有进步，但是中国男排的整体实力和大赛成绩并没有明显提高，说明冰冻三尺非一日之寒，中国男排的发展需要长期持续的努力。

---

[1] 泉浩．邹志华谈亚运会中国男排 [J]．体育博览．1986（12）：8.

[2] 张然．对中国男排技战术发展方向的考量 [J]．体育科学研究，2006（2）：1-3.

中国男、女排世界大赛成绩相差甚大，早在1989年时就有人提出疑问：为什么中国女排能夺得“五连冠”，而中国男排的成绩却一直不佳？有分析认为世界男排强队多，身体素质差别大，想要夺得好名次很难，而女排强队相对较少，体能素质等差别也小，因此更容易获得好成绩，而且体育项目的趋势是女子技术日益男子化。另外，中国在举国体制的保障下，女排还有男排队员做陪练，技术提高会更快；但是更客观地分析，中国女排重视基本功的训练，坚持走全面、快速的道路，同时受日本女排夺冠的影响，在训练和比赛时更容易获得动力和信心，而男排在身体素质方面的差别较大，同时在基本功方面不够扎实，作风训练也不如女排。虽然存在客观因素，但主观上机会还是掌握在自己手中，中国男排仍需苦练基本功，继续为梦想而战。

1990年第11届亚运会上，中国男排一举战胜日本队和韩国队，获得冠军，在国内引起了强烈的反响。这次胜利，除了本土作战的优势外，主要是队伍的精神面貌有了很大提升，表现出更多的信心和敢于拼搏的精神。

为了使中国男排在精神面貌方面有所改观，主教练余有为采取了一系列措施，1989年2月重新组队后，余有为和领队计尔煊、教练许文针对球队存在的问题制定了严格的训练和管理制度，从要求、管理和训练方面入手，并着重改善队伍的思想作风。在主教练的严格要求和队员的积极配合下、球队的涣散作风逐渐得到改观，所以在亚运会上才能呈现勇往直前、无所畏惧的优良作风；主力队员受伤落后时，队员们更加团结，接连追分更是鼓舞了全队的士气；决胜局危急时刻，大家众志成城、勇于拼搏，终于获得胜利，精神面貌的改观保证了队员们场上技战术的超水平发挥，也让中国男排笑到了最后。

中国男队的后排防守一直是令人头疼的问题，而这次比赛中，老队员张仁江尽管已经30多岁，但是他作风顽强，不顾有伤在身，多次鱼跃、滚翻进行防守救球，他顽强拼搏的表现激励了其他队员，全队更加团结并信心十足，防守起球的统计显示中国队共防起17次，而韩国队11次，我们不仅在数据上高于对方，更重要的是激发了大家不放弃、不气馁的精神。中国男排的另一个问题是强攻不强，这次比赛中1.92米的主攻手张坚卫身高并不如其他队员，但他经过后天努力，摸高已达3.50米，在比赛中他不畏强手、意志坚定，在与日本和韩国队的比赛中，张坚卫扣球直接得分26分，扣球赢得发球权共计61次，个人总成功次数高达87次，大大提高了中国男排进攻端的实力。

这次亚运会，中国男排虽然获得冠军，但在强手如林的国际排坛，这并不代表我们已经很强，我们只是在亚洲暂时领先，但同时我们与世界强队的差距仍然很大。冠军背后的隐患，我们应提前应对。攻与防应有套路，并有应变方法，同时，在身体素质、心理素质、智力能力、球场作风等方面都应具备；“高度”不能只以身高为标准，还应体现在弹跳高度和网上的优势等方面，“快速”“多变”除了进攻的各种快速多变战术外，还应体现在攻转防快、防转攻快、应变能力快、判断移动与启动快等方面[1]。中国男排应在胜利中保持清醒的头脑，在充分认清世界男排发展新形势、新特点、新趋势的情况下，积极创新，勇于探索赶超世界先进水平的新路，力争在较短的时间内在国际赛场再上一个台阶。

洛杉矶1984年奥运会，中国男排先是错失机会，而后又替补进入奥运会；之后邹志华带队未能取得1988年汉城奥运会的参赛资格；进入20世纪90年代，沈富麟带领的中国男排两次冲奥，但是均以失败告终，中国男排自1983年起技战术的发展失去了原来的强劲势头，逐渐趋于稳定，并出现了一定的滑坡迹象。

第三节　中国男排稳定发展期的时代背景

一、国内形势

中国男排在这一时期参加了球队历史上第一次奥运会，但由于是临时替补进入的，重新组建的中国队以全新的队员阵容参加了比赛，在比赛中暴露了年轻经验少、技术磨合差、心理不稳定等诸多问题，但是在之后的亚洲赛场上，中国队一举夺得1986年和1990年两届亚运会的冠军，虽然中国男排失去了在国际赛场上的强劲势头，但是在亚洲赛场仍保持着领先地位，总体发展逐渐趋于稳定。

1983年的全国排球教练员训练班上，我们总结了之前排球方面的经验教训，主要有三点。

[1] 黄学文．冠军背后的隐思——对中国男排十一届亚运会后的状况分析［J］．体育科技，1991（4）：15-19.

第一，作风的培养是一个重要的战略任务。训练主要是练思想，技术是副产品。一个队伍包括国内、国际比赛，一定要有一个好的作风，能压倒对方的狠劲，不怕苦、不怕累、不怕难，才能打出好水平。作风不容易看得见，不太好摸，但每个队都有，所以这一点十分重要，作风转变不上去，技术成长不是吹出来、养出来的，是练出来的。训练作风第一位，一个球队一个运动员一定要树立良好的思想作风、比赛作风、训练作风，才能在比赛中体现出来。

第二，坚决走自己的路。在符合世界排球趋势的基础上，根据自己情况树立独特的打法。我们的技术、战术指导思想是在技术全面的基础上，向全攻全守型发展，坚持快速、发展高度，实现快、高、准、活打法。其中核心是技术全面，在这个基础上，向全攻全守型发展，并且当时已经提出排球比赛中不是定位的，所有的位置都是活的。这种指导思想相当先进，放在今时今日仍不过时。中国男排就是在执行正确的技战术思想的基础上，锐意创新，坚持快速，并不断丰富战术体系，占据改革发展的主动权，才能在世界大赛上与欧美球队抗衡，撑起亚洲“快速+多变”的新流派。

第三，集训大会战是一个很好的形式。我国排球从 1972 年起就开始举行集训。集训的时间集中、精力集中，可以树立强大对立面，对抗性比较强，可以解决国内练兵，弥补国际比赛经验不足的缺失，而且集训容易开展比学赶帮竞赛，比有方向，学有榜样，赶有目标，互帮有战友，赶超有对象，所以对于提高训练效果是比较好的。同时在集训中容易开展合练，优秀队的作风无形中就是课堂，同时可以推广一些新的教学训练方法。集训还有利于运动员、教练员树立齐心协力、团结奋战的精神，使训练更接近比赛，加大密度强度等，以便更好地完成训练任务。在这届训练班上，同时也提出要十分重视青少年的系统训练，避免队伍后备力量的欠缺。

从以上总结的这些经验来看，当时我国排球界已经开始掌握取得胜利的法宝，根据这些经验和教训，中国男排也在认真运用和实践这些经验，而且这些总结出来的指导思想和经验教训，有些在当今排坛仍然是适用的，可见正确的指导思想是多么重要。中国男排正是逐步认识到作风建设的重要性，坚持走适合自己的有中国特色的路线，同时在举国体制集训的保障下，才逐渐步入正轨，稳步提高。历史证明，中国男排在当时树立优良的作风建设，是成为世界强队的重要保证，是“团结起来，振兴中华”口号提出的前提和铺垫，也是中国男排需要继承和发扬的优良传统。

中国男排在20世纪80年代的发展逐渐减缓，没有了20世纪70年代末的强大冲击力，但是整体处于稳定发展阶段，因为各种原因，频繁更换主教练也是一个重要因素，严重影响了国家队训练的系统性和稳定性，同时对队伍心理发展不利。另外，运动员的新老交替也是一个不可控制的因素，20世纪70年代的“黄金一代”队员的确是势不可当，因此，我们要做好后备力量的培养工作，才能保障有源源不断的新鲜血液。技战术创新在20世纪70年代末已经达到一个高潮，20世纪80年代的中国男排步入了稳定发展阶段。

二、国际形势

这一阶段，世界男子排球的发展更加丰富，全面和高度仍是比赛取胜的关键因素。后排立体进攻战术运用得越来越多，并且与前排进攻战术的有机结合有了进一步的发展，跳发球广泛应用，防守水平进一步提高，世界男子排球的水平越来越高，各个强队对排球运动的认识和研究也更加科学细致。

20世纪80年代中期，中国男排技战术失去了强劲的发展势头，呈现下滑态势，而世界男排的整体水平却在激烈的竞争中不断上升。与世界男排强队相比，中国男排存在诸多问题：训练方法滞后；对排球运动的发展趋势把握不够，不能跟上强队前进的步伐；身体素质不如欧美强队，体能训练又没有得到应有的效果；心理缺乏稳定性，训练没有针对性；队伍结构不稳定，中国男排20世纪80年代的10年间5次易帅，运动员更替频繁，无法保证系统有效的训练。在国际赛场上，从1981年获得男排世界杯的第5名，到如今连世界三大赛的资格都难以获得，中国男排的困境与中国女排的辉煌形成强烈的反差。但究其原因，男排在训练、管理方面不够严格，训练比赛作风培养方面也不如女排踏实刻苦，把握排球运动发展趋势不足，缺乏创新，显然也是原因所在。种种原因造成了中国男排在“低谷”徘徊8年之久。纵然在20世纪70年代我们取得了不错的成绩，但这是建立在教练、队员和技战术创新三者兼备的基础上获得的，一旦松懈下来，失去主动权，就难以跟上世界排球的发展潮流。

20世纪70年代末，中国男排“快速多变”的技战术打法别具一格，在世界排坛享有一定声誉，也帮助中国队进入了世界一流强队的阵容，随着各国强队对“快速多变”打法的适应和研究，应对策略越来越有针对性，我们的优势不复存在，再加上自身身高和力量方面的差距，失去迅猛的发展势头也是情理之中的，但总体来说20世纪80年代中国男排的发展是比较稳定的。

三、技战术指导思想

1988年，中国女排兵败汉城，中国排球整体出现滑坡，在这种情况下，1989年，全国排球工作会议在北京召开，提出了中国排球新的技战术指导思想，即“技术全面，突出特点，准确熟练，快速善变，发展高度，不断创新”。但是新的技战术指导思想并未止住中国排球颓废之势，在世界排球水平不断发展的情况下，中国男排仍无创新之举，始终在世界大赛上没有突破，在亚洲也仅是保持原有水平并略有下降。

第四节　中国男排稳定发展期的历史人物

一、中国男排稳定发展期的教练

中国男排稳定发展期在国际赛场表现失去了原有的强劲势头，但是在亚洲仍保持着领先地位，但是因为各种原因频繁更换教练，对男排的发展是一个不利的影响因素，这一时期的主要教练有祝嘉铭、邹志华、余有为。

（一）祝嘉铭

祝嘉铭于1938年出生，1959年入选上海队，1963年进入国家队，堪称中国男排第一主攻手。20世纪60年代初中期的中国男排，队伍整体实力强，是一支很有希望的队伍。当时中国男排的队员有袁伟民、祝嘉铭、马立克、邓若曾、冯正海、李宗庸、李耀先等，他们训练刻苦、作风顽强，练就了扎实的基本功。在1965年苏联里加国际排球邀请赛上，中国男排由于其出色的快速多变的进攻，连克多支世界强队，获得了季军的好成绩，媒体把当时的中国男排称为打“超音速排球”的中国队。

祝嘉铭一共参加了260多场国际比赛，1960年获“运动健将”称号，随队获得1962年和1966年两届男排世锦赛的第9名，在1974年获得亚运会男排季军。1975年，祝嘉铭选择退役，随后进入上海排球队担任教练；1980年任上海男排主教练，同年获“国家级教练”称号，他带领上海男排于1983年获得第5届全运会的铜牌。

1983年，祝嘉铭出任中国男排主教练，当时中国男排的目标是参加1984年洛杉矶奥运会，由于未能在1983年日本亚锦赛上夺冠，中国男排不得不在1984年参加奥运会落选赛。中国男排在祝嘉铭的率领下出征奥运会落选赛，与众多强敌争夺唯一的一张奥运会入场券，赛前并不被看好的中国男排一路取得6连胜，但在最后一战中2∶3不敌保加利亚男排，非常遗憾没能拿到奥运入场券。在奥运会落选赛之后，祝嘉铭也卸任中国男排主教练一职，不过由于东欧各国抵制洛杉矶奥运会，中国男排还是幸运地参加了洛杉矶奥运会，但祝嘉铭由于不是主教练，并没有随队前往。这是中国男排历史上第一次参加奥运会，也是唯一一次参加境外举办的奥运会。

（二）邹志华

邹志华在20世纪80年代是中国男排的主教练，曾在1984年率领中国男排征战奥运赛场。从20世纪50年代起，邹志华就活跃在国内的排球赛场上，同期的运动员有袁伟民、祝嘉铭、李宗镛、邓若曾、马立克、冯正海等，如今这些人都称得上中国排球的功勋人物。

邹志华是江苏男排的奠基人，同时也是成就中国男排巅峰期的领路人。1984—1988年邹志华任男排主教练期间，中国男排在奥运会和世界杯上杀进8强，与欧美强队的对抗中丝毫不落下风，在亚洲与老对手日本和韩国的比拼中也有一定的身高优势。汉城亚运会决赛中击败老对手韩国队夺得冠军，是中国男排最辉煌的时代之一。

1958年，为了迎接1959年第1届全国运动会，江苏省打算筹建一批运动队，其中包括排球项目。为了给各个项目选材，当时的江苏省体干班从全省高中生中选了30多名体育比较好的高中生，在江苏省中学生运动会跳高项目上表现突出的邹志华自然也在挑选之列。与邹志华一起被选中的还有来自苏州的袁伟民。袁伟民身高不高，但是跑得快，跳得高，还练过篮球，非常灵活，和邹志华一样，袁伟民也没有接触过排球。

1958 年 8 月 1 日，江苏省的两名应届高中毕业生——分别自常州与苏州登上了同一列火车，站到了省城南京。到了南京后，他们还有同一个目的地——江苏省男子排球队。在山西路体干班等待接受挑选，当时负责江苏排球队组建的是后来被誉为“江苏排坛泰斗”的张然。在张然挑选排球运动员之前，篮球队已经来挑选过一轮，把很多大高个挑走了，在其余的 20 名学员中，张然最终只挑中了 5 个人，其中包括袁伟民和邹志华。进入江苏省男子排球队后，他们又被分在同一间宿舍，常州男孩邹志华睡上铺，苏州男孩袁伟民睡下铺，中国排球史上的两位开拓者，就这样成为上下铺的好兄弟。不到两年，邹志华和袁伟民双双成为江苏队的主力。

1962 年 7 月，邹志华和袁伟民又同时入选国家队。但是，高强度的训练让邹志华伤痕累累，邹志华无奈只得告别队友，于 1964 年回到江苏队。1965 年，伤病初愈的邹志华参加了全运会。1972 年，邹志华被任命为江苏男排的队长，那时的他已经 33 岁了。1975 年，邹志华成为江苏男排主教练。在任江苏男排主教练时，他带领队员们拿下多个联赛冠军及全运会冠军。

从球员成功转型为教练员后，邹志华又被国家队“盯”上了。1983 年，邹志华回到国家队担任“二教练”，当时的主教练是祝嘉铭，此前他一直担任上海男排主教练，那是中国男排步履维艰的一年，面临着冲击次年洛杉矶奥运会的重任。为此，进入职业生涯末期的沈富麟也被召回国家队，为了这份荣誉再尽一份力。只可惜，中国男排在亚锦赛决赛中不敌日本，随后又在落选赛决赛中负于保加利亚，错失了奥运会的入场券。

连续倒在决赛中，对所有人而言都是不小的打击。1984 年，祝嘉铭卸任主教练，沈富麟也慢慢向教练员转型，邹志华正式转正为主教练，而此时，他的好兄弟袁伟民及他带领的中国女排早已成为国人心中的英雄。邹志华只有奋起直追。“袁伟民运气很好，带了女排出了成绩。男排全世界的水平太高，想出头太难”，在这样的背景下出任中国男排主教练，邹志华肩上的压力和责任可想而知。

邹志华是幸运的，虽然没有在资格赛进入奥运会，但由于 4 个东欧国家因政治因素抵制当年的奥运会，让中国男排有了递补进入的资格，好像是天意安排，四年前的遗憾得到了弥补，最终邹志华在洛杉矶奥运会上带领新组建的中国男排取得了第 8 名的成绩，这也是中国男排历史上的第一次奥运之旅。

1986 年，邹志华率领中国男排取得了一个重要的突破。第 10 届亚运会在汉城举行，为了备战亚运会，他请回了爱徒汪嘉伟，邹志华率领中国男排征战汉城，击败了 3 年未曾战胜的韩国队，两年的艰苦训练终于结出了硕果，最终中国男排以 3∶1 的总比分取得男排历史上第一个亚运会冠军。这场比赛成就了汪嘉伟的职业生涯，也成就了邹志华。

邹志华在担任江苏男排主教练、总教练和中国男排主教练期间，为中国排球培养了一大批优秀人才，邸安和、周建安、汪嘉伟、沈富麟、俞觉敏、曹平、陈刚、胡进等都是他的学生。其中，汪嘉伟、沈富麟、邸安和、周建安等都跟随他的脚步，担任过中国男排的主教练，俞觉敏则是担任过中国女排的主教练，可以说邹指导为中国排球培养了一批优秀的运动员和教练员，为祖国排球事业奉献了一辈子。

“技术要过硬、打球动脑子”是邹志华带队时着重强调的两点，同时他认为排球比赛不是一人单战，团体精神尤为重要。他把运动员分为三个层次：最低层次是能够在场上照顾好自己，不拖累队友；第二层次是能够在场上照应、呼应队友，发挥集体的力量；最佳的层次就是能临场应变、协调指挥队友，发挥球队最大的战斗力。在他正确排球团队理念的指导下，涌现了很多国内的男排名将，比如沈富麟、汪嘉伟、邸安和等，而邹指导培养的这 3 位名将又先后执教了中国男排：沈富麟在 1990 年末接任中国男排主教练，并在 2019 年男排危难之时接任外教；汪嘉伟于 1997 年接任，带领男排实现亚洲“三连冠”；邸安和于 2001 年接任，同年他慧眼识珠，发现了在青年队的沈琼与汤淼，并将他们招入了国家队，这两名队员之后都成了中国男排的主力队员。由此可见，邹指导的眼光是非常好的，同时执教水平也相当高，培养的队员都非常优秀，而从国家队退休之后，邹志华回到了江苏，担任江苏排球总教练，可以说他终生心系排球，始终未曾离开。

他在 1984 年率领中国男排首次站上奥运舞台并获得第 8 名，又在 1986 年率领中国男排首次亚运会夺冠，邹志华教练接连创下了中国男排的两个首次，打造了中国男排发展史上的里程碑，延续了中国男排 20 世纪 70 年代末的辉煌，虽然没有在国际大赛中有所突破，但是夺得了第一个亚运会冠军，为中国男排之后的发展起到了重要的导向作用。1990 年之后邹志华担任了江苏排球总教练，一直到 65 岁才退休，退休后邹志华同志仍心系排球事业，他为中国男排这份事业鞠躬尽瘁，也是江苏排球的楷模，作为第一代排球队员激励着后来者努力拼搏，江苏排球涌现出了孙晋芳、惠若琪、张常宁、龚翔宇等多名奥运冠军，还有男排的施海荣、张晨等国手。可以说，邹志华的一生几乎都是在排球中度过，他为中国排球运动的发展献计献策、呕心沥血、鞠躬尽瘁，历史会铭记这位中国男排的功勋教练。

（三）余有为

余有为曾是中国排坛的一员骁将，作为一名副攻手，他为上海男排称雄全国立下过汗马功劳。改执教鞭后，1990 年他率领中国男排获得亚运会冠军。此后余有为远赴南斯拉夫、克罗地亚执教，曾率队夺取过欧洲男排锦标赛亚军。2002 年 2 月，开始担任上海女排的主教练，是一位执教经验丰富、具有国际视野的优秀教练员。

中国男排在余有为担任主教练后，精神面貌有了很大的转变，1989 年 2 月重新组队后，余有为和领队计尔煊、教练许文制定了严格的训练和管理制度，从要求、管理和训练方面入手，并着重改善队伍的思想作风。纪律上严格要求，不允许自由、涣散的存在，全队戒烟也是一个重要的决定。他认为“好苗子必须有好作风才有可能成为尖子，球场上需要的是硬骨头”。他喜欢那些态度端正、努力训练、严格要求的队员，对于那些条件好却不好好练习的队员，余有为总是严厉地批评指正他们。在主教练的严格要求下，涣散作风逐渐得到改观，所以我们在亚运会上才能表现出勇往直前、无所畏惧的优良作风；主力队员受伤落后时，队员们更加团结，接连追分更是鼓舞了全队的士气；决胜局危急时刻，大家众志成城、勇于拼搏终于获得胜利，精神面貌的改观保证了队员们场上技战术的超水平发挥，也让中国男排笑到了最后。

二、中国男排稳定发展期的主要队员

中国男排在 20 世纪 80 年代后期失去了原来的强劲势头，发展逐渐趋于稳定，但是随着世界排球的发展，我们与欧美强队之间的距离也逐渐拉大。这一时期的成绩和成员如表4-1所示，中国男排取得了自己的第一个亚运会冠军，说明我们在亚洲的水平还是较高的。备战亚运会时，老将汪嘉伟的回归为队伍带来了极大的动力。

表4-1　中国男排稳定发展期（1983—1990年）的成绩及历史人物

教练	大赛战绩	主要队员
祝嘉铭	1983年第3届亚洲男排锦标赛第2名	曹平、刘长城、沈克勤、宋晋卫、肖青松、杨立群、颜建明、俞觉敏、瞿纪新、张友生、赵铎、左跃
邹志华	1984年第23届洛杉矶奥运会第8名 1986年第10届亚运会男排冠军	汪嘉伟、杨立群、宋晋卫、赵铎、张仁江等
余有为	1990年第11届亚运会男排冠军	张仁江、周建安、张坚卫、苏学辉、鞠根寅、闫峰、蒋杰、许国荣、李海运、翁亦青、曹茂稳、吴卫

第五章

CHAPTER 5

中国男排的徘徊下滑期（1991—1996年）

20世纪90年代初，世界排球迅速发展，国际上各种打法流派相互交融，中国男排开创的“快速多变”打法逐渐被世界强队学习和掌握，失去了领先优势，中国男排不仅在世界排坛举步维艰，在亚洲排坛的领先地位也受到了冲击。在失去曾经震惊世界的“撒手锏”后，又没有进行下一轮的实践创新，中国男排开始进入徘徊下滑期。

第一节　中国男排失去亚洲领先地位

1991年在澳大利亚珀斯举办的第6届亚洲男排锦标赛上，中国男排在半决赛中，以1∶3负于日本队，未能获得决赛的资格，同时也失去了冲击巴塞罗那奥运会的良机。这说明，我们在亚洲的领先地位已经受到威胁，冲出亚洲仍然是中国男排的首要目标，因为很多世界大赛的参赛资格只有亚洲冠军才会有。

从比赛数据对比中我们可以看出，日本队的发球得分与破坏一传比中国队分别多3.8%和2.9%。而且失误率也比我们低，仅4.5%。中国队的发球不仅得分、破攻少，而且失误率高，显然在这一项目中，中国队就不如日本队[1]。一攻方面双方水平差别不大，但是日本队失误率低，比我们更稳定；在防守方面，我们也与日本存在较大差距。不可否认，中国男排已经开始掉队，在亚洲的地位岌岌可危，如不摆正姿态，扭转局面，差距就会越来越大。

世界男子排坛在20世纪八九十年代的发展非常迅速：从苏联队独占鳌头，

[1] 郑宗源．第六届亚洲男排锦标赛中、日之战解析［J］．中国体育科技，1992，28（4）：12-16.

到美苏强强对立，再到古巴、意大利、巴西、美国、俄罗斯等强手林立的局面，而中国队却一直无力竞争。这一时期诞生了不少排球球星，如美国的巴克，意大利的鲁齐塔、佐齐，俄罗斯的弗明和巴西的尼格劳等，但是中国男排却没有抢眼的表现，20世纪七八十年代我国“黄金一代”的那批明星选手都已经退役，新一届的男排国手也没有能够与国际强队相媲美的优秀选手。中国男排发展出现的局外形势，是多方面原因造成的，但是后备人才储备不足、国家和社会支持力度不够是主要原因。

纵观世界各国，凡在某项运动发展水平较高的国家都有一个共同的特点，即从事该项运动的基层人数多，且水平高。如中国的乒乓球、苏联和美国的田径、美国的篮球等，无不是形成良性的人才输送的“金字塔”，从而保证后备人才源源不断地输送上来，使国家一级的运动队水平不断提高[1]。“冰冻三尺，非一日之寒”讲的就是这个道理。我国男子排球的发展在几年前就已经出现下滑的迹象。我国青少队的成绩日益下滑；国内集训不积极，各类比赛十分冷清。各省市的排球队伍越来越少，优秀的苗子也几乎没有，这与之前我国排球运动发展的鼎盛时期相比差别实在太大了，原来仅山东省就集训了10支男、女队，而2022年排球超级联赛全国仅14支队伍参加。基层队伍数量上的严重萎缩，导致国家队难以选材，人才培养头重脚轻，难免会陷入困境。从国内国外、横向纵向人才培养的对比发现，我国男排成绩不理想，根本原因是长期对人才培养工作不够重视，无人可选，无人可用，最终只会导致成绩越来越差。因此，男排要想提高成绩，就必须做好长期苦干的准备，做好“金字塔”塔基的人才储备工作。坚决不能时有时无、断断续续，普及与提高同时两手抓，加大金字塔的塔基，对我国排球运动的可持续发展至关重要。

“快速多变”的进攻打法曾是中国男排的传统优势，是中国排球界根据自身身体素质特点结合国际发展趋势而制定的“中国特色”的进攻打法，也是我们取胜的宝贵经验，符合中国男排进攻特点的创新型进攻战术体系。20世纪七八十年代，中国男排凭借这套“快速多变”的进攻打法，在世界三大赛中，两次获得第5名、两次获得第7名，在当时也是世界级的强队。对于中国男排来讲，

[1] 洪志敏，万百亭．对中国男排未能“冲出亚洲”的思考［J］．上海体育学院学报，1994（S1）：51-53.

自身“快速多变”战术发挥的好坏，很大程度上决定了与其他球队比赛的胜负，更是决定了自己的大赛成绩。20 世纪 80 年代中期以后，世界排球发展迅速，而中国男排一直在低谷中徘徊，与世界强队间的差距越来越大。从影响因素来看，一个重要的因素就是中国男排曾引以为傲的“快速多变”的进攻战术体系，被其他国家学习和掌握并加以创新使用，这使中国男排受到了强大的冲击，再加上与欧美球队在力量上的差距。同时世界强队在发球环节上的提升，使我们的一传受到影响，一传无法保证高质量，我们就很难发挥出“快速多变”的特色打法。

第二节　中国男排进入徘徊下滑期

中国男排在 1990—1997 年参加了多次世界比赛，1994 年参加了世界男子排球锦标赛并获得第 11 名，1995 年参加了男子世界杯排球赛并获得第 9 名，1992 年和 1993 年参加了世界男排联赛分别获得第 7 名和第 9 名，世界大赛的成绩基本保持了之前的水平，比鼎盛时期略有下降。但是在亚洲比赛中，中国队失去了亚洲霸主的地位，最好的成绩是亚军，分别是亚运会的亚军和亚锦赛的亚军，另外的两次亚锦赛分别获得第 3 名和第 4 名，从大赛成绩来看，说明中国男排这一阶段整体实力处于徘徊不前、出现下滑的迹象。

1992 年和 1993 年的世界排球联赛中，强手如云，中国队在与美国、意大利、荷兰、独联体和古巴等队的比赛中，拦网与对手存在较大差距，防反进攻也存在不少问题，扣球得分面与世界强队差距更大。亚洲范围内，1992 年世界男排联赛中我们以 3∶1 战胜日本队，在发球、扣球和拦网方面具备一定优势；1993 年世界男排联赛中以 3∶1 战胜韩国队，同样也是以发球、扣球和拦网为主要得分手段。可见当时，我国男排在亚洲还是具有一定的网上优势的，但是在世界大赛中，面对欧美强队，不同的打法、强势的扣球使我们暴露出了进攻和拦防方面的不足，使我们在世界大赛中的表现一再低迷。

此时世界男子排坛风云变幻，德国、法国、荷兰等国家的排球运动发展迅速，在国际大赛中表现出色。古巴男排迅速崛起，他们在 1990 年世锦赛获得亚军，在 1991 年、1992 年世界男排联赛中连续获得亚军，持续保持较高的技战术水平。古巴男排因为人种特点，弹跳力和滞空力都极强，全队的平均摸高达到了

3.65米，在各支强队中排名领先，而且他们扣球点高、凶猛有力，属于典型的强攻型队伍。同时，他们注重防守反击，战术组织上结合了高点快攻和后攻战术，整体实力都很强，网口实力尤为突出。反观中国男排自1986获得亚洲冠军后，大赛表现一直不好，连续两次无缘奥运会等世界大赛，已经落入低谷中，同时也连续9年无缘参加世界大赛。1993年，中国队在世界男排联赛中表现抢眼，在亚太区落选赛中重新获得了世界三大赛的参赛资格，但是与日本、韩国相比，已经失去了抗衡的优势。

1995年11月18日至12月2日第8届男子世界杯排球赛在日本举行。这届世界杯共有12支队伍参赛，美国、巴西、意大利、日本、荷兰和古巴等世界强队均参加了比赛，经过11轮共计66场比赛的激烈竞争，意大利脱颖而出，以全胜成绩第一次获得世界杯赛冠军，荷兰和巴西分获亚军和季军，同时这3支欧美强队也获得了参加亚特兰大1996年奥运会的入场券。中国男排获得第9名，同属亚洲的日本与韩国分别为第5名、第8名，其排名都在中国之前。从比赛情况分析来看，中国队基本打出了应有的水平。比赛中我们拦网发挥得较好，排在所有参赛队第6位，主攻手张翔的进攻能力较为突出。从实际水平来看，中国男排同日本、韩国等队比较接近，但在比赛中没有把握好战机，从而失去了进入八强的机会，但是我们同意大利、荷兰等世界强队在高度和力量上还有一定差距，需要继续努力。

意大利以全胜战绩，夺得本届世界杯赛冠军。因为意大利是一支典型的既有高度实力，又有全面善变特点的队伍，而且注重整体实力提高和整体的攻防配合，因此整体水平的发挥始终比较稳定，没有明显的弱点，很有特色。十分类似于20世纪80年代中国女排夺取“五连冠”时的队伍[1]。意大利与亚洲各队相比具有技战术上的优势，同时在高度和实力上也占优势，因而意大利赢得比较轻松。在对阵欧美强队时，高度基本持平，意大利的技术更加全面熟练，而且在攻防、拦防方面具备整体战术组织的优势，同时比赛经验丰富，因此意大利基本发挥了正常水平，从而取得了应有的胜利。意大利和巴西的成功经验非常值得我们学习和借鉴，中国男排应顺应世界排球发展趋势，结合自身实际情况，开辟一条具有自己特色的排球发展之路。

---

[1] 邹志华．第8届世界杯男子排球赛特点分析［J］．南京体育学院学报，1996，10（24）：1-12.

第三节 中国男排徘徊下滑期的时代背景

一、国内形势

20世纪90年代，我国排球界尤其是排球的决策部门和管理部门出现了一定的思想混乱，以致国家男、女排的技战术风格越来越模糊[1]。要知道，老女排当年如果论单项没有古巴队强攻好，没有美国的拦网效果好，防守又不如日本队，但中国女排屡获大赛冠军，原因就在于她们拥有快速多变、技术全面的进攻打法，风格鲜明、整体实力强。中国男排在20世纪七八十年代能够跻身世界一流球队，也是因为具有鲜明的技战术风格：快速多变，善于创新，拥有一系列的发明创造，敌有我有，敌无我有，这才开启了第一次的发展高潮。但随着中国排球的发展，我们曾经的优势却慢慢消失了，无论是国家队还是地方队，都逐渐失去了原来我们引以为豪的“中国风格”。相反，我们的对手却学习掌握了这些快攻战术并将矛头对准我们。在这种形势下，中国排球在国际赛场上已无优势可言，输球就越来越多了。技战术思想是一支队伍赖以生存和取胜的重要导向，只有确立了明确的技战术指导思想，才能树立正确的努力方向，才能离目标越来越近。

1995年，国家体委发布《奥运争光计划纲要（1994—2000年）》，主要目的是适应社会主义市场经济的发展，顺应国际竞技体育发展趋势和规律，对我国竞技体育到20世纪末这7年间的发展目标、规模、重点、质量及措施实施全方位、多层次、全过程的系统管理与控制，使竞技体育高效、快速、健康发展，夺取更大成绩，赢得更大荣誉，为实现我国第二步战略目标服务。概括地讲，《奥运争光计划》就是为了在奥运会上获得多的奖牌，这对于排球这项成才慢、周期长、回报小的项目来说，受到了沉重的打击。这一时期，国家对体育的投入从国家单一投入开始转向和社会结合，排球运动的经费减少，加上唯金牌论的影响，在很大程度上导致排球队伍严重减少，业余队伍方面更为突出，国家队缺乏社会

[1] 刘颖余．中国排球该醒醒了［N］．工人日报，2000-07-28（4）．

的大力支持，优秀后备人才不足，这都是这一时期中国男排徘徊下滑的原因。

二、国际形势

20世纪80年代后期，西欧各国的排球运动水平大幅度提高，意大利脱颖而出，先后获得了1990年、1991年和1992年世界男排联赛的冠军；另外，德国、法国、荷兰等国的排球运动也发展迅速，在世界大赛中逐渐锋芒毕露。

20世纪90年代初期，亚洲男排曾处于世界领先地位，1991年，日本队和韩国队在第7届男子世界杯排球赛中仅次于欧、美部分强队，分别获得第4名和第5名。由于当时世界男排的发展趋势是全面化和高度化，但是亚洲男排在这两方面不如欧美强队有优势，因此在世界大赛上不能与之抗衡。中国男排自1986年获得亚洲冠军后表现一直不佳，9年间两次无缘奥运会等世界大赛，已经落入低谷中。从国际发展情况看，中国男排与世界强队相比，水平相差甚大，与亚洲范围内的日本和韩国呈三队鼎立之势，也没有绝对优势。

当时世界男排的发展形势是“两欧崛起，东欧下降，美洲脱颖而出，亚洲落到低层。美国、苏联争霸世界，其余十强抗争激烈，中国队被挤到十名之后”。“中国男排目前的形势是非常严峻的，要走出低谷，必须分两步走，第一步冲出亚洲，第二步追赶世界先进水平。冲出亚洲虽然十分艰巨，可也还是有希望的。因为目前日本、韩国也都处在低谷，目前这两个队同样面临困境，青黄不接，水平下降。问题的关键是，谁能够在这个周期内争取赢得时间，抓准战机，顽强拼搏，开拓创新，争取步步主动、一路领先。”[1]

20世纪70年代的中国男排勇于创新，走在了技战术发展的前列，在比赛中更是占据了主动权，因此在世界大赛中取得了不俗的成绩。20世纪90年代，欧美强队广泛采用强攻击性的跳起大力发球，同时立体进攻的使用让战术变化更加丰富，在这种形势下中国男排的一传到位率和防反起球率都有不同程度的下降，这也直接影响了中国男排“快速多变”进攻战术的组织和发挥，使我们原本拥有的主动权逐渐丧失，中国男排失去了昔日的利器。

---

[1] 袁伟民，邓星寿．中国排球的出路何在——袁伟民在全国排球训练工作会议上的讲话摘要［J］．辽宁体育，1989（10）：2-4.

“快速多变”是中国男排的特长，也曾是中国男排克敌制胜的法宝，尽管现代世界男子排坛，进攻战术的发展趋于简单实用，但由于中国男排在高度、力量、体能等方面不如欧美强队，因而中国男排在紧跟这一发展趋势的同时，应该加强“快速多变”这种符合自身特点、比较灵活的进攻战术体系训练[1]。我们不能一味盲从世界排球的发展趋势，在顺应大潮流的前提下更要结合自身特点，把我们曾经的“快速多变”进攻战术体系更好地掌握运用起来，在新时期发挥它的新作用。我们应该相信：中国男排只要认清努力的方向，有针对性地提升薄弱环节，根据国际发展趋势进行技战术的创新，运用新的科技成果进行科学有效的训练，为“快速多变”进攻战术体系的发挥创造更好的条件和基础，那么原本我们“快速多变”进攻战术体系的优势，必定能够再次绽放光芒，并成为中国男排的比赛利器，为我们实现奥运梦想增加获胜的筹码。

根据这一阶段中国男排的发展情况可知：一方面，中国男排在技战术方面没有创新发展，与世界强队的差距越来越大，且自身仍存在较多问题；中国与日本、韩国形成了三足鼎立之势，而且日本、韩国实力仍在不断提升，特别是为了提高网上争夺的优势，两队也在不断提高队员的身高，同时他们也在不断进行技战术的创新，这样中国队在亚洲的前景不容乐观，如果我们不针对这些情况进行准备和革新，那么中国男排“冲出亚洲，走向世界”的希望就非常渺茫了。另一方面，为顺应国际潮流，各队运动员的身高和弹跳力不断提高，拦网水平也大大提高，这对于中国甚至亚洲来说都是一种更大的压力，因此我们必须寻找赶超先进水平的突破口，否则就会加大与世界强队之间的差距。根据国际形势，中国男排必须向全面化、高度化和速度化的方面发展，在身高和力量上缩小与欧美强队的差距，同时要比他们技术更加熟练和稳定，战术方面继续坚持快速多变道路并不断创新。在亚洲范围内，要采取不同的策略：技战术方面要学习并赶超日本、韩国，在保持自身优势的基础上，从身高和力量上要超越日本、韩国，这是中国男排有针对性的对应之策，扩大在亚洲的优势，缩小与世界强队的差距，中国男排才能坚定地走向胜利。

三、技战术指导思想

1993 年，在我国排球仍无起色的情况下，我国排球运动技战术指导思想又

[1] 高宝龙，郝利玲．浅论影响中国男排快速多变发挥的因素［J］．四川体育科学，1998（3）：23-24.

进行了新的调整，即“攻防全面，发展高度，坚持快速，灵活善变，不断创新，培养尖子”。但是，中国男排在进攻技术方面与世界强队之间的差距越来越大，再加上我国“奥运战略”的实施，失去了重视和后备人才的储备后，中国男排更加寸步难行。

第四节　中国男排徘徊下滑期的历史人物

20 世纪 90 年代，中国男排失去了 20 世纪七八十年代的光环，发展逐渐趋于稳定，随着世界排球的快速发展，中国男排在国际强队冲击、自身缺乏创新、后备力量匮乏和国家政策不利等多方因素的影响下，逐渐与世界强队拉开距离，但是在亚洲仍保持着前 3 名的成绩。

这一时期中国男排的主教练是 20 世纪 70 年代“黄金一代”的优秀二传手沈富麟。沈富麟是一名优秀的排球教练员，在 1991—1997 年执教中国男排，曾带队获得 1991 年亚锦赛季军、1994 年亚运会亚军、1995 年亚锦赛亚军、1996 年世界男排超级挑战赛殿军；在国内执教上海男排，多次获得全国联赛冠军和十运会冠军。

这一时期的主要队员及成绩如表 5-1 所示。这一时期，中国男排开始出现下滑，尽管我们在亚洲比赛中仍能进入前三名，但与之前的高潮发展和稳定发展阶段相比，显现出我们的后力不足的缺点。继“网上飞人”汪嘉伟之后，“亚洲第一飞人”张翔展现了其突出的身体素质和能力，但排球运动是集体项目，只有全面、均衡、特点突出的队伍才能拥有更好的发展前景。

表 5-1　中国男排徘徊下滑期（1991—1996 年）的成绩及历史人物

教练	大赛战绩	主要队员
沈富麟	1994 年第 12 届亚运会第 2 名	张利明、张翔、李海运、周建安、张迪、郑亮等
	1995 年第 8 届亚洲男排锦标赛第 2 名	张海运、张翔、周建安、张利明、于德等
	1995 年第 8 届男排世界杯第 9 名	张海运、张利明、周建安、郑亮、张翔、于德等

第六章

CHAPTER 6

中国男排的第二次高潮发展期（1997—2005年）

20世纪90年代，中国男排开始失去亚洲领先地位，与世界强队之间的距离也越来越大，在经历了一段时间的徘徊和下滑之后，中国男排决心改变现状，昔日“网上飞人”汪嘉伟回国任教后，中国男排无论是在技战术还是在精神面貌上都发生了巨大的改变，并且实现了亚洲“三连冠”的佳绩，开创了中国男排的第二次发展高潮。

第一节 “网上飞人”回国任教

1997年，中国男排希望改变在低谷徘徊的现状，决定通过竞争选拔更优秀的主教练来带领男排走出低谷，得到这一消息，国家队原队员“网上飞人”汪嘉伟热血澎湃，迅速作出决定，决心放弃在日本的一切，回国担任中国男排主教练。

作出这个决定后，汪嘉伟也面临着很多议论：男排不好出成绩、压力大、从低谷入手困难太多等，而当时的中国男排已经连续7年无缘亚洲冠军，队伍军心涣散，战斗力衰弱，训练装备也只剩下每人一双球鞋，财政窘迫，经费短缺……，汪嘉伟虽然看到困难重重，但毅然接任。即便困难再多，他想的也是要带领中国男排走出低谷，去争取更多的荣誉，作为运动员，不畏艰难，勇于挑战，这也是汪嘉伟与生俱来的品性。

经过商议，1997年3月7日中国排球协会宣布汪嘉伟担任国家男排主教练，退去激情后，汪嘉伟也逐渐感受到作为主教练的责任和担当。因为当时球队的各方面状况很糟糕，队伍缺乏激情和斗志，士气不高，纪律涣散。一向严格要求的汪嘉伟顿时感到任务很重、很困难，但是作为主教练的他迎难而上，积极采取措施，开展工作。通过了解队员，进而引导教育并做好训练工作。带着对排球的热爱和对未来的憧憬，面对艰难的现实情况，汪嘉伟开始了他作为主教练的创业之路。

第二节　中国男排取得亚洲“三连冠”

一、中国男排重回亚洲巅峰

1997 年 9 月，在进行了将近半年的训练后，中国男排飞往多哈，准备参加第 9 届亚洲男子排球锦标赛。这是汪嘉伟上任主教练后的第一次大赛，全队都满怀希望，在平时的积极引导下，队员们已经养成了主动进行业务学习的好习惯，晚上大家拿着印发的日本、韩国等队的战术轮次图，聚在一起观看比赛并讨论，对比赛对手进行充分的分析和了解，全队上下积极备战。

小组赛我们的第一个对手是韩国队，根据赛制，小组赛的成绩要带入下一阶段，同时交过手的队伍将不再相遇。因此，为了给决赛创造更好的条件，中国队要力争小组第一胜出。对阵韩国队时，小伙子们斗志昂扬、精力充沛，由于在赛前做足了功课，准备充分的中国男排以 15∶4、15∶6 和 15∶5 的大比分连胜三局，轻松取得胜利。为了观看这场比赛，有 60 多名中国员工专程从 100 多千米外的卡塔尔杜汉赶来加油，中国男排获胜后大家非常兴奋，该公司朴经理代表全体员工将一个装着 1008 元人民币、写着“祝中国男排夺取冠军”的信封交给了中国男排。朴经理动情地说：“钱虽不多，但它代表着我们的心意和祝愿，最后的决赛我们可能不能再来为你们加油，但我们的心永远跟你们在一起……”[1]。

祖国亲人的关怀和鼓励使男排队员们热泪盈眶，他们身上的干劲更大了。功夫不负有心人，9 月 12 日凌晨，中国男排以 3∶1 战胜亚洲劲旅日本队，以全胜战绩夺得第 9 届亚洲男子排球锦标赛的冠军，这次中国男排终于打了个漂亮的翻身仗。在汪嘉伟担任主教练半年后，中国男排发生了翻天覆地的变化，接连战胜老对手韩国队和日本队，重新夺回阔别 18 年之久的亚洲锦标赛冠军，这无疑是

[1] 点点．激战多哈——第 9 届亚洲男排锦标赛追记 [J]．中国排球，1997（4）：4-6.

中国男排冲出低谷、翻身崛起的表现，中国男排迎来第二次发展的高潮期。

1998年，第13届亚运会在曼谷举行，早在1986年第10届亚运会时老将汪嘉伟重返赛场，和队友们夺得第一个亚运会冠军。这次，汪嘉伟作为中国男排主教练重上亚运会赛场，当时中国男排的精神面貌正是最佳的时候，重回亚洲巅峰之后，全队上下也信心满满，决心在亚运会赛场上一展雄风。中国队一路过关斩将，所向披靡，终于闯进了决赛。决赛对阵老对手韩国队，刚开始中国男排先以2∶0的大比分领先，随后韩国队扳回一局，第四局双方争夺白热化，中国队副攻朱刚跳起进攻，落地时与二传周建安相撞，导致周建安头部受伤流血，由于场上形势紧张，队医进行简单包扎后周建安就迅速重回赛场。为不让绷带妨碍视线，他撤掉了绷带，只贴着纱布就马上投入比赛中。功夫不负有心人，最终，中国队以总比分3∶1取胜，这是继1986年和1990年之后第三次赢得亚运冠军，这也是中国男排历史上仅有的三次获得亚运会冠军。其中汪嘉伟就参与了两次，1986年作为队员参加，1998年作为主教练参加，可以说，汪嘉伟见证了中国男排两次发展高潮的整个过程。

二、中国男排巩固霸主地位

在1998年曼谷亚运会上，中国男排把4年前失落在广岛的冠军夺了回来，而且他们得到的不仅是一枚金牌，而是一个稳固的“大后方”，连续击败日本队和韩国队之后，中国男排在亚洲霸主位置上的信心进一步增强，接下来对欧美世界强队进行下一轮的冲击，主教练汪嘉伟说：“亚洲第一是我们冲击欧美强队的基础，中国男排用实力证明了我们是亚洲最棒的。”

中国男排短期内突飞猛进取得胜利，有人分析汪嘉伟迅速带领中国男排走出低谷的原因，在于依靠其“个人魅力”为中国男排获得支持。的确，因为汪嘉伟自身的因素，男排获赠了很多钱和物资，为训练和比赛争取到了更大更多的物资保障。汪嘉伟是这样谈及个人魅力的：“对于个人魅力一说，我本人持赞同的意见，在日本的时候，我就提倡做人应该有一些自己的东西。每个人都有他自己的思想、原则，这是一些个性的东西，任何人都不可能相同，美国同样也有篮球明星乔丹，这是一样的道理。如果能依靠个人能力，为中国男排的发展贡献一份力量，这也是值得骄傲的。”中国男排因为大赛成绩不如女排，在国内的关注度极低，球队得到的赞助也非常有限，因为汪嘉伟的原因，球队有了一些装备和物质，不可否认这是汪嘉伟的个人魅力所在，但是只要能给男排带来物质和精神上的变化，能够激发队员们训练和比赛的动力，能够拿到冠军或更好的成绩，这就是值得肯定的。

还有人说汪嘉伟“傲气十足”，过于自信，对此汪嘉伟也坦然面对：无论是运动员还是教练，这都是我的性格所在，我只是强调大家要“自信”，因为不管面对什么对手，自信心就是成功的一半，信心百倍的队员才能保证技战术正常地发挥。有些人却并不理解，非要看教练是如何训练、队员是怎么执行的，国家队的训练都有什么内容等。排球训练都是进行基本技术和战术配合的训练，关键是如何调动队员的积极性，来提高训练的质量和球队的整体实力，教练员首先有自信心，传授给队员们的就是信心和能力。这与汪嘉伟自身的经历有着密切联系，作为20世纪七八十年代那批“黄金一代”球员，汪嘉伟和队友们取得世界大赛的前5名，如果发挥正常，名次会更好，他们本身就非常有自信心，很有霸气。因此，在上任主教练之后，汪嘉伟传授给球员的也是自己要充满信心，事实证明，正是由于技术好，信心足，汪嘉伟及所在团队才能促成中国男排的两次发展高潮，这也是男排队史上的高光时刻，更是现在的男排追寻的足迹。

运动本身的魅力在人们心目中是存在的，但是能持续多长时间和人本身有关。谈到排球的前途，汪嘉伟考虑得比较远。中国男排虽然在亚洲比赛中夺得“三连冠”，可由于国内对排球的重视程度不够，后备力量的培养不够系统化，在各级省队、市队里，很难挑出具备较强战斗力的年轻选手，后备力量的严重匮乏，使中国排球陷入无人可用的困境。的确，排球因为较强的项目特点和入门难度大，人们对排球运动的了解，既不像NBA一样的狂热，也不像足球一样的普及，纵使有几代排球人的奋斗与开拓，但我们要使中国排球的前景明朗化，仍需来自社会各界的大力宣传和关注，需要拥有更加科学系统化的后备人才培养体系。

与此同时，因为各方原因，“铁榔头”郎平也终于放下了执掌多年的教鞭，走出了训练局的大门。汪嘉伟对此有自己的看法：我们更多人看重的不是钱，将排球作为事业的人看重的是机遇，以及事业的成与败，教练与排球队的缘分能持续多久，是受多方因素影响的，有执教十几年的，也有几年的，关键在于是否能不断进行改革，适时地推陈出新，能够选拔到优秀的苗子，使球队整体水平呈稳步上升，未来有希望、工作有挑战性，也有成就感，也会越干越有劲。

中国男排虽然在亚洲取得了不错的成绩，站稳了脚跟，但是这只是第一步，冲出亚洲之后，在世界强队林立的情况下获得一席之地才是更重要的。1998 年 11 月 29 日在日本举行的第 14 届世界男子排球锦标赛上，中国男排虽然积极备战、勇于拼搏，但是无奈强手如林，最终仅获得了第 15 名。从比赛成绩和比赛过程分析，以意大利和南联盟为代表的“全面型”球队是世界排球发展的主流，属于第一梯队，他们身体素质突出、技术全面、攻守兼备，将强攻和快攻综合运用取得较好的效果；“力量型”打法球队占据了第二梯队，主要有荷兰、俄罗斯等队，他们主要在身高和扣球力量方面拥有绝对优势；而以中国为代表的亚洲球队，仍以快攻为主，强攻难与欧美抗衡，仍属第三集团[1]。由此可见，中国男排想要走向世界还需要付出更多的努力，弥补自身力量方面的不足，创新技战术，拥有自己的独特打法，才能制衡欧美强队，才能在世界排坛有所作为。

这一阶段世界男排的发展趋势是高大型队员身体素质提高更加明显，队员体能要求更高，战术组织更加简单实用，战术思想主张全攻全守，后排进攻的比例增加，跳发球成为一个重要的得分手段，规则变化方面实行了自由防守队员和每球得分制。分析世界排球的发展趋势可知：亚洲运动员的体能需要提升，同时要掌握规则修订的规律和趋势，加强发球攻击性，进攻和防反也要不断提升，只有攻防兼备才能减小与欧美球队的差距。

第三节　中国男排悉尼冲奥

一、备战悉尼

继中国男排获得亚洲“三连冠”后，我们的目标就是“冲出亚洲，走向世界”。为了备战悉尼奥运会落选赛，中国男排于 2000 年 6 月 21 日到访意大利，与世界冠军的意大利队进行了 4 场交流赛，并取得了三胜一负的战绩。中国男排

[1] 曹学峰．从第十四届世界男排锦标赛看世界男排格局及发展趋势［J］．沈阳体育学院学报，1999（2）：43.

主教练汪嘉伟对结果非常满意，认为同意大利队交流切磋，既能够使队员熟悉适应欧洲队的比赛风格，同时也能提高队员对比赛的应变能力，对我们备战悉尼奥运会落选赛非常有利。新组建的国家队经过在亚洲赛场的磨炼，以及同欧洲强队交流后，在阵容、技战术风格和水平发挥等方面已经趋向稳定。要知道，在1999年的男子世界杯排球赛上，中国队对阵意大利队时毫无招架之力，我们的局比分根本上不了20分，差距还是比较大的，现在能够取得这样的成绩，说明男排进步的幅度很大。

2000年，悉尼奥运会落选赛于7月24日至26日在希腊举行，前往希腊之前中国男排先到法国进行了一场热身赛，为比赛做好了充分准备。主教练汪嘉伟对中国男排奥运出线还是很有信心的，总结之前奥运会亚洲区预选赛失败的经验，汪嘉伟对国家队进行了调整，大胆选拔补充年轻队员。这次参加落选赛的队伍中除了接应二传还是老将卢卫中外，其他位置都是年轻队员。主攻手是陈方和施海荣，二传手是王烨，副攻是王海川和陈琦，其他6名队员是张翔、朱刚、李铁鸣、王贺兵、余国华和吕宁馨，虽然这些年轻队员后来都成为优秀的国手，但是队伍中参加过日本世界杯比赛的老队员只剩7人，属于以老带新的球队，汪嘉伟也是希望这些新鲜的血液能够给中国男排带来希望。

这次奥运会落选赛，中国队与希腊、西班牙和突尼斯队同组，根据赛制，只有小组第一才有资格参加悉尼奥运会。中国男排在24日首先对阵西班牙队，25日迎战希腊队，26日再战突尼斯队。因为我们的主要对手是来自欧洲的希腊队和西班牙队，所以中国男排在备战时非常具有针对性。再加上之前与欧洲强队意大利为期一周的训练比赛进行了充分的交流和切磋，队伍对于比赛还是很有把握的，主教练汪嘉伟认为中国男排进军悉尼奥运会至少有50%的把握。

主教练汪嘉伟分析认为，欧洲队员在身高和力量上有优势，但缺点是移动慢，因此我们要发挥进攻速度快的特点，以快制高，赢得先机。之前与意大利队的比赛中，中国男排都是发挥了我们的“快速多变”进攻优势而取胜的，这也更加增添了我们获胜的信心。此次选拔了多名年轻队员，就是因为速度快、灵活，符合我们战术制定的要求。首先，主攻手和副攻手的进攻速度都有所提高，同时二传手的传球速度也快了不少；其次，新入选的队员在发球上攻击性更强，他们与欧洲球队一样，运用跳发球的较多。制定拼发球的战术是十分正确的，无论是跳发球还是跳飘球，我们都要给对方一传造成压力，只有这样我们才能力争多占优势，减少丢分的可能，保证最好的结果。主教练汪嘉伟认为，中国队的整体水平并不低，但是我们年轻队员多，比赛经验少、临场应变能力较差，需要做好困难准备，总之，全队都树立了敢打敢拼的信心，希望全力去拼下这次比赛。

二、中国男排参加落选赛失利

2000 年 7 月 24 日至 26 日，悉尼奥运会落选赛在希腊比雷埃夫斯市和平与友谊体育馆举行。在 24 日的首场比赛中，中国队迎战欧洲劲旅西班牙队。虽然中国队做好充分的准备，但由于对方发球力量大，中国队一传不到位，严重影响了我们“快速灵活”的进攻打法，而且年轻队员心里紧张，在面对西班牙队时缺乏自信，失误较多，最终以 0∶3 输掉第一场比赛，首场比赛失利为中国队冲击小组第一蒙上了一层阴影。在 25 日同东道主希腊队的第二场比赛中，中国队逐渐适应了希腊队的凶猛打法，自身优势也得到发挥，最后以 3∶0 击败希腊队迎来一场胜利。这场胜利使中国男排迅速恢复了自信，也给中国队进军悉尼带来了理论上的可能：如果中国队能够以 3∶0 击败突尼斯队，同时希腊队以 3∶0 战胜西班牙队，那么中国队就能获得悉尼奥运会的参赛资格了，但是按照实力，这种可能几乎不存在。果然，在 26 日的比赛中，首先，中国队仅以 3∶2 的微弱优势艰难战胜突尼斯队，同时，希腊队也毫无悬念地以 0∶3 负于西班牙队。最终，西班牙队连胜 3 场，积 6 分，名列小组第一，获得了进军悉尼奥运会的宝贵资格，而中国队两胜一负积 5 分，位居第二，遗憾地失去了参加悉尼奥运会的资格。

落选赛失利是非常遗憾的，中国男排也是拼尽全力想要赢得比赛，有人说假设中国男排要是在 24∶22 领先西班牙时，拿下第一局，结局可能就不一样了，但是我们应该客观地看到，当时的参赛阵容以年轻队员为主，快攻战术体系还不够成熟，对阵西班牙的胜算并不大。事实证明，汪嘉伟上任后大刀阔斧地进行改革，起用新人，坚持使用快攻战术，这些革新内容都是正确的选择，无奈时间有限，想在短时间内提升实力困难是很多的。当初韩国男排从我们的手下败将变成劲敌甚至是克星，用了近两年时间。实力的提升需要多方面的努力，队伍的磨合也需要时间的保证，中国男排不能急于求成，而是要一步一个脚印踏踏实实地前进。

在赛后的新闻发布会上，曾经踌躇满志的中国男排主教练汪嘉伟有些沮丧，没有带领中国男排挺进奥运会他表示非常遗憾，回国后他不再担任主教练一职。汪嘉伟认为，导致中国队失败的原因很多，主要是队员年轻、大赛经验少、心理稳定性不够、临场应变能力差等，再加上我们的战术体系还不成熟，对欧洲球队打法不熟悉，尤其是中国队缺乏场上核心领袖，在关键时刻不能加强球队凝聚力，这也一直是中国男排需要解决的问题。

汪嘉伟感慨地说，从打算接任起他的梦想就是带领中国队打进奥运会，但最终还是失败了，自己感觉非常遗憾。虽然这次失利了，但是中国队是一支年轻有希望的队伍，以后要鼓励教练员和队员多到国外学习锻炼，到高水平的职业联赛中去提升自己，练好基本功，加强作风训练并不断进行技战术创新，中国队就能不断提升实力，实现最初的梦想。

中国排球面临着严峻的形势，中国男排落选赛失利令人叹息，其实，中国女排也让我们感受到了揪心和不安，尽管她们最后有惊无险地获得了奥运会参赛资格，但是中国女排在这场水平一般的八进四的落选赛中，位居第4压轴出线，对中国女排来说也是一件不太光彩的事情。国家男、女排集体表现不佳，充分说明中国排球整体呈现滑坡之势，而且与世界强队之间的差距越来越大了，男排一直在低谷徘徊，也影响了女排的实力提升，因为相同的社会环境和影响因素，中国排球的前景不容乐观，必须引起国家和相关部门的重视。

1998年，国家体育总局排球运动管理中心（以下简称排管中心）为了顺应国家发展潮流，正在进行排球发展的改革，不断推进排球的市场化、职业化进程，以促进排球运动快速发展，同时，我们需要注意，树立正确的技战术发展思路和规划是当务之急，我国排球的发展思路要统一，既要继承和发扬“快速多变”的优势，又要坚持不断地进行技术创新，还要推进国内排球市场化进程。否则，依靠现在这种单调、落后的技战术风格，是无法吸引观众的，更谈不上获得佳绩、为国争光了。主教练汪嘉伟认为，中国队应在保持自身“快速多变”优势的基础上，加强对世界领先技战术的学习和交流，因为目前的形势是欧洲排球除保留了固有的凶狠风格外，还吸收了亚洲灵活多变的特点，因而在技战术上已经远远高于亚洲[1]。

---

[1] 中国新闻．中国男排将力保亚洲冠军［J］．中国排球，1998（1）：48.

1997—1999 年，中国男排取得了亚洲“三连冠”，重回亚洲巅峰，但是世界排坛高手林立，在强手如云的国际赛场想要保持常胜是非常困难的。在 1999 年举办的男子世界杯排球赛中，中国男排以 11 战 10 负仅 1 胜的成绩位居排名榜的第 11 位，没有完成赛前制定的进入前 8 名的既定目标，而且还以 0∶3 的比分连续输给日本男排和韩国男排，使主教练汪嘉伟教练带领中国男排确立的亚洲霸主的地位遭到动摇，学如逆水行舟，不进则退，竞技排球的训练和比赛也是如此。成为冠军后，就会被研究，就会成为赶超的对象，尤其是中、日、韩三队的差距并不大，稍有不慎就会被超越。通过这次世界杯中国队的表现，暴露出了中国男排的不少差距：整体实力有所下降；技战术水平没有创新；主动得分的能力欠佳；而且我们敢打敢拼的精神和意志品质也与世界强队相去甚远。

张蓉芳认为，中国男排本身技术水平属于世界三流水平，与世界强队比赛时队员压力大，发挥不好比较正常，但是我们在与水平相近的对手过招时，发挥仍然不好是不应该的，特别是对阵日本和韩国队的时候，我们的失误过多导致在比赛中失去主动权。与西班牙、加拿大和美国队的比赛，中国男排基本赛出了我们的实力和水平，虽然没有取得最后的胜利，但主要是没有抓住机会，而这个机会为何会失去，也是因为我们的技战术水平与对手相去甚远导致队员失去了比赛的信心。世界男排技术发展迅速，亚洲队伍被欧美强队压制，中国队员的基本功又不够扎实，比赛中压力过大导致失误增多，拱手将胜利送给了对手。同时，队员年龄大、战术没有变化也是非常重要的影响因素，中国男排想要有所建树，需要不断地前进并增强自身的实力。从这次世界杯的比赛看，中国男排在亚洲的优势也不复存在了，不能因为赢了几个冠军就躺在成绩簿上沾沾自喜，我们现在的实力已经不是亚洲冠军的实力，中国男排需要重新制定前进的目标，不断进行技战术的创新发展，脚踏实地地继续基本功训练，才能重新夺回昔日的辉煌。

由于中国男排世界大赛成绩不佳，因此国内对男排技战术的科学研究也较少，多集中在与世界强队之间的差距等方面，创新性研究较少，科研成果的储备与运用情况也不好，整个排球科研的激情都不高，大赛成绩不理想，相应地来说科研热度就低，这种恶性循环导致中国男排的发展受到限制，长期徘徊不前。20 世纪 90 年代之后，有关男排的科研论文基本上都集中在中国男排与世界强队之间的差距、中国男排的出路、中国排球后备力量培养质量等方面，可以说，男排相关的科研论文发表的质量与数量就是一面镜子，体现了男排的在对应的历史时期的发展轨迹和状态。

像1997年国际排球联合会在上海举行的教练员研讨班和青年队伍比赛，中国参加的就很少，在会上切斯科诺夫指出，“整个亚洲球队，不管是哪个国家的排球管理者都受传统文化影响，不太愿意与外面的球队进行交流，自知能力太差，保守且不开放，不愿意接受外国专家的先进方法”。这样的科研会议是以技战术创新发展为目的的，但是中国男排没有意识到改革创新对排球竞技水平提高的重要性。从男排的发展历史来看，男排科研论文的发表就从侧面印证了中国男排的成长与辉煌[1]。

汪嘉伟作为中国男排的主教练，带领国家队夺取了阔别18年的亚运会冠军和时隔15年未能触碰的亚洲锦标赛冠军。运动员时期的汪嘉伟能力超群、战绩卓越，成为20世纪80年代排坛风云人物；成为主教练后，他敢于创新、励精图治，带领中国男排实现了第二次辉煌，可惜的是在悉尼奥运会资格赛失利后他辞去了中国队主教练的职务，这也是男排的一大损失。

第四节　中国男排雅典冲奥

一、邸安和任男排主教练

悉尼奥运会落选赛失利后，汪嘉伟辞去了主教练一职，2001年2月，排管中心在京宣布，由邸安和担任中国男排主教练一职。2001年，第11届亚洲男子排球锦标赛在韩国昌原举行，中国男排表现不佳，多次负于日本和韩国，最终无缘前三名，仅获第4名。由比赛情况来分析，由于盲目跟随世界排球发展的潮流，一味地追求运动员的高大化，导致这届国家队队员失去了我们传统的快速和灵活的特点，在战术组织上无法发挥出高质量的进攻，从亚洲霸主沦落到难进三甲，中国男排下滑明显，令人扼腕叹息。

2002年，中国男排征战第15届世界男子排球锦标赛，这届世界男排锦标赛

[1] 公伟．中国男排技战术创新特点及研究［D］，苏州：苏州大学，2013.

于9月28日至10月13日在阿根廷的7个城市举行，参赛的24支球队先分成6个小组进行单循环赛，各小组获前2名的球队和4支战绩最好的第三名球队将跻身十六强，参加八分之一决赛，中国队与东道主阿根廷队同分在A组，最终中国队成绩差强人意，世锦赛战绩1胜5负，排在并列第13名。

2003年11月，第10届男子世界杯排球赛拉开序幕，在第三阶段最后一轮争夺中，中国队不敌欧洲劲旅意大利队，遭遇四连败，在此之前，中国队除了战胜埃及队之外，其他6战均以失败告终。在29日第四阶段的比赛中，中国队对阵韩国队，经过1小时10分钟的争夺，中国男排连输三局，以0∶3的总比分不敌韩国男排，遭遇六连败。最后一轮比赛中中国男排以3∶1艰难战胜突尼斯队，中国男排终于迎来第二场胜利，勉强完成“保十争八”的目标，最终以2胜9负的战绩排在第10位。对于这届世界杯中国男排的表现，着实让国人吃惊不小，与欧美强队无法抗衡，与亚洲队伍也逐渐拉开差距，多次的失利让人感觉到中国男排离雅典奥运会越来越远，奥运会的梦想似乎更艰难了。通过这次世界杯赛，我们发现中国男排的实力已经非常落后，想要获得雅典奥运会的参赛资格，中国男排必须在亚洲排名第一才能落选赛出线，在2003年时，我们和日本、韩国队比较还存在较大差距，而且在这次世界杯比赛中，亚洲三支球队也是我们成绩最差。

2004年中国男排参加了第15届世界男排联赛，经过12场比赛角逐，中国队取得了4胜8负的战绩，预赛阶段中国队发挥出色，以3∶0客场战胜同组的第1名意大利队，这也是意大利队在预赛阶段的唯一败绩，但由于在对阵西班牙等队的比赛中连输4场，最终中国队排名小组第三，未能进入决赛阶段的比赛。赛后主教练邸安和也总结了中国队存在的问题：第一，发挥不稳定，波动过大，而且思想方面和技术运用方面均存在波动，同样的队员在技术发挥上，主场显得更稳定一些，但是作为一支国家队，客场作战的稳定性必须要和主场一样才够合格，如果不能改善客场发挥不佳的毛病，我们的实力将大打折扣；第二，对于中国队一直坚持的“灵活多变”快攻战术，这次运用得并不好，甚至有时候比欧美球队还慢；第三，是关于发球和接发球问题，发球缺乏攻击力，接发球到位率较低。当时中国男排在世界排坛的定位在9~16名，属二流后三流前的位置。

从第10届世界杯来看，中国队的身高和身体条件还是不错的，有些方面与欧美强队没有差别，但是中国男排最终仅获得了第10名的成绩。分析其中原因，中国队在技战术发挥、心理稳定性和精神面貌等方面都与亚洲的日本队、韩国队相去甚远，且与日、韩的交锋中均以失利告终。中国队在技战术方面存在很多问题，如发球没有攻击性、进攻战术组织单调无变化、战术进攻意图过早暴露、自身失误过多，副攻与世界强队有相当大的差距。另外，中国队在运用高科技来服务比赛的能力也与世界各队存在差距。总之，中国男排已经在亚洲失去优势，想要追赶世界水平更需要加快前进的步伐。

二、中国男排雅典落选赛失利

2004年，雅典奥运会落选赛在日本举行，共有西班牙、葡萄牙、法国、波兰、荷兰、古巴和中国等16支队伍参加，一共有4个参赛名额，竞争非常激烈。在倒数第二轮的比赛中，中国男排只要战胜此前对阵从未败过的澳大利亚队才可出线，但是中国队偏偏在具有心理优势的情况下，戏剧性地以0∶3丢掉这场关键比赛，将唾手可得的参赛资格拱手送人。最后一轮比赛，由于首先进行的比赛中伊朗队出人意料地以3∶0战胜澳大利亚队，所以中国男排只要能够以3∶0战胜加拿大且三局的总失分不超过43分就能再次获得雅典奥运会的参赛资格。然而非常遗憾的是，中国男排尽管3∶0完胜加拿大队，但总失分高达58分，最终算小分时不占优势，法国和澳大利亚队获得雅典奥运会参赛权，中国男排再次遗憾地无缘奥运会。中国男排在比赛中的发挥很不稳定，我们先是以0∶3惨败于此前在大赛中从未输过的澳大利亚队；后来又以3∶0战胜以前从来未在大赛中赢过的加拿大队，反映出技战术和心理方面的巨大反差，在关键比赛、关键分时刻，中国队总是发挥失常，究其原因是中国男排不能适应地位的反转，在冲击对手和被对手冲击的比赛中心理素质极不稳定，导致技战术发挥不稳定，心理素质成为中国男排亟须提升的部分。

1984—2004年，中国男排已经20年无缘奥运会赛场，这不得不说是中国男排的遗憾。为了备战这次落选赛，中国排球协会专门成立了以戴廷斌等排球名宿组成的顾问团，并特意召回了老将张翔、安家杰、王贺兵和郑亮。由于东京站的奥运落选赛同时也是亚洲区的资格选拔赛，排名第一的球队和亚洲成绩第一的球队都将获得奥运会的入场券，因此中、日、韩三国的目标都是争取成为亚洲成绩最好的球队。中国男排主教练邸安和在出征前就表示，韩国队和日本队是中国队的主要对手，但伊朗队和澳大利亚队也不容小觑。

中国男排近几年同韩国和日本两队的比赛是胜少负多，但是这次落选赛的前两个对手正好就是这两队。虽然中国男排在赛前做足了准备工作，但赛场状况难以把握，而且我们实力并不如对方，因此我们没有思想包袱，是本着冲击对手的心态来比赛的。由于中国队事先放低姿态、摆正了位置，而且对比赛中困难情况的预见比较到位，因此在比赛中能够临危不乱，从容应对，在技战术水平上保证了出色的发挥。客观地讲，中国队能够战胜日本、韩国这两支亚洲劲旅，客观原因也是因为对手对我们的准备不够充分，思想包袱重而导致的技战术水平发挥不佳，大意轻敌导致了最终的失败。

然而，战胜了最难的两个对手后，就在奥运会“入场券”唾手可得之时，中国男排在与澳大利亚队比赛时，心理上却出现了波动，犯了和日本、韩国一样的错误。从中澳比赛的技术统计数据来看：进攻得分相差较多，分别是 36 分和 45 分，拦网得分为 7 分和 9 分，发球和自身失误方面中国队均比对方少 1 分，虽然中国队除了进攻之外，与对手差别都不太大，但我们却在各项中均处于下风，这也是我们最终失败的原因。要知道，就在前不久对阵澳大利亚队的热身对抗赛上，中国队曾以 3∶1 战胜对手，也许正是因为之前的胜利和心理上的优势，导致了中国队在思想上过于轻敌，而且对比赛困难局面的预见和对策也准备不足，一旦遭遇对方的强劲攻势，就心慌意乱，发挥失常。主教练邸安和在赛后遗憾地说：“中国队在遇到困难时心理不稳定，一着急就自乱阵脚，完全是输给了自己。”

虽然无缘雅典奥运会，但中国男排在落选赛中的表现让大家看到了希望。队员在比赛中发挥了敢打敢拼的优良作风，年轻队员表现出了巨大的潜力，中国男排与世界强队的差距正在逐步缩小。邸安和认为，汤森、沈琼、崔晓栋和初辉这 4 名年轻队员非常出色，经过这次比赛的锻炼他们成长很快，今后再到大赛中去积累一些比赛经验，这些队员应当是参加 2008 年奥运会的主力队员，将来中国队很有希望在北京奥运会中进入前 8 名。事实证明，邸安和主教练的预测十分准确，这批年轻队员在 2008 年北京奥运会中担起了复兴男排的重任，并最终获得了并列第 5 名的优异成绩，为家乡父老交上了一张满意的答卷。

2005年11月22日至27日，中国男排在日本长野和东京参加了2005年世界男排大冠军杯赛。在这次比赛中，中国男排先后与欧洲冠军意大利队、2004年雅典奥运会冠军巴西队、东道主日本队、非洲冠军埃及队和美国队进行了比赛。虽然中国男排在本次大冠军杯赛上没有取得一场比赛的胜利，但是对于平均年龄23.7岁、持外卡参赛的中国男排来说，这次比赛本身就是一次难得的锻炼机会，中国男排大赛经验一向欠缺，这次与世界强队交流切磋，有利于我们发现自己的问题，增加与强队过招的机会，对我们来说是快速提升水平的必经之路。

在与奥运冠军巴西队的交手中，虽然是以2∶3的比分输掉了比赛，但是中国男排可以说是虽败犹荣；而后来同样以2∶3输给非洲冠军埃及队，则令人惋惜，尤其是我们在2∶1领先的情况下被对方逆转，关键时刻没有抓住机会。在这次参加比赛的6支球队中，中国男排的平均年龄最小，我们的目的也是锻炼和考察新人、增加大赛经验。从几位新人在比赛中的表现看，他们展现了良好的精神风貌和竞技状态，但也暴露出年轻队员临场应变慌乱、把握不好关键分的问题，让我们明确了以后努力的方向。

邸安和说："我们发现，这次参赛的许多欧美强队，如美国队、巴西队和意大利队，出现了老将集体回归的现象，在亚洲也是如此。日本队从第9届亚锦赛的第5名一跃成为第10届亚锦赛的冠军，一定程度上也归功于他们的老队员。在俄罗斯的男排俱乐部中，有很多队员要到30多岁技术和心理足够稳定后才能打上主力，而意大利排球界也认为30岁以上才是排球运动员的黄金期。"种种迹象表明，经验丰富的老队员在比赛中发挥稳定，是队伍获胜的一大保障。

在中国排球界，队员因多种原因导致运动寿命太短、运动潜能还远没有得到充分的发挥就离开了排球场，这是非常可惜的。其实排球竞赛是一项团结协作的运动，丰富的经验对队员的发挥至关重要，国际排坛老队员担当大任的情形，应该引起我们的重视。今后在培养新人的同时，更应预防运动损伤，加强赛后恢复等，注重延长老队员的运动寿命这一环节。

排球是最讲究整体作战的运动项目，一支高水平的世界强队不仅要求场上6名队员的个人技术和能力全面、均衡，而且强调其他队员的整体素质，就像现在的排球比赛已经完全淡化了主力队员和替补队员的界限，凡是入选的队员都是主力，没有替补之分，只有不同的特点和风格之分，这样才能在对阵不同的对手时选择能够克敌的队员上场。意大利和巴西等欧美强队在场上队员状态不好时，可以换队员，并且他们再次上场后发挥依然出色；而中国男排则是过分依赖汤森等能力较强的极个别队员，这种过分依赖性使我们的技战术组织过于单调，也让对手在防守上对我们有了较强的针对性。

20 世纪末到 21 世纪初，日本、韩国男排紧跟世界排球的发展趋势，他们在保持原有的快速、多变优势的同时，也在不断向全面化道路前进。因此，韩国男排才得以在 2003 年世界杯赛进入 6 强，日本队也重新称霸亚洲，反观中国队，对原有的“快速多变”优势打法继承和发扬得不够，再加上基本功不扎实，战术变化少，比赛中总处于劣势。日本队在比赛中主攻、副攻和接应多点下球，队员在场上都很活跃，而中国队总是保守地进行二、四号位进攻，进攻单一，队员也表现低迷，有时简直就是靠汤森一人在与日本队抗衡，其他队员无所作为，这样的比赛难免会失利。

我们应该意识到，身高和力量本是欧美的强项，亚洲球队在努力缩小与欧美强队差距的同时，应继续保持快速多变的自身优势，如果中国队在关键时刻能够坚持打我们擅长的快攻，并且敢于做出变化，那么结果可能就不一样了。现代竞技运动的多数项目，男子化是女队发展的重要趋势。当初，中国男排曾经是走在世界排球技术潮流前头的队伍，许多快攻战术组合源于中国男排，并被近水楼台的中国女排移植过去，领先了好一阵子。中国男排的落伍自然影响到女排的提高，以致女排时隔 17 年才重夺世界杯冠军。

第五节　中国男排第二次高潮期的历史背景

一、国内形势

1997 年，中国男排选拔主教练，汪嘉伟带着满腔热血毅然从日本归来任职。张翔、周建安、卢卫中、谢国臣、朱刚、张利明、安家杰、王贺兵、郑亮、陈方、王海川、李铁鸣等又一代黄金球员出现，此时的中国男排已经非常成熟了。1997 年多哈亚锦赛，汪嘉伟带队夺回阔别 18 年之久的亚洲冠军，展现了天时、地利、人和的完美结合；1998 年，中国男排获得亚运会冠军；1999 年，中国男排成功卫冕亚锦赛冠军，亚洲“三连冠”造就了中国男排的第二次发展高潮。这一时期，中国男排由于主教练，得到了社会的一些关注和资助，这是对男排的激励和鞭策，中国男排一举拿下亚洲“三连冠”，实现了第二次发展的高潮。

虽然在亚洲我们连续取得了不错的成绩，但是在国际赛场，我们与欧美强队的差距却越来越大，汪嘉伟在球员时期和队员们已经拿到了奥运会入场券，但是由于政治原因没能参加奥运会，担任主教练后最大的愿望就是带队打进奥运会，冲奥失利后汪嘉伟非常失落，他用自己的拳头猛砸铁门来表达内心的遗憾，这也是一代排球人最浓的排球情结和最深的痛。

中国男排自身存在的问题很多：缺乏鲜明的打法特点，单纯的“快速多变”在质量上有所下降，力量上又无法与欧美强队抗衡，队伍中缺乏一锤定音的领袖球员，老队员伤病较多，年轻队员缺乏经验，心理状态不稳定一直是硬伤，以上多种因素造成了男排只能拥有一时的辉煌，而不能持久长效的可持续性发展。

二、国际形势

从 1998 年世锦赛的比赛成绩和比赛表现来看，以意大利和南联盟为代表的“全面型”球队占据了男子排球世界第一集团的位置，他们身体素质好，技术全面，融合了亚洲快攻与欧洲强攻的优势，攻防相对比较平衡。单纯以“力量型”打法为主的球队，如荷兰、俄罗斯等缺乏细腻快速因素的补充，属于第二集团，这一集团以身材高大、扣球力量大为主要特点。而以中国、日本为代表的亚洲球队，仍以快攻为主，由于身体素质因素，在强攻上很难与欧美球队相抗衡，所以只能排在第三集团的位置。

2003 年，世界杯前夕的国际形势是亚洲范围内伊朗和印度日益强大，亚洲男排格局发生较大变化，中、日、韩老三强不再占有绝对优势，如日本男排历史上第一次无缘亚洲四强，说明更多的亚洲队伍正在崛起。在亚洲局面动荡的同时，更令人担忧的是亚洲男排在世界排坛中已无立足之地，呈现集体大滑坡势态，面临着被欧美强队远远甩在后面的严峻局面。

排坛名宿、前男排主教练祝嘉铭严肃指出：亚洲男排在国际排坛的地位正在不断下滑，日本队世界排名已降到第 14 位，韩国队世界排名降到了第 17 位，中国队世界排名则降到了第 20 位。按照这种发展势头，欧美会涌现出更多的男排强队，亚洲球队想要进入世界16强会越来越难，而在20世纪70年代末、80年代初，中、日、韩三队还是世界八强的主要竞争者，这个对比说明整个亚洲排坛的危急时刻已经到来。

虽然中国男排已经拿到了男排世界杯的入场券，但是伊朗和印度已经具备了比日、韩更加突出的实力和水平。特别是韩国名帅朴基元带领的伊朗男排，在其亚洲打法中融入了欧洲风格，待到他们在技术和心理上足够成熟时，称霸亚洲将不在话下，而事实也证明，现在的伊朗男排的确是亚洲最强的。虽然中国男排在1997—1999年连续获得亚洲冠军，但是后来日本男排崛起，韩国男排也出现了金世镇和申珍植两位超级球星，中国男排在输给日、韩两队后，也无缘悉尼2000年奥运会。亚洲排坛实力整体下滑已是事实，而中国男排不能仅满足于亚洲的领先地位，他们面临的更大考验是在世界杯，需要完成的更大的梦想是在奥运会落选赛，面对欧美强敌，中国男排需要做好充分的准备。

三、技战术指导思想

2001年3月，全国排球训练工作会议在北京召开并出台了《2001—2008年排球运动发展规划》，提出了“重振中国排球雄风”的主旋律。根据这一目标及世界排坛的发展现状，中国排球确定了新时期的技战术指导思想，即“技术全面，突出特点，准确熟练，快速善变，发展高度，不断创新，加强体能”，这28字方针作为我国迈入21世纪的排球技战术指导思想，第一次将“加强体能”放在战略的高度提出来，反映了对当今世界排坛高竞技发展水平的新的认识[1]。这个最新确定的技战术指导思想，严格遵循了世界排球运动的发展规律，顺应了国际排球的发展趋向，具有中国排球特色，是中国排球界总结的宝贵经验，是我国优秀排球运动员成材的必经之路，也是中国队攀登世界排球高峰的助力器。但是在贯彻执行这一指导思想时，教练员、运动员理解的深度和广度，严重影响了这一指导思想贯彻执行的效果。按照指导思想，中国男排的一切训练活动都应与其保持一致，中国男排的训练计划也要根据这个指导思想的要求来制定，在训练和比赛中始终贯彻执行正确的指导思想，这才是我国男排应走的正确训练道路。

[1] 靳小雨．技战术指导思想与中国排球运动的发展［J］．中国排球．2003（2）：13-14.

第六节　中国男排第二次发展高潮期的历史人物

1997年汪嘉伟担任中国男排主教练之后，获得了亚洲“三连冠”的成绩，重新确立了亚洲霸主的地位，中国男排迎来了第二次发展高潮期，虽然冲击悉尼奥运会未能成功，但是这一时期我们走出了低谷，看到了希望。汪嘉伟离任后，邸安和接任新一届男排主教练，虽然在国际大赛中未能达到第一次发展高潮期的成绩，但是总体来说这一时期是中国男排相较20余年后取得的最好成绩了。

一、主要教练员

（一）“网上飞人”汪嘉伟

1997年3月，汪嘉伟担任中国男排主教练一职，在任职半年后，中国男排在卡塔尔的多哈，连克亚洲宿敌韩国队和日本队，重登失去已达18年之久的亚洲锦标赛冠军宝座，使男排重回亚洲之巅。曼谷1998年亚运会，决赛对阵韩国队，中国男排不负众望，最终夺冠，这也是中国队最后一次夺得亚运会冠军，至今我们还在为这个目标努力。1999年，中国男排在汪嘉伟的带领下再次夺得亚锦赛冠军，实现了亚洲“三连冠”，迎来了中国男排第二次发展的高潮期。虽然这一时期我们在国际大赛上成绩不佳，但是对于久处低谷的男排来说，这是一个划时代的表现，对中国男排的发展具有重要的里程碑意义。

“网上飞人”汪嘉伟以其超人的带队能力和个人魅力，带领中国男排突破了低谷重围，后来带领男排创造北京奥运会佳绩的周建安就是当时男排的主力二传，中国男排的领袖精神一脉相承，可以说，汪嘉伟在运动员时期同队友们创造了男排的第一次发展高潮期，作为教练员又带领队员们创造了男排的第二次发展高潮期，不愧是中国男排的功勋人物！

（二）邸安和

邸安和，1979年入选国家男排，代表国家男排获第2届亚洲男子排球锦标赛冠军、第4届男子世界杯排球赛第5名、第10届世界男子排球锦标赛第7名，代表江苏男排获1980年全国男排甲级联赛冠军、1981年全国男排甲级联赛冠军。1993年担任巴基斯坦国家男排主教练，带领巴基斯坦国家男排获得南亚运动会冠军、第12届亚运会第6名。1996年，邸安和担任国家青年男排主教练，其间带队获得了第8届亚洲青年男排锦标赛冠军；1997年，担任国家男排教练，与主教练汪嘉伟一起带队获得了第9届亚洲男子排球锦标赛、第13届亚运会、第10届亚洲男子排球锦标赛这3个冠军。2001年2月2日，排管中心在北京宣布由他出任中国男排主教练，获得2001年亚锦赛第4名，2002年世锦赛第13名，2003年亚锦赛亚军，2003年世界杯第10名，2005年亚锦赛亚军，2005年大冠军杯第6名。

二、大赛成绩及主要队员

如表6-1所示，中国男排在汪嘉伟的带领下，重新巩固了在亚洲的领先地位，获得了亚洲“三连冠”的佳绩，中国男排走出低谷，实现了第二次发展高潮。但是，值得我们关注的是，虽然我们在亚洲范围内暂时领先，但竞争仍十分激烈，我国男排在世界大赛中的成绩依然不佳，冲奥未能成功，仍是中国男排发展战略目标失败的表现。这一时期出现的一批年轻队员，如沈琼、汤淼、袁志等逐渐成长起来，为下一个时期的历史性突破奠定了一定基础。

表6-1　中国男排第二次高潮发展期（1997—2005年）的成绩及历史人物

教练	大赛战绩	主要队员
汪嘉伟	1997年第9届亚洲男排锦标赛冠军	郑亮、周建安、卢卫中、朱刚、张翔、张利明、李铁鸣、张弛、赵勇、谢国臣、蔡斌、安家杰
	1998年第13届亚运会男排冠军	郑亮、朱刚、周建安、王贺兵、张利明、卢卫中、张翔、李铁鸣、陈方
	1999年第10届亚洲男排锦标赛冠军	郑亮、王贺兵、周建安、卢卫中、张利明、朱刚、张翔、陈方、王海川
	1999年第9届男子世界杯排球赛第11名	郑亮、卢卫中、张利明、王贺兵、张翔、朱刚、李铁鸣

续表

教练	大赛战绩	主要队员
邸安和	2001年第11届亚洲男排锦标赛第4名	郑亮、施海荣、隋盛胜、李春、陆飞、卢卫中、王海川、初辉
	2002年第15届世界男排锦标赛第13名	张晓东、隋盛胜、郑亮、陆飞、汤淼、施海荣、何炯、李航、沈琼、王海川、李春、初辉
	2002年第14届亚运会男排第4名	安家杰、郭亮、胡松、刘光心、刘伟、马明、王建立、王进、王烨、谢国臣、袁志、张翔
	2003年第12届亚洲男排锦标赛第2名	沈琼、施海荣、郑亮、张晓东、王贺兵、汤淼、何炯、隋盛胜、胡松、崔晓栋、袁志、初辉
	2003年第10届男子世界杯排球赛第10名	张晓东、袁志、施海荣、胡松、李春、崔晓栋、汤淼、何炯、李航、沈琼、吴晓江、初辉
	2005年第13届亚洲男排锦标赛第2名	施海荣、沈琼、郭鹏、崔晓栋、汤淼、李春、初辉

第七章

CHAPTER 7

中国男排的跳跃式发展期（2006—2016年）

北京2008年奥运会是中国男排的一次发展契机，中国队凭借东道主身份直接进入决赛，在所有的参赛队伍中，中国男排世界排名最低，但是在主教练周建安的带领下，这支男排不畏强敌、敢打敢拼，最终获得了并列第5名的历史突破。但在接下来的时间里，中国男排迅速下滑，发生了跳跃式的发展，伦敦和里约冲奥仍未成功，中国男排还有很远的路要走。

第一节　中国男排的奥运契机

一、周建安任中国男排主教练

中国男排历史上只有1979年凭自身实力从奥运会资格赛中出线，北京2008年奥运会机会难得，进入北京奥运周期选拔教练时，排管中心认为还是把机会留给中国教练员，周建安成为最合适的人选。2005年12月27日，周建安出任新一届国家男排主教练，他在运动员时期司职二传，是一名优秀的二传手，多次获得亚洲冠军，是汪嘉伟在任时期的主力队员，当教练后带队成绩一直不错。中国排球协会为了加强教练员的梯队建设，每年都会开设培训班，周建安和教练谢国臣都曾是培训班的学员，继承和掌握了作为教练员的训练和指挥能力。周建安表示，6年前开始当教练的时候，就已经有了以后要当国家队主教练的想法，因为任何一名教练员，最大的愿望就是带队在国际赛场上赢得荣誉。

这一时期中国男排的大赛任务是2006年亚运会闯入决赛、世界男子排球锦标赛进入12强、北京2008年奥运会“保十争八”。周建安认为中国男排的定位应当是立足亚洲、夺取冠军，走向世界、挑战欧美，这个目标是非常切合实际的。因此，我们首先要在亚洲范围内确立领先地位，在技战术、身体条件、心理上都比较成熟后，才能到国际赛场发挥“快速多变和全面”的进攻打法，否则，在世界大赛中只是昙花一现，时高时低，这并不是中国队的目标。

二、中国男排的现状

中国男排的现状令人担忧，不是男排健儿们不想打好比赛，而是男排的发展正如逆水行舟，不进则退。当年亚洲男排创新发明的前飞、背飞、平拉开和时间差等快攻战术掀起了一阵亚洲旋风，中断了欧美高度型和力量型打法的垄断。但是欧美队迅速学习并掌握了亚洲快攻战术，重新在世界排坛占据领先地位。亚洲球队又无法快速顺应高度和力量的趋势，再加上中、日、韩男排集体下滑，在邹志华、邸安和执教期内，中国男排有一段时间几乎无缘任何世界大赛。中国男排的实力一再下滑，亚洲范围内输给了日、韩，无法第一时间获取大赛入场券，后来在落选赛上又输给法国、西班牙、委内瑞拉等水平一般的队伍，结果仍是被淘汰，再后来中国男排连澳大利亚、伊朗、埃及这样的队伍都无法战胜。的确，中国队距离世界强队的距离越来越远。

为了跟上世界排球发展的步伐，周建安认为中国男排应在保持快速多变的基础上不断汲取身材高大和扣球力量强的队员，来缩小与强队之间的客观差距。新组建的国家队中身高2米左右的队员多达8人，摸高平均3.50米，最高达3.66米。高度的提升为中国男排的高点强攻和拦网提供了条件，中国队的拦网水平不断提高，比赛表现也越来越好。所以，中国男排从2006年世界男排联赛的12连负到慢慢能够赢一场波兰队，再到主场越战越勇，循序渐进地取得胜利。

中国男排拥有了足够的高度，但体重偏轻、力量不足以与欧美强队抗衡，小将们在比赛中的应变能力和关键分把握方面也有待提高。但是这支中国男排非常年轻，而美国、意大利和荷兰等队的队员相对年龄都较大，中国队年龄最大的沈琼才28岁，因此，这支男排队伍年轻有朝气，是令人期待的。

2006年世界男子排球锦标赛上，年轻的中国男排在小组赛中取得2胜3负的成绩，虽然未能进入复赛，但是男排在小组赛中取得了两场胜利，尤其是战胜了近两年来从未胜过的日本队，充分体现了他们的实力和水平。然而，惊喜过后，我们应清醒地认识到，虽然新一届男排取得了明显的进步，但他们还须更加成熟和稳定，我们不能只是昙花一现，我们需要的是稳扎稳打的成长和持久的领先。

从 2005 年组队到本次世锦赛前，中国男排在世界男排联赛、男排大冠军杯等国际比赛中接连溃败，为成长交了不少学费。因此，尽管这次世锦赛我们没有完成任务，但小组赛的两场胜利还是让我们看到了希望，周建安大胆起用新人的魄力也令人佩服。从资料看，于大伟、姜福东、崔建军和任琦这 4 名小将都是第一次参加世锦赛，虽然这届中国男排的阵容是以老带新，但几名年轻小将的加入还是给队伍带来了希望和活力，自然的新老交替才是队伍发展的正确途径。

不可忽略的是，中国男排长期存在的问题还是比较明显的，同欧美球队甚至是老对手日本队相比，这届中国男排的身高仍不占优势，身高和力量的欠缺导致了中国男排网上实力薄弱。从小组赛来看，中国男排整体发挥依然不够稳定，比赛中状态起伏较大；另一个问题就是中国男排后备人才的匮乏，基层男排队伍建设环节亟须加强。2006 年世锦赛中国男排表现出了令人可喜的“精气神”，但是想要赶超世界强队，中国男排仍然任重道远。另外，中国男排大赛经验严重不足，缺乏高质量对抗。现荷兰国家男排著名主教练阿尔贝塔（曾率队获奥运冠军）认为：一个成熟的队伍，至少要打 200 局场以上的国际比赛，中国队一年打 40~50 场国际比赛是完全可能的，如果中国队真想获得奥运冠军的话，就必须多参加国际比赛，别无选择[1]。

第二节　中国男排第二次奥运之旅（2008 年）

一、中国男排备战北京奥运会

参加北京 2008 年奥运会，对中国男排来说既是难得的机遇，更是不小的挑战。这次在家门口比赛，国家体育总局提出了“保十争八”的任务，但是又希望男排能打几场让国人满意的球，这对于中国男排来说压力的确不小。

[1] 张五平，董立．中国男排冲击 2008 奥运世界前八强训练思路探讨［J］．成都体育学院学报，2004，(5)：63-65.

周建安上任伊始就提出了首先要改变队伍的精神面貌，安排男排队员去军营进行军训，去天安门参加升旗仪式，以培养国家荣誉感等，希望能够改善男排的精神面貌，增强队员们的集体荣誉感。虽然在2007年世界男排联赛上中国队主场两次输给世界男排劲旅意大利、俄罗斯等队，但中国男排在比赛中表现出的精神面貌令人惊喜，队员们发挥了较高的技战术水平，也打出了应有的气势。周建安说："我最满意的就是球队的精神面貌。我一直对队员们强调，不管什么时候都必须做到不放弃。"

2008年，奥运会在中国北京召开，中国队以东道主身份参赛。时隔20多年，中国男排再次踏上奥运赛场。早在1980年，中国男排就凭借实力打进奥运会，但是最终中国代表团因政治原因没有参加那届莫斯科奥运会，这也成为中国男排一直以来的遗憾。1984年，中国男排虽然在奥运会预选赛中失败，但幸运的是替补参加了洛杉矶奥运会，但是成绩并不令人满意。2008年，中国男排是以东道主身份直接进入奥运会决赛。中国男排两次奥运会参赛的资格都是依靠幸运得来的，所有凭实力冲奥的比赛均以失利告终，这也让中国男排的实力一直饱受争议。此次直接进入决赛，中国排球协会不再提"争进前八"的目标，而是把姿态放得很低，只是说要打几场好球，这是为了不给男排太大的压力。

中国男排主教练周建安说，这支国家队的所有队员都是根据他们近两年的表现和比赛状态确定的，每个位置上选拔出的都是国内技术最好、最适合快速多变打法的队员。吸取2007年亚洲男子排球锦标赛失利的教训，再次召回了施海荣和隋盛胜两位老队员，他们技术全面，状态较为稳定，也有大赛经验，以老带新，希望他们在比赛中能保障技战术的发挥，同时稳定军心。

事实上，尽管我们姿态放得很低，但中国男排想打几场好球的难度也是很大的。在男子排坛的竞争中，亚洲队伍没有任何优势，中国男排与之前实力较差的非洲球队对阵时，胜利的概率已经很小，与欧美强队之间的差距更是越来越大，想要赶超世界水平实属不易。中国男排在当时的世界排名，已经跌至第20名之后，在亚洲的排名也仅居第4位，是当时男排历史上的最差成绩。奥运会最后进入决赛的都是世界强队，而中国队是东道主直接参赛的，所以中国男排基本上是北京奥运会12支参赛球队中世界排名最低的，世界男子排坛劲旅美国、巴西、俄罗斯、保加利亚和委内瑞拉等队已经取得北京奥运会参赛资格，因此无论分在哪一组，中国男排都不可避免地要和这些世界强队过招，虽然这对男排是一次极好的锻炼机会，但是想取得好的成绩是非常困难的。

几名新队员普遍存在的问题是技术粗糙不成熟，而且无法快速提高，但是，主教练周建安鼓励队员们：无论攀登之路多么艰险，赛场形势多么严峻，中国男排都将竭尽全力，志在一搏。就在周建安踌躇满志、走马上任之前，电视剧《亮剑》正在热播，他认为“亮剑”精神正是中国男排需要的精神和气势。周建安认为，“亮剑”精神就是军人的战斗意志，是热血男儿的强悍精神，《亮剑》中的军队有军魂，组建的中国男排，就一定要有队魂。

周建安走马上任，就以《亮剑》的主人公李云龙为楷模，全力打造全新队魂。在训练和比赛中，要求中国男排队员不管手中是否有球，每次跑动，每次配合，都能像战场冲锋般大喊，精神面貌大有改观。对此，周建安认为，一支球队的精神是保证战斗力发挥的关键，所以，中国男排还是会高扬“亮剑”精神，并将其变为全队的气质。当然，光有精神远不够，他准备让中国男排坚定不移地走快速多变的路子，以更快的进攻体系和拦防体系与世界劲旅一争高低。他分析说，如今的世界排坛，力量型打法与技术型打法的界限已经模糊，谁也不能靠单独的一技之长立足，因此，中国男排必须紧跟世界潮流，同时结合自身优势，这样才能获得更大的胜算。

二、中国男排的北京奥运历程

在2008年世界男排联赛小组赛中，中国男排以12战6胜的战绩名列小组第二，取得了历史最好成绩。虽然还是无缘总决赛，但是这6场胜利无疑为中国男排的奥运之行带来了更多的信心。中国男排在之前的世界男排联赛中鲜有胜绩：2006年联赛中12连败创历史最低纪录；2007年实力逐渐提高，在联赛中取得了4场胜利；2008年小组赛中国队以6胜6负的成绩力压日本队、埃及队，排名小组第二，取得了历史性的突破。更让人欣喜的是，在国际排球联合会公布的小组赛单项排名中，中国男排多人上榜：小将焦帅获得最佳二传奖；自由人任琦获最佳一传奖，而队长沈琼在一传榜位列第二；18岁的小将边洪敏是中国男排2008年的最大惊喜，在那次联赛中表现突出，拦网方面尤为出色，在主帅周建安的带领下，中国男排正向着更高的目标前进。

50年来，中国男排仅以替补身份参加过洛杉矶奥运会，成绩是在10支队伍中排名第8位，之后中国男排一直在为获取奥运会资格而努力，但一直未能成功，2008年中国男排凭借东道主身份直接进入奥运决赛，这个机会非常难得，因此，全队上下都鼓足了劲，争取在奥运会上获得更好的名次。

在此次奥运会中，中国男排同保加利亚、委内瑞拉、日本、美国和意大利队分在A组。中国男排当时的世界排名是第21位，是小组中排名最低的，保加利亚、美国及意大利队实力强劲，我们与之对阵基本没有获胜的机会，因此实力稍弱的日本和委内瑞拉队成为中国男排进入八强的唯一突破口。委内瑞拉队当时的世界排名是第20位，与中国队实力相当，因此我们的策略就是首先拿下实力最弱的委内瑞拉队；然后争取拼下日本队，日本队和中国队的实力风格比较相近，而且两队在此前交手胜负基本持平，这种情况下，我们拼一拼还是有机会的。果然，在随后的小组赛中，中国队先是以0∶3大比分失利，但在20日中国男排调整好状态，在先输一场的心理阴影影响下，客场3∶1复仇成功，可以说两队实力不分上下。所以对于实力相当的日本队，中国队取胜的关键就是要控制节奏、打出气势、高水平发挥。

在奥运会小组赛中，中国男排虽然输给了保加利亚、意大利和美国队，但是以3∶2的相同比分战胜了比我们排名靠前的委内瑞拉和日本队；在与意大利队的比赛中，我们在0∶2落后的情况下力挽狂澜，连扳两局，险些逆转成功，展现了良好的状态，这是非常值得称赞的；这几场比赛不仅打出中国男排的精神和特点，更是帮助我们成功晋级八强，完成了之前既定的目标。

2008年8月20日晚，北京奥运会男排1/4决赛在首都体育馆举行。比赛中巴西男排完全掌握了场上的主动权，展现了世界强队应有的实力，他们用精湛的技术和多变的战术展示了现代排球的魅力。在进攻中，巴西队网上的实力超群，战术组织变化多端，而且小球技串联非常优秀；在防守中，巴西男排在拦网和后排防守方面也做得非常成功，他们的技战术风格代表了现代世界排球的发展潮流。经过1小时14分钟的争夺，中国男排拼尽了全力，无奈整体实力明显逊色，最终以0∶3负于巴西男排。中国男排尽管在1/4决赛中失利，但由于赛制规定负者将不再进行排位赛，因此我们最终获得了奥运会并列第5名的战绩。尽管没能继续闯入四强、实现更大的突破，但是并列第5名的成绩已经是中国男排奥运会历史上的最佳战绩，也是多年来我们在世界大赛中取得的最好成绩，赛后男排队员们也露出了欣慰的笑容。

通过北京奥组委赛后公布的关于比赛的技术统计可以看出，中国男排全场比赛中进攻得到48分，巴西男排进攻得到75分，进攻实力远超中国；同时，巴西男排在拦网、发球和扣球方面均占据绝对优势，拦网方面巴西男排得到12分，而中国队一分未得，形成强烈对比；另外，中国男排的失误次数也多于对方。可以说，巴西男排在各方面碾压中国队，赢得理所应当。

三、中国男排突破历史

回顾北京奥运会的历程，不被看好的中国男排这一次没有让国人失望，小组赛中做好充分准备，接连击败委内瑞拉和日本两个实力相近的对手，3∶2的比分更加显示了男排健儿们敢于拼搏、敢于赢球的气势。主教练周建安带领的中国男排在困境面前勇往直前，用实力和勇气赢得了两场关键战役，也帮助男排实现了进入八强的梦想。虽然提前出线，但是小组最后迎战雅典奥运会亚军意大利队时，中国男排仍然保持高水平的发挥，打出了不一般的气势。与世界劲旅苦战5局，拼到最后一刻才惜败对手，赛出了风格和精神，不仅国人对男排表示满意，更是令意大利对我们刮目相看。中国男排不畏强敌、敢于拼搏的精神帮助他们实现了八强梦想，超额完成北京奥运会目标，同时也播种下了希望。这是中国男排的奥运最佳战绩，“对于中国男排来讲，能参加一次奥运会真的很难，24年了，凭借东道主的身份，才有了这样一个机会”，主教练周建安不由地感慨。

追忆过去，20世纪60年代中期至80年代初，中国男排先后创造发明了“盖帽式”拦网和“平拉开扣球”“前飞”“背飞”“拉三”“拉四”等多项技战术，成为“速度派”的代表队伍，并且在世界男子排坛处于领先地位，引发了国际强队学习亚洲快攻的潮流；但是，20世纪80年代中、后期中国男排逐渐失去原有的优势，运动成绩开始下滑，不仅多次无缘世界杯和奥运会等世界大赛，甚至在亚洲也陷入困境。2006年周建安执教中国男排之后，全队的精神面貌发生了根本性改变，技战术水平也不断提升。时隔20余年，中国男排再次征战奥运并最终获得北京2008年奥运会男子排球比赛并列第5名的好成绩，奥运会后，中国男排的世界排名由第21跃居为第10，说明中国男排在这一奥运周期取得了显著的进步。当然，我们不能说中国男排已经达到世界先进水平，相反，我们同世界强队相比在技战术水平、心理素质等方面还存在一定差距。虽然北京奥运会中国男排取得了较好成绩，但是我们是靠东道主身份拿到的入场券，之后的奥运会还要靠我们自己努力。对于长期积弱的中国男排来说，能够实现这样的突破实属不易，赢了有机会的比赛让中国队实现了历史性的突破。

中国男排虽然如愿闯入了八强并获得第5名的成绩，但是我们同世界强队的差距依然很大。无论是技战术水平、身体素质还是大赛经验，中国男排都落后不少。但是那届男排队员还比较年轻，优秀二传手焦帅刚刚24岁，副攻边洪敏仅有19岁，主力阵容中年龄最大的队长沈琼也只有27岁。中国男排的平均年龄与世界强队相比存在显著差异，相差3.97岁，是一支年轻且不成熟的队伍，缺乏有经验的老队员和处于黄金年龄段的队员[1]。世界强队的主力选手年龄基本都在30岁上下，中国队员还有很大的成长空间。值得注意的是，亚洲劲旅日本队在小组赛中5战皆负，表现令人失望，中日两队在整体实力上明显不如欧美球队，亚洲排坛整体实力不强，这对亚洲队伍的发展极其不利。

排球比赛是一项集体运动项目，其技术分类多、要求高，战术配合必须默契巧妙，竞技比赛中不仅需要高超的技能和优越的体能，也需要丰富的经验和临场的应变能力。年轻队员在比赛中容易失误，很大程度上就是因为经验积累少，较高水平的比赛要求运动员不仅在技战术方面稳定发挥，更需要在某些关键球上运用智慧的头脑和集体协作的力量，这就是队伍中老队员的重要性。中国男排的优点就在于队伍比较年轻有活力，但缺点是缺乏大赛经验，关键分处理不好，场上缺少老队员的核心领袖作用。并且，老队员的竞技状态保持得并不很好，往往经验丰富时，伴随着体能下降的同时伤病缠身。因此，中国男排要取得更好的成绩，就要解决好老队员持续保持竞技状态的问题，做好新老交替的衔接，世界强队无一例外都是心理成熟且具有丰富比赛经验和应变能力的队员，我们必须遵循排球竞赛的发展规律，做好人才培养的基础工作。

中国男排需要提高的重点在于：第一，转换训练理念，提高体能训练效果，

---

[1] 李军，徐兰君，李洪磊．第29届奥运会中国男排与世界强队运动员若干非技术因素的差异分析［J］．四川体育科学，2009（3）：67-70.

中国男排的体重相对较轻，根据队员的不同位置进行针对性的力量、灵敏、柔韧等训练，避免“一刀切”；第二，在训练中应释放运动员的天性，有意识地培养队员在技战术方面更加个性化和特色化打法，培养队员自信心，培养队员敢于拼搏、勇攀高峰的意志品质；第三，积极进行各项技战术的创新研究。拦网技术曾经是中国男排的优势，但现在我们的拦网环节非常薄弱，因此，我们要有针对性地进行改进，根据世界排球进攻的发展趋势，进行拦网技战术的有效训练和创新，根据该阶段的技战术发展方向，提高拦网水平；第四，现代排球讲究攻防兼备，没有防守就没有进攻，我们应加强对自由防守队员的训练，要能适应欧美强队极具攻击性的发球技术和新型的进攻战术打法，在技术方面要重视对预判取位、移动步法、手臂控制球等能力的训练，最大限度地发挥自由防守队员在后排的战术作用，保证后排的起球率，为组织有效的进攻提供技术保障。

中国男排在北京2008年奥运会比赛中，一攻扣球得分率与世界强队存在较大差距。面对世界强队的大力发球，一传到位率低，难以组织快速多变的进攻战术，快攻运用次数少，同时强攻和快攻的得分率较低[1]。防反方面与世界强队同样存在较大差距。

第三节 中国男排出现断崖式下滑

2009年，世界男排联赛对于中国男排来说，简直就是梦幻之旅。接着北京奥运会的不俗表现，中国男排在世界男排联赛中接连击败美国队、荷兰队和意大利队这些世界劲旅，令人耳目一新的快变战术给人留下深刻印象。中国排球协会主席袁伟民在昔日弟子、排管中心副主任张蓉芳的陪同下，连续两天到现场观看比赛，看到中国男排完胜对手后，袁伟民起立为队员们鼓掌，作为老一辈排球名宿，他一直关注着中国男排的发展。“之前在电视上看了你们与美国男排的比赛，这次在现场看了你们与荷兰男排的两场比赛，你们的进步还是很明显的，能赢下来很不容易，这说明最近5年中国男排走的方向是正确的，”在表扬了男排队员

[1] 孔涛．中国男排与世界强队一攻与防反得分能力特征研究［J］．北京体育大学学报，2009，32（12）：143-144.

一番后，袁伟民提出了要求，“咱们的比赛状态还是不够稳定，起伏很大。这一点需要你们从心理层面上多加训练。不要打情绪球，对自己要有充足的信心，这样才能保证不骄不馁的稳定状态。”

袁伟民认为中国男排还要在技战术打法的变化上进一步加强，不能身高跟上了，却把我们“快速多变”的传统优势失去了，我们需要有自己的东西，走自己的路。这届年轻的队伍身高条件很好，但如何充分利用这些优势，来达到更好的战术效果，需要认真研究和训练。袁伟民还提出，中国男排虽然在北京奥运会上取得了历史性突破，获得了并列第5名，但不能沾沾自喜，因为只有打进世界前4名才是一流水平，而且我们要保持稳定性。

一、世界大赛表现低迷

随着2008年和2009年在世界大赛上佳表现的逝去，2010年世界男排联赛中，中国男排的表现则差强人意，在0∶3主场惨败于意大利队之后，中国男排基本上结束了该赛季世界男排联赛的争夺，前一场本可以击败状态低迷的法国队，但在机会出现后，中国队依然未能拿下对手。

造成这种情况的原因是多方面的，曾经以二传焦帅为核心的战术体系受到挑战，2009年奇迹的实现，与二传手焦帅精妙的快变组织密切相关。焦帅二传，梁春龙和边洪敏3号位突袭、接应陈平的后排攻，崔建军在4号位平拉开成为突破欧美强队网口的有效手段。但是，随着比赛的深入推进，世界强队很快就摸清了中国男排的进攻套路，并用出色的拦防体系压制了二传手焦帅的战术组织。在遭遇对手的拦防后，主教练周建安多次让替补二传李润铭出战，身材出众的李润铭，传球出手点更高，但在分配球线路和传球手法方面有所欠缺。

应该承认，中国男排年轻一代表现出很大的发展潜力，但依然存在很明显的欠缺，而且遇到韩国队和日本队时，总是在最后时刻失利，不是没机会，而是抓不住。专家认为问题的关键是，这一批中国男排整体条件很好，但缺少关键得分点：无论是主攻手崔建军、仲为君、沈琼、张晨，还是接应陈平、身材高大的梁春龙，没有人能够一锤定音、在关键时刻站出来拿下关键球和关键分，不能给予队伍充分的依赖，没有球星效应，抓不住机会，拿不下比赛。在防反环节，当主攻线无法打开局面时，接应陈平压力过大。全队的防守体系与韩国队和日本队相比，也存在明显差距。在当今世界男排整体水平迅速提高的背景之下，中国男排的进步步伐显然慢了不少。世界男排联赛是试金石，用这块试金石找出我们存在的不足，是为夺取2010年亚运会冠军解决问题，为冲进2012年伦敦奥运会做准备。

周建安上任以来，中国男排的进步是有目共睹的，所以球迷对他们的期望也越来越高。在经过了前两年的不断创造惊喜后，中国男排在2010年并未拿出什么值得称道的成绩，这与球队面临众多困难有关，也与球队的打法缺少特点有关。和中国女排一样，中国男排目前也面临着比较严重的伤病问题，主力副攻梁春龙和边洪敏因严重伤病缺席比赛很长时间，这对中国男排的影响不小。2010年世界男排联赛资格赛，中国队客场挑战波多黎各队也非常辛苦，中国男排得知对手较晚，而从北京前往波多黎各转机3次、飞行长达20多个小时，旅途的疲劳加上时差的影响，令中国男排无法发挥出最佳状态。

虽然输给波多黎各队是因为受到了种种客观因素的影响，但从中国男排在亚洲杯上的表现看，他们还是存在明显的缺点。缺少了梁春龙和边洪敏的中国男排在面对亚洲球队时失去了网上的优势，球队在技战术上陷入了被动。周建安上任之后一直强调要发扬中国队传统的快速多变的风格，但从实际情况看，在失去了两个网前绝对高度后，球队明显有些力不从心。其实，中国男、女排这些年都在广泛学习一些世界强队的打法，在选择运动员时首先选择那些身材高大的运动员，技术风格也有所改变，选材上的变化，让一些传统的技战术无法被更好地发扬，这不能不说是一大隐患。

二、中国男排状态欠佳竞技水平急剧下降

（一）世锦赛创最差成绩

2010年男排世锦赛，中国队小组赛与上届季军保加利亚、欧洲劲旅法国和捷克队分在一组，从以往的交手记录和当时的状态看，中国队与后两支球队的实力在伯仲之间，赢对手是很有可能的。然而比赛竟然不可遏制地出现一边倒局面，最终中国队输掉了这两场本有机会赢的比赛，中国队以三战全败彻底出局，无缘世锦赛18强，以并列第19名的成绩创造球队在世锦赛征战史的最差战绩。从中国队在此次世锦赛上的整体表现来看，我们的整体实力确实与欧美球队有很

大距离，同时在关键比赛把握上能力欠佳。

在参加这次男排世锦赛的队伍中，中国队是比较年轻的队伍，尽管老将袁志火线回归，但整体实力的羸弱还是让中国队在比赛中吃尽苦头。通过这次世锦赛，中国队暴露出来的不仅是与欧美强队实力上存在的差距，且精神面貌相比捷克斯洛伐克、古巴等强队也有一定距离，尤其是古巴男排，他们虽也是一支年轻的队伍，但是在半决赛中，几位年轻队员拼劲十足，决胜局在比分落后的情况下依然下手果断，最终逆转对手挺进决赛，他们的表现让很多排球业内人士刮目相看。

输了不可怕，可怕的是输掉精神面貌和顽强的作风。可以说，中国男排在该届世锦赛的表现难言满意，尽管队员有伤和裁判误判等诸多客观因素，但不管是实力还是作风上，中国男排都与国际一流强队存在较大差距。下一个目标广州亚运会，中国男排急需突破自我，打出拼搏的精神、顽强的斗志，才有可能取得好成绩。

北京奥运会上敢打敢拼最终获得第5名的历史突破性成绩，新一届中国男排一度让球迷充满期待。然而这种状态并没有保持很久，队员的新老交替加上伤病增多，奥运会后中国男排的实力开始急速下滑。2010年世界男排联赛战绩12战仅1胜；2011年世界男排联赛资格赛中两次输给波多黎各，导致6年来第一次失去参赛资格；男排亚锦赛上中国队在决赛被东道主伊朗队以3∶0打的毫无还手之力，世锦赛上中国男排三战皆负，一系列的世界大赛败绩接踵而来。2008年奥运会中国男排才刚取得第5名的不俗成绩，时隔两年，实力和精神面貌却出现了断崖式的下滑，不得不说，中国男排的发展历程充满了坎坷和迷茫，我们需要的是更稳定的进步和发展。

2010年中国男排表现低迷，跌入低谷，这种断崖式的下滑令人无法接受，中国男排也在不断调整状态，希望通过比赛来鼓舞士气，因此即将举行的广州亚运会成了他们的主要目标，主教练周建安在世锦赛后接受采访时曾表示："亚运不夺冠说不过去。"

但是大话不能说得太早，论实力，伊朗、日本、韩国和中国队水平没有显著差距，都有夺冠可能，但中国队具有东道主优势，夺冠可能性更大，而且从历史成绩看，中、日、韩都曾获得亚运会冠军，而在这三国举办的亚运会上，东道主均获得冠军，按照这个规律，中国队应当更易夺冠。即便占有东道主优势，但中国男排自身还存在不少问题：首先是队员伤病的妥善处理；其次是对重要对手制定针对性的应对策略，除了老对手日、韩外，伊朗更是我们要重视的队伍，在之前的几次交手中我们都输给伊朗，2010 年第 2 届亚洲杯男排决赛中，伊朗更是以 3∶0 战胜中国队夺走了冠军，老对手犹在，更强劲的新对手不断出现，中国男排的形势颇为严峻。

（二）亚运会无缘四强

2010 年亚运会在中国广州举行，中国男排小组赛对手分别是泰国、巴基斯坦和中国台北队，虽然我们三场全部获胜，但比赛过程却是跌宕起伏，令人担忧。进入排位赛后，中国队发挥不稳，虽然惊险地战胜了沙特队，但在面对亚洲新秀伊朗队时，却被对手的攻击性发球冲垮，再次输给伊朗。现实是残酷的，就在中国女排神奇般逆转战胜韩国之后，中国男排的队员们却在 1/4 决赛中，以 0∶3 惨败于老对手日本。这场比赛中国队派出了最强的首发，但是比赛中队员们显然不在状态，比分一直被日本队压着，最终以 0∶3 完败。日本队向来是中国男排最难打的亚洲对手，即使在中国男排 2008 年这个全盛的年份也一样，但此次比赛中国队首局甚至只拿到 14 分，算是惨败。在其后的两局，尽管中国队一直在想办法调整，但是日本队的士气已经极度高涨，最终中国队以 22∶25、23∶25 败北，无缘 4 强。此后虽然我们连续战胜了沙特和印度队获得第 5 名，但是这已创造了中国男排历史上的最差成绩，与赛前定下的夺冠目标相去甚远。

按照正常的技战术水平看，中国队的实际排名应是第 4 名，因为现在该位置的泰国队，小组赛时曾以 1∶3 负于中国队，实力也确实在中国队之下，但是，结果就是这样，发挥不稳定也是大问题。要知道，4 年前的多哈亚运会上，中国队是亚军；北京 2008 年奥运会上我们取得了第 5 名的好成绩，虽然奥运会取得佳绩可以说有东道主优势，可这次广州亚运会上，我们同样也是东道主，可见虽有天时地利之便，但更重要的仍是技战术水平，我们无缘 4 强其实就是技不如人。

两年时间内从世界第 5 名下滑至亚洲第 5 名，中国男排可谓是断崖式的急剧滑落。对于广州亚运会的糟糕战绩，有评论认为，在北京奥运会激情释放之后，中国男排进入赛后疲软期，再加上队员伤病不断，主教练周建安意欲打造的“亮剑”精神也失去了光芒，男排队员们的精神面貌一蹶不振，毫无激情可言。但其实周建安也有他的为难之处，因为当年中国男排可谓多事之秋，队员伤病没停过，全年集训基本没有整齐过，严重影响了训练效果。但是，我们也要客观地看到，2005年12月，当周建安带着“亮剑”计划出任中国男排主教练时，队伍的技战术能力在亚洲还有一定优势，打法仍具一定的“中国特色”，所以才会有北京2008年奥运会上历史性的突破，但现在的中国男排技战术水平落后，连亚洲4强都无法企及，可见仅强调精神是远不够的，实力和水平永远是决定胜负的关键要素。

纵览中国男排的亚运会成绩，自1974年中国队开始参赛以来，除了在2002年釜山亚运会中国队以2∶3负于日本无缘奖牌外，中国男排在所有的亚运会比赛中全部获得了奖牌，其中3次获得冠军。广州亚运会这一成绩也创出当时男排历史最差战绩，对此，主教练周建安坦然面对，表现得相当爷们儿，“输球没有借口，就是技不如人！”中国男排无疑在低谷中又跌到了谷底。

2006年亚运会，中国队势头正是大好之时，一路过关斩将进入决赛，但是在决赛中却遗憾地以2∶3败给日本队。四年时间里，队长沈琼和队友们经历了获得北京奥运会第5名的喜悦，但却瞬间跌入谷底。因为上届亚运会我们是亚军，所以这次全队是奔着金牌去的，但是有时候希望越大失望也越大，这次无缘四强队员们也非常失落。原本中国队是想在家门口举办的亚运会上拿到一块金牌，没想到事与愿违，反而跌出4强，在中国队负于日本队之后，队员们的心情非常糟糕，队长沈琼说：“输球对队伍的信心和精神打击很大，作为老队员，我也很难受，东道主丧失了进入冠亚军决赛的资格，更多的是对观众抱歉。但是这时候需要老队员在场上顶住压力，鼓励大家，把中国男排的精神调动起来。”

北京2008年奥运会结束后，球队做出了一些调整，新队员带来了一些变化，但基本功不够扎实，临场经验也欠缺。两年走过来，这个问题一直困扰着我们，在这个新的奥运周期，我们必须想各种办法解决问题，包括亚运会这种大赛经验的积累。周建安苦恼地说，我们的目标是伦敦奥运会，为这个目标选拔队员，队伍肯定需要老队员起到作用，老队员也要有能力和状态，更重要的是年轻队员尽快通过自己的努力提高实力，我们必须激发年轻队员的潜力，帮助他们成长和成熟起来，这才是中国男排努力的方向。

2010年对于中国男排来说是不堪回首的一年，太多的失利反映了许多问题，主要是训练工作不到位、发挥不稳定、对队员要求没达到。北京2008年奥运会中国男排夺得第5名之后，队伍的状态就出现下滑。2009年新一届中国队增加了崔建军、陈平、梁春龙等年轻球员，提升了队伍的实力，当年他们在世界男排联赛上接连战胜美国队、意大利队和荷兰队等一流队伍，显示了强大的冲击力。但9月的男排亚锦赛上，中国队先是被日本队逆转，然后又负于韩国队，仅获得了第4名，平了之前亚锦赛最差成绩，自此，中国男排开启了“断崖式”的下滑。

但中国队存在的某些问题由来已久，邸安和时期，中国队员就缺乏场上斗志。到现在，中国男排不仅是精神面貌不佳，就连技战术水平也出现了下滑，虽然主教练周建安也想尽一切办法来提升士气和斗志，如军训和观看升旗仪式等，但是由于球员伤病太多、技战术思想无法通过正常的训练完成、奥运会后队伍进入交替期和疲软期，竞技状态下降也是无奈。在负于日本队之后，主教练周建安无奈地表示，输球没有任何理由可讲，完全是技不如人，中国队必须面对现实。

在总结亚运会的比赛时，周建安说：“有实力加上有出色的发挥，才能获得好的成绩。中国队现在是实力一般，发挥又不好，而且在心理稳定性、应变能力方面差距更大。”周建安提出的“亮剑”精神旨在为改善男排精神面貌，现在看来，离开技战术谈精神是没有太大效果的。周建安说：“我觉得中国男排这几年一直在低谷中徘徊，没有真正走出来过。我们还是要给自己信心，坚持下来会有收效的。”

事实上，2010年的亚洲比赛，中国男排都打得很认真，当时主教练周建安说：“对中国男排的定位来说，亚运会是今年的最主要比赛，要多打亚洲比赛找感觉。”最终的失败，只能证明中国男排仍然没能冲出亚洲。周建安说：“这场比赛让我们知道，中国男排未来的路很难走，我们要找准问题，然后再提高。”

虽然中国男排战绩不佳，但排球赛场上座率爆棚，尤其是对战伊朗时。人们都希望中国男排能够一扫对伊朗在亚洲关键战役的连败耻辱。“中国队，加油！”的喊声此起彼伏。然而，中国队还是以0∶3输了。当时周建安用了一句“关键是人家没有失误，我们没有办法”来总结，其实还是实力相差悬殊所致。中国队在与日本、伊朗的两场比赛中，我们扣球、拦网、发球三项主要得分技术发挥均与对手有着较大的差异；中国队与日本队的比赛，日本队在扣球、拦网和发球三方面的得分率均高于中国队，而失误率又均低于中国队[1]。

周建安在亚运会结束后并没有推卸责任，他坦言："我们一直处于落后状态，技不如人是事实，任何原因都不是输球的理由，什么心理不行之类的，我们没有技术作支撑，谈什么都没用。比赛打起来心里没底，技术环节不如人，这个必须承认。"北京2008年奥运会时中国男排与日本在实力上不相上下，当时还赢了日本，两年后却以0∶3干脆利索地输掉了比赛。"北京2008年奥运会结束后，我们对队伍做出了一些调整，召入一批新队员，但基本功不扎实，临场经验也欠缺，两年走过来，这个问题一直困扰着我们。"周建安说。

实际上，男排比赛比女排比赛更有吸引力，男排比赛更加充分展示了运动员的健美体魄，运动员在力量、高度、速度上淋漓尽致的表现，令人心潮澎湃。大力跳发球在比赛开局就吸引了观众的眼球、彩色排球在运动员的手中划优美的轨迹、运动员飞鱼跃救球时呈现出的动感画面等，都极大地扣动着观众的心弦。但是，当今世界男排水平正在快速发展，中国男排依然落后许多，中国男排必须充分展现排球的魅力，吸引更多的观众，为自身的发展赢得关注和筹码。

（三）亚锦赛屈居亚军

2011年，亚洲男排锦标赛在伊朗德黑兰举行，中国男排小组赛中以3∶0轻松战胜斯里兰卡、印尼和乌兹别克斯坦，获得B组第一名。复赛的两场输给了韩国队和澳大利亚队，排在小组第三名。1/4决赛中国队3∶0战胜印度，半决赛则是顶着压力以3∶2战胜澳大利亚。伊朗队小组赛时三战全胜，复赛完胜巴基斯坦和日本，1/4决赛和半决赛对阵斯里兰卡和韩国也赢得相当轻松。

在最后的冠亚军决赛里，由头号种子中国男排对阵东道主伊朗队，结果中国男排先赢后输，1∶3遭逆转屈居亚军，但这已经是周建安带队征战亚锦赛的最好成绩，而伊朗队则第一次赢得亚锦赛冠军，此后更是扶摇直上，成为亚洲霸主。

这届亚锦赛时期中国男排的世界排名是第12名，伊朗世界排名第19名，近几年伊朗男排上升很快，早在2007年亚锦赛时中国男排还是以3∶0完胜伊朗，

[1] 黄世光．中国男排与亚洲强队日本、伊朗和韩国男排技术统计对比分析［J］．广州体育学院学报，2011，31（4）：86-88.

但是之后的交手中国队均以失利告终。如2008年亚洲杯中国队以2∶3负于伊朗，2009年亚锦赛中国再次以2∶3输给伊朗，2010年亚洲杯中国男排小组赛以2∶3输给伊朗，决赛又以0∶3输给伊朗，伊朗已经成为中国前进路上最大的拦路虎。

至此，亚洲男排锦标赛座次全部排定，伊朗队史上首次夺冠，中国队屈居亚军，韩国队获得铜牌，澳大利亚队获第4名，日本队和印度队则分别获第5名、第6名。中国、伊朗和日本取得世界杯参赛资格；而伊朗、中国、韩国、日本获得奥运会落选赛日本站的参赛权。

（四）世界杯持续低迷

2011年11月第12届男子世界杯排球赛在日本举行，11月22日，中国男排迎战第三个对手非洲冠军埃及队，中国队状态不佳，持续低迷，面对实力相对偏弱的埃及队依旧没能发挥出应有的水平，最终以0∶3告负。中国队先是错过首胜，之后又遭遇三连败，三场下来一局没赢。2011年，中国男排世界排名第10名，埃及男排世界排名第12名，该赛季两支球队有三次交锋，中国男排2胜1负占据一定的心理优势，世界男排联赛资格赛中国队先是以3∶0横扫对手，接着以3∶2再胜对手，虽然中国男排在世界大赛中多次战胜埃及，但在这届世界杯中没有继续保持优势，而是以0∶3遗憾地输给对手。

论实力，埃及队和中国队基本持平，论世界排名，中国队还比埃及队排名靠前2位，近几年双方交手也互有胜负，因此该届世界杯，埃及队对我们来说是个突破口，准备充分并且发挥正常的情况下，是非常有希望赢的。但结果令人痛心，中国队虽没有绝对优势，理应有与之抗衡的能力，而事实是全队集体失常，主攻、副攻没有有效的进攻，拦网效果不佳，队员的技术动作僵硬变形，完全没有赛出风格，而且队员想赢怕输，危急时刻应对无方，整场比赛表现非常糟糕，最终以0∶3输掉最有机会获胜的比赛。

中国男排已经连输3场，而且在比分上都与对方相差很大，根本不像是一支专业的国家队。我们自知实力有限，所以在同美国、俄罗斯等队交手时，没有心理包袱，拼尽全力去冲击对手，即使是输了也很正常。但是与实力相当的球队过招时，我们反而有了心理负担、发挥不出正常的水平，与埃及队的这场比赛，充分说明了我们在每个环节上都存在问题，无论是防守还是进攻，包括技战术组织和精神面貌，我们都需要下大力气去提高。有机会抓不住，反映出中国男排具有习惯性、低姿态冲击强队的心理暗示，一旦双方对抗持平或是领先时，就出现头脑不清醒的问题，同时也说明我们没有做好充分的准备。

虽然中国队这次是以亚洲亚军身份参加世界杯，说明我们在亚洲还算领先，但踏上国际赛场后我们的差距就暴露出来了。中国男排的整体水平与世界强队差了一大截，从队员体能、技战术、临场发挥等来看，均处于落后状态。尤其是我们面临对手高质量跳发球时，一传严重不到位，导致后续进攻无从组织，整体部署溃不成军。现在世界排球发展的趋向是各队都以拼发球破坏对手一攻成功率，同时辅以拦网防守。但是中国队仅有仲为君、陈平两人运用大力跳发，其他均为攻击性一般的跳飘球，敌有我无，导致发接发环节我们就处于劣势。中国男排曾是最早使用跳发球的队伍，现在我们已经丢掉了这些优势，反而被强队的跳发球所制约，不得不说是一件遗憾的事情。

2011 年 11 月 29 日，在日本举行的男子世界杯排球赛上，中国男排迎战第 8 个对手伊朗，最终中国队以 3∶0 轻取对手，7 连败后终于赢得世界杯首胜，这场胜利也让男排摆脱了排名垫底的尴尬局面。此役袁志轰下 17 分荣膺得分王，而仲为君获得当场最佳球员殊荣。中国队与埃及、伊朗和日本实力接近，与他们的比赛才是真正的较量，打好这 3 场球，中国男排就能达到锻炼队伍的价值，即使没有赢对方，但达到摸底、交流的目标，这趟世界杯之旅也算成功。但中国队与埃及队这场比赛我们输得一败涂地，完全没有达到锻炼队伍的目标，同时也失去了比赛的信心。

主帅周建安表示："困难时刻教练班子没能调整好队员们的心态，赛前针对埃及队的准备也显得匆忙，这导致一场本可以拿分的比赛却输了。对手的发球和进攻给我们施加了很大压力，我们对此找不到有效应对的办法。相反我们却没给对手制造麻烦，而把自己的弱点全部暴露了。此外，斗志和拼劲儿也不行，更让整场比赛失去了主动权。"

心理素质差是中国男排由来已久的问题，中国队因此丢掉了不少比赛。有人认为是压力导致的心理起伏，但是任何一支队伍在比赛时都有压力，人家却依然发挥出色，究其原因还是自身没有调节好，如果中国男排在大赛中畏手畏脚、不敢打破禁锢，那么以后的路会越走越难。

该届世界杯中国男排共进行了12场比赛，其中仅有一场取得胜利，最终我们获得第11名的成绩，这个成绩也平了历史最差成绩。虽然中国队世界杯成绩不理想，但毕竟获得了同世界强队交流的机会，主教练周建安认为还是有收获的。

主教练周建安认为，1胜10负的成绩充分暴露了我们与世界一流强队的差距，也让我们客观认识到自己的实力，这也是缺乏大赛锻炼的后果。通过这11场比赛，中国男排还是有收获的：首先，中国队一开始就遇到美国和俄罗斯等强队，队员们顶住了压力，基本发挥了正常水平，他们不畏强敌的表现值得表扬；其次，队伍在与世界强队的比赛中得到了锻炼，与高手过招能够让我们看到不足，总结改正，这是我们一个学习改正提高的过程；最后，队员在比赛中也会逐渐成长、成熟，大赛经验的积累正是我们最需要的，这个经验需要慢慢地积累。

周建安称，中国男排输给埃及和日本，主要是我们没有做好充分的准备，对方的打法比较有特点，也有一定实力，我们一时间不能适应，因此限制了我们的发挥。周建安承认输掉与日本队的比赛，是因为队员的伤病问题，同时教练组在分析对手打法特点方面做得不够，导致全队准备不充分，遇到问题心理出现波动，多方原因造就最终结果。2012年参加奥运会资格赛，到时各种困难都会出现，我们要积极解决队员伤病问题，提前做好应对措施。整体来说，队员们还是很团结的，在陈平有伤无法参赛的时候，队伍也发挥了较好的水平。周建安表示，2012年参加奥运会落选赛的阵容会以目前这个班底为主，在这一年内教练组也会在联赛中考察老队员，同时尽可能地吸收更加优秀的年轻队员。

这次世界杯，中国男排作为亚锦赛亚军获得参赛资格，我们的世界排名是第10位，亚锦赛、亚洲杯双料冠军伊朗男排的世界排名是第14位，仅看排名比我们还要靠后。但是，中国队这届世界杯1胜10负的成绩，仅积1分，而伊朗男排以5胜2负的成绩积12分，这个积分超过了北京奥运会冠军美国队，排在所有队伍的第6名，伊朗队在不到3年的时间里快速成熟起来，他们战胜了塞尔维亚、波兰、阿根廷和日本等多支世界强队，在世界杯上脱颖而出。

中国男排参加本届世界杯的主要任务是积累经验、熟悉对手和锻炼队伍，如果不切实际地让中国男排去战胜意大利队、美国队、俄罗斯队等世界强队，有点强人所难，所以中国男排在这次世界杯制定了较为中肯的目标，就是希望在2012

年伦敦奥运会男排落选赛中取得胜利。因此，这届世界杯中国队也是带着任务来的：收集明年落选赛主要对手的队员资料和相关数据，全力备战与同等水平对手的较量，突出自身优势，部署针对性的技战术打法，做好充分的准备工作，为2012年的奥运落选赛打下坚实的基础。

第四节　中国男排伦敦冲奥

一、中国男排伦敦冲奥失败

伦敦2012年奥运会男排落选赛东京站暨亚洲区资格赛于6月在日本东京举行，根据赛制，要想获得奥运会参赛资格，中国男排必须赢得所有队伍，成为本站的冠军，或者成为成绩最好的亚洲球队。但是中国队在6月5日对阵塞尔维亚的比赛中负于对手，想拿赛事冠军几乎是不可能的。因此，中国男排的机会在于争取成为亚洲区成绩最好的，而且之前我们也是如此部署准备的。但是，日本、韩国、伊朗和澳大利亚队也是这样的想法。经过6月5日的3轮较量，日本队胜韩国队，而澳大利亚队战胜伊朗队，中国队在5支亚洲区球队中仅排在第4位，之前第二轮比赛中我们已经输给了伊朗，如果拿不下日本队，那么我们基本就没有希望了。

落选赛上接连输给塞尔维亚和伊朗后，中国男排冲奥之路越发艰难，而6月6日与东道主日本队的比赛，成了决定中国男排命运的关键赛。之前中国队与日本队的交锋不分上下，但是在有些关键场次上我们处于劣势，在2010年的广州亚运会和2011年世界杯上，中国队均以0∶3负于对手，整体来说我们没有太大的优势，但是我们对日本队的技战术打法比较熟悉，而且做了针对性的训练和战术部署，所以中国队还是有机会的。随着比赛的推进，队员的表现和精神面貌都有所提升，这是个好的势头，中国男排背水一战，唯有全力冲击对手，才会有实现梦想的机会。

功夫不负有心人，中国男排排除万难战胜日本队，排名也来到了积分榜第4名和亚洲赛区的第3名，排在伊朗和澳大利亚之后。如果中国队能继续保持出色的发挥战胜韩国队，就可以小组出线。但是在落选赛第5轮的关键比赛中我们以

2∶3遗憾落败，中国男排的战绩为2胜3负仅积8分，出线前景已经相当渺茫。最后一轮比赛中，中国男排以0∶3负于澳大利亚男排，彻底无缘伦敦奥运会。澳大利亚队作为本次落选赛成绩最好的亚洲球队，获得一张伦敦奥运会入场券，欧锦赛冠军塞尔维亚队则以7战全胜的战绩夺得本站冠军，同样也获得伦敦奥运会的参赛资格。

中国队与澳大利亚队的这场比赛非常关键，双方都是背水一战，但是中国男排队员的表现不尽如人意，侧面也反映了平时的训练存在不少问题。在这次落选赛上，中国队分别输了伊朗、塞尔维亚、韩国和澳大利亚队，在亚洲球队里仅排第3名，争取奥运会资格的梦想再次破灭。

在过去的10年里，中国男排两次冲奥均以失利告终，仅有的一次奥运参赛史也是作为东道主的福利，北京奥运会中国男排历史性地获得第5名，也是男排为数不多的高光时刻，但是之后在世锦赛及世界杯的表现都差强人意。当时国际排球联合会最新的世界男排排名中国男排下降至第19位，着实令人痛心。中国男排这10年在亚洲比赛中的排名也是在第2名至第5名徘徊，现在的中国男排不再是亚洲强队，与世界领先水平的差距也越来越大，这是值得中国排球界深思的问题。

中国女排曾三次夺得奥运会冠军，是中国“三大球”的楷模，与中国女排形成鲜明的对比，中国男排为了打进奥运会付出了诸多辛苦，结果却是仅有1次成功，就是1980年莫斯科奥运会，但也未能成行。从恢复参加国际大赛以来中国男排仅有2次参加奥运会决赛的经历，而且这两次参赛都不是凭实力和水平参加的，第一次是洛杉矶1984年奥运会，因为当时欧洲多个国家对这届奥运会进行了抵制，在增补参赛名额的情况下，中国男排临时获得了以替补身份参赛的宝贵机会，但是当时中国男排还要参加一些既定的亚洲赛事，所以当时中国派出男排二队到达洛杉矶参赛，匆忙参赛、阵容不齐，在这届奥运会上中国男排仅获第8名，排名垫底；中国男排第二次参加的奥运会是北京2008年奥运会，以东道主身份直接参加比赛，因此中国男排幸运地获得了参与奥运会的机会，最后成绩是并列第5名，这也是中国男排两次奥运会参赛经历中的最好成绩。

中国排球协会发布的《2009—2016年排球运动发展规划》中，今后两个奥运周期的目标任务提到，“中国男排要逐步缩小与世界强队的差距，夺取亚洲冠军，获得奥运会的入场券，实现突破，并力争进入前8名，”在日本东京刚刚结束的伦敦奥运会落选赛上，中国男排三胜四负仅获第5名，再一次冲击未果[1]。这个结果使中国男排第一个奥运周期计划彻底落空，使中国男排再次遭受沉痛的打击并背负沉重的压力，中国男排又将面临和开始对2016年的里约奥运会进行下一轮的备战和冲击。

我们应该清醒地认识到，世界排球运动的发展日新月异，现代排球在技战术上逐步向全面、快速、变化、高度、力量的结合体方向发展。中国男排要想缩小与世界强队的差距，首先理念上要跟上世界排球的发展，重新认识排球运动的得失分规律，需要清楚地认识到世界男子排坛的激烈纷争，中国特色的快变优势已不复存在，而且这种快变是需要前提的，即建立在一传成功率较高的情况下才能实现。现代比赛中跳发球已成为主流发球技术，正在打破排球运动持续多年的发接平衡现象，接发球到位率下降至50%左右，而中国男排与世界强队的比赛中，接发球到位率仅有30%~40%，甚至更低，从源头上已经大大降低了组织快变进攻战术的可能性。所以，中国男排首先要认真解决好发球和接发球这个最基础的技术环节，下一步才有机会组织快变战术，这是我们赶超世界水平首先要完成的任务。中国男排已经跟随世界排球发展的趋势，迈出了队员高大化的步伐，现在重点是我们应该量身定做一套适合自己的战术体系，要有自身的特色，而不是一味跟风而丢掉自己的特点，否则只能使自己沦为一支随波逐流的球队，更无法谈赶超世界水平了。

二、男排与强队差距加大

中国男排冲击伦敦奥运会失败的原因，除了在发球、进攻组织上与世界强队有明显差距之外，还暴露出中国男排的心态极其不稳定。第一，教练组在选拔参赛人员时犹豫不决，在新老队员的任用问题上思路不清晰，赛前热身赛的阵容确定更是再三更改，已经进行了三年的备战，冲击目标却不够明确，在一些关键性的决定上始终摇摆不定，最终上场的队员还是没有选到最有实力的队员去进行比拼；第二，中国男排多年前提出的“亮剑”精神是非常好的，但是由于我们在

[1] 黄绵成，郑帅．伦敦奥运落选赛中国男排败因探析［J］．成都体育学院学报，2012，38（10）：41-44.

北京奥运会取得了男排历史上的最好名次，中国男排在参加落选赛时心理上势在必得的暗示，也给中国男排和队员们造成了心理上的困扰。落选赛中对阵韩国时，在关键球时刻缺乏正确的应对策略，与澳大利亚的比赛兵败如山倒，这都表明了中国男排的心理不够强大、心态不够稳定，需要进一步地加强。

经过分析发现，中国男排心态上的波动起伏是影响队员正常发挥的根本原因，其他则是实力和水平的问题：发球没有攻击性，一传不稳定也是致命的问题，进攻战术体系不够成熟，特别是后攻运用缺乏战术性是中国男排兵败伦敦奥运落选赛的另一个主要原因。

三、谢国臣出任中国男排主教练

2012 年 9 月，第 3 届男排亚洲杯赛在越南永福举行，8 月周建安辞去中国男排主教练后，中国男排就由原助理教练谢国臣带队。出征亚洲杯时，中国男排并未制定具体的成绩任务，只是放松心态、放手去打。小组赛第一轮，对阵二线阵容的上届冠军伊朗队，中国队苦战 5 局告负；第二轮比赛中，中国队直落 3 局击败澳大利亚队，迎来首场胜利。

9 月 5 日，男排亚洲杯继续在越南开战，在备受关注的 1/4 决赛里，由中国男排对阵东道主越南，中国队轻松上阵，发挥了较高水平，最终以 3∶0 完胜对手，第 3 次杀进亚洲杯 4 强。半决赛中国队与亚运会冠军日本队相遇，在这场1/4决赛中，谢国臣主教练更显指挥艺术，他在第二局开始就逐渐换上替补球员，锻炼新人、磨合阵容，而这样的变阵非但没有削减中国队的势头，反倒让中国男排的冲劲更足，25∶7、25∶9 连续让对手单局得分不过 10 分。中国队昔日最大的短板发球变成了撒手锏，新人集体爆发，而崔建军这样的老将老当益壮，他在第三局末段连续 3 次进攻命中抢到赛点，让人印象深刻。

中国男排新生代队员王琛、詹国俊、季道帅、耿鑫、戴卿尧、李睿等新生代球员集体爆发，补充新鲜血液的中国队活力四射，迎来时隔 13 年重夺亚洲冠军的天赐良机，由于日本队派出二队参赛、印度是中国的手下败将，因此都不足以威胁中国队冲冠，中国队时隔 13 年重夺亚洲冠军的唯一障碍就是阵容并不齐整的上届冠军伊朗。

9 月 7 日晚，第 3 届男排亚洲杯上演决赛大战，中国男排挑战上届冠军伊朗队，最终中国队顶住压力，以3∶1力挫对手，一扫小组赛2∶3惜败伊朗的阴霾。中国男排历史上第一次赢得亚洲杯冠军，这也是时隔13年，在1999年亚锦赛夺冠后中国队再次夺回亚洲霸主地位。

来到里约奥运周期，中国男、女排主教练都需重新选拔。2013年4月25日，排管中心正式公布新一届中国男、女排主教练人选，“铁榔头”郎平众望所归重掌中国女排国家队帅印，国家男排原助理教练谢国臣则转正成为中国男排新任主教练。

2013年第17届亚洲男子排球锦标赛在迪拜进行到1/4决赛，中国男排在先输一局的情况下连扳3局，最终以3∶1逆转击败印度挺进四强，这也是中国男排连续17次晋级亚锦赛四强。比赛开始后，中国队未能迅速进入状态，与对手陷入僵持，并在最后时刻被对手反超比分，以22∶25先丢一局。好在从第二局开始，中国队及时找回了状态，一直控制着场上局面并迅速确立了领先的优势，连下三局后完成逆转挺进四强。半决赛中国队迎战韩国队，经过五局苦战，最终以2∶3惜败于韩国队无缘决赛，将与日本队争夺第3名。10月7日，中国男排在季军争夺战中以3∶1再次击败日本队，顺利登上领奖台。主教练谢国臣对这个季军成绩表示满意，赛后在谈到中日季军战时表示：“第三局的输球，在于我们的发球太软，没有发球的冲击造成对方一传一到位以后战术组织起来不好拦防。”在前一天输给韩国之后，中国队迅速做出调整，最终交出了一张比较满意的答卷。

2014年仁川亚运会，主教练谢国臣带队出征，中国男排在小组赛发挥不错，三场比赛均取得了胜利，但二传手焦帅的受伤还是在一定程度上影响了全队的实力。进入复赛，中国男排击败了科威特，但是爆冷输给了日本男排。1/4决赛，中国男排及时调整，面对几位归化球员加盟的卡塔尔男排，打出了“亮剑”精神，最终以3∶1胜出。

半决赛中国男排遭遇世锦赛第6名的伊朗男排，实力悬殊连丢3局完败于伊朗队后，中国队将帅都表示，与伊朗队相比，中国队各方面都是落后的，很多时候甚至都预判不到对手的球。中国男排主教练谢国臣说，这是中国队两年前输给伊朗队后，双方又一次交手，感觉他们更成熟了，进步很大。伊朗队打进世锦赛前6名是实至名归。谢国臣表示，队员的个人能力和队伍的整体水平都打不过伊朗，球员的信心也不足，掌握的动作也不敢做。之后，中国男排迎战韩国，两队实力在伯仲之间，临场状态至关重要。

在铜牌争夺赛中，中国男排以1∶3不敌韩国队。前两局中韩各赢一局；第3局中国男排背上了想赢怕输的心理包袱，开局一传连续失误，比分落后导致自身的失误也开始增多，只是依靠袁志和仲为君的进攻苦苦支撑，很快被韩国队拿下；第4局比赛，中国男排及时调整自己的状态，开局与韩国队僵持住比分，后半局中国队进攻受阻，再丢一局。最终，中国男排排名第4位，遗憾错失奖牌。

四、世锦赛完成目标

2014年9月5日，第18届世界男子排球锦标赛在波兰举行，中国男排0∶3不敌保加利亚，遭遇世锦赛首败，无缘三连胜。中国男排第一阶段处在C组，同组的还有俄罗斯、加拿大、墨西哥、保加利亚、埃及。中国队第一场以3∶1力克埃及，第二场以3∶1逆转墨西哥，以0∶3不敌保加利亚，吃到世锦赛首败。中国队依然没有打破难胜保加利亚的魔咒，上一次击败对手还要追溯到1962年，当时中国队以3∶2险胜。

此时中国男排世界排名第19位，保加利亚世界排名第8位，中国男排的首发阵容是主攻崔建军、仲为君，副攻梁春龙、耿鑫，二传焦帅，接应袁志，自由人任琦。在第一阶段的小组赛中，中国队可谓高开低走，在两连胜后，遭遇了三连败。球队完成了进入16强的既定目标，但是在与强队交手中，暴露出的问题也不少，中国队缺乏赢球的能力。

中国队失利的三场球，对阵奥运会冠军俄罗斯队，实力上的差距显现出来。接发、进攻、拦网等环节都完全处于下风，失利也在情理之中。然而对阵保加利亚队和加拿大队，中国队犯了领先后不会打球的老毛病，原本有机会的球，却以0∶3告负。与保加利亚队比赛，首局和第二局都曾一度领先5分，但比分一接近20分，中国队就出现莫名其妙的失误，面对对手的冲击，顶不住压力，最终把握不住胜机而输球。与加拿大队比赛也同样如此，首局以22∶20领先，被对手追平并反超，以24∶26失利；第二局以16∶14领先，再度被追平反超，以25∶27告负。

每局一两分球，看似双方水平接近，实际上差距很大。“以前也会出现这样的问题，打得很好看，但不赢球。”主帅谢国臣解释说，这主要在于队员的大赛经验不足，“你的好状态不能持续在场上发挥，只能阶段性发挥，特别是有压力的时候，而这种抗压能力的培养，不是一朝一夕的，它与目前中国排球的大环境有关。国内的全国锦标赛、联赛的压力都不大，也就是四年一届的全运会相对有压力，但水平并不高。”

排球是集体项目，全面开花才是赢球的资本。此次世锦赛中教练兼队员袁志共拿下61分，是中国队晋级16强的最大功臣，但是当袁志后三场被对手严加看管时，中国队就连续输球。队长仲为君也存在发挥不稳定，心理起伏较大，一场场有机会的球赢不下来，不少球迷对中国男排失望，谢国臣表示理解，但他强调，毕竟世锦赛面对的都是实力强的对手，中国队的水平有限，我们需要面对现实。通过这个比赛认识到国外先进的打法，去模仿和学习，提高队员打关键球的自信，这是球队参加世锦赛的最主要目的。

第五节　中国男排里约冲奥

一、出征亚锦赛

2015年7月底，中国男排从北京出发参加在伊朗德黑兰举行的第18届亚洲男排锦标赛，这次比赛的名次影响到里约奥运会男排落选赛的参赛权，主帅谢国臣坦言：“我们能够做的就是全力打好亚锦赛。”

2015年世界男排联赛结束后，中国队在国家体育总局秦皇岛训练基地进行集训。男排在集训中对拦网技术的手型、起跳时机、人员组合等进行了细化和改进，特别是对个别主攻和接应的手型问题进行了专项训练；防守方面也做了进一步的部署；对主要对手日本和澳大利亚等队的技战术组织和特点也做了针对性的预见和准备。这届亚锦赛将是中国队争取里约奥运资格的一场硬仗，参加明年奥运会世界组落选赛的资格按最新规定是根据各队国际排名决定，而伊朗和澳大利亚世界排名积分大幅度领先各队，韩国队积73分，中国队积69分，亚锦赛决定着第三名的归属。

2015年8月的亚锦赛上，在小组赛首轮比赛中中国队以3:0战胜斯里兰卡队，次战以3:1战胜日本队，同时战胜巴林队，以三战全胜的成绩取得小组头名而进入前八名的复赛；复赛中，中国队同样三战皆胜；1/4比赛，中国男排以3:0

战胜泰国队，顺利进入四强，将与伊朗队与澳大利亚队之间的胜者争夺决赛权。

半决赛，中国队面对派出二队参赛的东道主伊朗，前两局打出了高水平，加上对手主场作战压力大失误颇多，中国队25∶21和25∶20先下两城；但是第三局中国队思想上有所放松，被对手开局就拉开比分，卡轮严重，最终在这局大势已去的情况下，谢国臣换上替补主打，尴尬地以9∶25失利；第四局和第五局，中国队无法抑制东道主强大的攻势，以19∶25和14∶16遗憾告负，无缘决赛。中国男排在先胜两局的情况下被对手逆转，与卡塔尔队争夺第三名。赛后，主教练谢国臣表示，队员太过年轻，缺乏经验，导致最后失去了专注力。

比赛越来越激烈，中国男排在季军争夺战中以3∶2险胜卡塔尔队登上领奖台，中国队的主要竞争对手韩国队则在1/4决赛中以2∶3负于日本，随后又在第5名至第8名排位赛中爆冷以1∶3输给中国台北队，这两场失利直接影响了韩国队的总积分，10月公布的最新世界排名中，中国队积63分名列第19，韩国队积52分降到第23位，中国队反超韩国队，最终获得参加奥运会亚洲区落选赛的资格。届时，中国队将与日本队、伊朗队及澳大利亚队等竞争里约奥运参赛资格。

二、里约冲奥遗憾告负

2016年6月1日，里约奥运会男排落选赛暨亚洲区资格赛第三轮在东京体育馆展开。继上一场零封日本男排后，中国队再以3∶0击败委内瑞拉，收获两连胜，在这场比赛中，中国队成功拦网10次，强悍的网上防守是中国男排取得两连胜的保证。在参加这次落选赛的8支队伍中，委内瑞拉的世界排名最低，比排名第19位的中国男排还低1位，实力也是所有队伍中最弱的，尚无胜绩。相比之下，中国男排这次落选赛发挥不错：首场虽然输给欧锦赛冠军法国队，但能从法国队那里拿到一局已属不易；第二场，他们更是以3∶0击败东道主日本队，赢得相当轻松。

中国男排主教练谢国臣也表示：“我们赛前的布置非常有效，我们对对手进行了详细研究，分析了该如何进攻和布防，而且我们在比赛中也做到了。今天我们的发球表现很好，这场比赛给了我们球员自信，我们可以打得更好。”委内瑞拉主教练纳西也对中国男排赞赏有加：“中国队就像其他队伍一样很强。我们的发球失误太多给了中国队领先优势，我们的反击打得也不好，还需要努力做到更好。”在先后击败日本和委内瑞拉后，中国男排取得了两连胜，主帅谢国臣谈得最多的就是队员信心的提升，队员们也很认可自己的表现。

随后在第四轮与波兰男排的较量中，中国男排开局打得很顺，很快以2:0先胜两局，但是第三局波兰发起凶猛的进攻，扳回一局，随后中国队信心动摇、失误增多，遗憾地以2:3被波兰队逆转。中国队在对世界冠军波兰队的比赛中能够发挥出色、先赢两局，可以说是虽败犹荣。波兰队是2014年世锦赛冠军和2015年世界杯季军，实力远胜中国队，他们也是前三轮比赛唯一取得三连胜的队伍，因此，中国队是抱着冲击对手的心态去比赛的。波兰队属于习惯性慢热，开局后并未发挥出应有的水平，反而是中国队将自身水平发挥得淋漓尽致，每个攻防环节都发挥出色，先下两局，但是随着波兰队进入状态，逐渐表现出世界冠军的实力和水平，中国队慢慢落了下风，最终还是遗憾地被逆转。

此役落败，中国男排重蹈首战法国队的覆辙。面对世界强队时，我们对困难预见充分，却在领先后不知所措，归根结底就是缺乏自信心，不敢相信自己能赢，而且没有充分准备，在赢了之后该怎么组织战术，关键时刻抓不住机会。尽管落败，但中国队前两局的出色发挥令人惊喜，中国男排在面对世界强队时所表现的敢打敢拼的精神，以及我们在网口逐渐显现的优势、更加成熟稳定的技战术发挥等，表现出巨大的潜力，令国人对其充满期待。

在奥运男排落选赛进行了第七轮争夺后，中国男排以2:3不敌加拿大队，彻底宣告了冲击里约奥运资格的梦想破灭。这次落选赛，中国男排以2胜5负积9分的成绩名列第6位。7场比赛，中国男排表现超出预期，但关键球欠火候。

中国男排在参加这次落选赛的8支队伍中的世界排名排在第7位，仅高于委内瑞拉队。从过去与这些对手的交手记录来看，中国队实力明显不及波兰队和法国队，同伊朗队、加拿大队和澳大利亚队也存在较大差距，和日本队实力接近，仅高于委内瑞拉队。然而，此次比赛中国队的表现却让人吃了一惊，他们以3:0横扫日本队和委内瑞拉队，与波兰队、伊朗队和加拿大队都打满五局才遗憾告负，充分显示了中国队已经具备了不俗的实力。尤其是与上年世界杯季军波兰队的比赛中，中国队不畏强手，先胜两局，差点掀翻这支世界强队，最后因大赛经验不足、关键球处理欠佳而被对手翻盘。与伊朗队的比赛中国队也打出了较高的水平，一直与对手战至决胜局16平后才以两分惜败。最令人遗憾的是，中国队在对波兰队、伊朗队的两场比赛打出较高水平以后，在最后两场对澳大利亚队和加拿大队的比赛中状态明显回落，进攻和拦网的发挥不及前两场比赛，没有打出自己的最高水平，遗憾地输掉比赛。

在最后一场与加拿大队的比赛中，中国男排陷入被动局势：我们唯有以3∶0或3∶1战胜对手，同时参考波兰队与澳大利亚队的比赛结果，最终才能决定我们是否出线。无独有偶，在这场关键比赛上中国男排再次犯下之前的老毛病，中国男排在开局表现不错，前两局双方战平，以26∶24艰难地拿下第三局，总比分2∶1领先对手，此时，胜利的天平已经向我们倾斜，出线的机会就在眼前。然而第四局中国男排却显得有些信心不足，场上气氛也有些沉闷，加拿大队迅速抓住机会，以20∶25再下一局，以致我们彻底没有了出线可能，因为比赛打成2∶2，无论决胜局胜负，加拿大队的积分排名都将在我们之上，出线必备的一个条件已经达不到了。更令人遗憾的是，已经拿到奥运资格的波兰队在对阵澳大利亚队时仍是主力出战，也就是说，如果中国队以3∶1战胜加拿大队，就能从落选赛出线。可惜，仅一局的差距造成了最后的溃败。

从与法国队的比赛中顽强拼下一局，到3∶0完胜日本队，再到先赢两局2∶3惜败于世界冠军波兰，中国男排发挥出色，令人惊喜。在与伊朗队的比赛中，我们还一度获得过赛点，但正是这场比赛的失利成了中国队此次落选赛的转折点，以2∶3失利后，中国男排在落选赛上就陷入被动局面。

2016年6月6日，里约奥运会男排落选赛落下帷幕，中国男排以7战2胜5负积9分的成绩位列第6而无缘里约，依旧未能打破32年来从未依靠资格赛成绩打进奥运会的魔咒，谢国臣指挥的这一批中国男排又将谢幕，留下的是他们遗憾的背影。可以说，这一次的冲奥之旅是中国男排最不被看好的一次。上年亚锦赛第3名，将命运交到了韩国队手上，只有韩国队积分第7名的情况下，中国队才有机会打落选赛，戏剧性的是韩国队恰巧第7名，于是一路磕磕绊绊，在外界一致不看好的情况下，中国男排来到日本参加落选赛。可以说，每场球都有机会，却又遗憾失去；里约曾经距离那么接近，却再次梦碎。

中国队屡屡输掉五局大战，主要原因是心理素质不过硬、核心作用不够明显。对伊朗队的比赛中中国队一度拿到了赛点，但因传球失误而错失战机，每次打到关键分时，二传和攻手就会出现攻传之间的自身配合失误，丢掉了来之不易的取胜机会。关键时刻缺乏一锤定音的强力得分手，二传组织关键球时传球失误较多，令中国队屡屡看到胜利的希望，但总是拿不下来。每次打到关键分时，总是顶不下来给人感觉差了一口气，缺乏大赛经验、应变能力，缺乏一锤定音的强力得分手，屡屡看到胜利的希望，却又屡屡错失。

中国男排这次落选赛非常努力，也打出了应有水平，但仍未能逃脱饮恨而归的命运。中国男排身体条件不输世界任何一支强队，但缺乏足够的国际大赛经验是其严重的短板。在关键时候，需要个人能力和比赛经验，中国队员参加世界大赛、高水平联赛经验不足，主教练谢国臣也表示，打比赛光靠士气是不够的，要多打大比赛，在比赛中积累经验，磨炼应变。为国家队征战15年的初辉说，看录像和实际比赛完全不是一回事，在赛场上承受压力的情况下，发挥不出自己的训练水平，还是国际大赛的经验太少了，队员和教练都明白这一点，可是他们却无能为力，因为比赛太少没有积分，才导致差点连参加落选赛的资格都没有；只要主办世界男排联赛就可以被划为二流而获得更多跟国际强队交流的机会，而地大物博的中国却一次没有主办过；奥运落选赛这么重要的比赛之前，中国男排竟然找不到热身对手，只能窝在秦皇岛自己苦练。

据统计，在备战里约奥运会的四年中，中国男排一共只打过4次国际大赛：1次世锦赛、1次亚运会、2次亚锦赛，其中3次还是亚洲范围内的，总比赛场次不超过30场。一支国家队，平均一年打不上10场比赛，如何积累比赛经验，更谈不上临场应变了。从这次落选赛的结果来看，中国男排输掉的比赛中有三场的比分都是2:3，能够进入决胜局，说明双方的实力势均力敌，如果中国队能顶住压力、作风顽强，取胜的概率就很大，那么中国男排可能就已经成功了。

中国男排的作风不够顽强，是个由来已久的顽固问题。中国男排前主教练周建安在上任之初就立志要改善男排精神面貌，随即提出打造“亮剑”精神，那两年中国男排的确有了较大的改观，并且男排健儿们也获得了北京2008年奥运会并列第5名的历史好成绩。但是，奥运会之后中国男排出现断崖式下滑，2010年尤为艰难，“亮剑”精神名存实亡，2012年伦敦冲奥失败，主教练周建安宣布辞职，中国男排陷入低谷，令人担忧。

中国男排主帅谢国臣说，国际大赛经验严重缺乏，导致队员在技术和心理上都呈现不稳定状态，关键时刻的稳定发挥依赖大赛造就的强大心理，但由于成绩不佳和其他原因，中国男排的国际比赛经验严重匮乏。男排大赛经验不足也是老问题了，参赛机会少导致中国男排缺乏高水平比赛的锻炼。除了队伍的心理素质继续加强外，排坛名宿、央视著名排球评论员陈刚也对中国男排的训练和比赛发表了观点：比赛是训练的效果反馈，比赛结果和队伍训练及临场发挥有关，中国男排在比赛中频繁换二传，反映出核心队员发挥不稳定的问题，二传与攻手配合的默契程度直接影响着进攻效果，二传不固定，攻手就需要不断适应新二传，这是不应该的；另外，中国队防守的起球不到位，第二次调整球缺乏战术性，战术组织相对比较单一，二传技术还不够成熟。总之，进攻和防反都不同程度地存在问题。但是，我们应该鼓励中国男排，应该看到他们的进步，他们在和世界强队的比赛中发挥也越来越好了。

2016 年，中国男排再次无缘奥运，8 月发布的世界排名中国男排下滑至第 20 追平历史最差排名，在亚洲区位居第 4。我们需要总结经验，需要深刻反思。从中国男排与加拿大、澳大利亚男排的对比数据来看，我们在 29 岁以上的主力队员就有 6 人，年龄结构不太合理，扣球缺少一锤定音的队员，拦网虽有高度，却时机不佳；另外，在关键分时刻心理抗压能力与强队存在较大差异，这些问题需要我们逐步整改、慢慢提高。

古人说："夫战，勇气也。一鼓作气，再而衰，三而竭。"中国男排虽然再次冲奥失利，但他们一直在坚持实现这个梦想，这一次他们发挥了不畏强敌、敢于拼搏的精神，取得了数次冲奥中最接近出线的名次，进步显而易见。客观地讲，中国男排战绩不佳，导致大赛资格难求，因此比赛经验严重不足，国内联赛关注度低、水平参差不齐，队伍锻炼的价值不高。竞技体育的良性循环离不开主管部门的扶持和社会各界的相助，而这两方面的态度和做法往往受运动成绩的影响，在金牌得失与队伍成长之间选择重点，自然都会围着热门项目转，怪不得体制，也怨不得市场[1]。因此，中国男排必须脚踏实地地去创造自己的未来。

进行改革不是一件易事，牵一发而动全身，那么中国男排自己可以做的就是研究世界排球技战术发展的趋势，结合自身特点，进行排球技战术的创新性发展。中国男排曾经创新发明了一系列战术并成为世界强队，说明我们不甘落后、

[1] 汪大昭．中国男排跌倒之后［N］．人民日报，2016-06-14（16）．

励精图治便可以收获成功。中国男排在20世纪七八十年代曾创造了辉煌的战绩，在汪嘉伟任职时期也曾创下亚洲“三连冠”，中国女排更是10次获得世界大赛冠军，中国排球具有一定的项目优势和经验，比起我国其他尚待突破的体育弱项，男排挺进奥运会并非遥不可及。突破总是艰难的，掌握排球运动的发展规律，不断进行技战术创新，中国男排定会苦尽甘来，实现奥运梦想。

2016年男排亚洲杯比赛在泰国举行，和四年前的亚洲杯决赛一样，中国队和伊朗队再次在决赛相遇。时隔四年再相逢，伊朗队依然是二队出战，而中国队这次由主力换成了二队，但比赛结果却和四年前完全相反：四年前，中国以3∶1的总比分战胜伊朗队拿下冠军，而这一次，中国队则以1∶3输给了伊朗队，没能卫冕成功。

然而，四年的时间，中国队和伊朗队都发生了很大改变，中国队状态下滑，而伊朗队则势头正猛。这场失利让我们再次看清中国男排面临的严峻形势：我们不仅与世界强队存在较大差距，现在在亚洲排坛也失去领先优势了。中国排球不能一条腿走路，不能仅依靠中国女排的出色表现来带动排球的发展，也必须重视男排的发展，毕竟男、女排的发展息息相关，许多女排的教练需要男排输送，共进共荣才是持久发展的王道。

从这场冠亚军决赛可以看出，中国队在技战术方面已明显落后，战术组织单一，一传不到位导致二传路线受限，进攻意图过早暴露，最终结果就是进攻效果差。防守方面，中国队在第一道防线——拦网就与对手相差很多，移动跟球的速度慢，对伊朗队完全没有造成威胁，同时我们的副攻与对手差距也很大，从进攻到防守都无法与伊朗队抗衡。央视评论员洪刚认为：双方如果只比扣球进攻，中国队还不算差，但串联增多时，中国男排的基本功不扎实问题就暴露了，与对手的差距非常明显。

第六节　中国男排跳跃式发展期的历史背景

一、国内形势

中国男排的成长越来越慢，成绩越来越差，远不如20世纪七八十年代，这是因为中国男排原本培养队员比较有效的诸如全国集训等形式现在已经不再采用，各省市队缺乏浓郁的训练环境，同时也没有高水平的比赛切磋，国内男排联赛水平参差不齐，锻炼队伍的效果较差。前国家队队长沈琼就表示："国内男排联赛由于各队的实力和水平高低不一，高对抗性的比赛并不多，因此队员很难得到有效的锻炼和提高。"中国男、女排联赛中，几乎都没有纯职业俱乐部，大部分参赛队伍仍是省队专业队，联赛的职业化不够深入，导致男排联赛长期以来在低水平层次徘徊。年轻队员的成长环境受限，在国内联赛不能得到有效的锻炼和提高，长时间低水平的交流容易使队员丧失斗志和前进的动力，老一代培养队员的集训模式被废止后，中国男排后备人才储备的危机严重加深，中国排球面临无人可用的境地。

根据资料可知，在20世纪七八十年代，国内排球界的学习和训练开展得热火朝天。当时还没有举行全国的排球联赛，但是每年都会进行排球全国大集训，参加对象就是全国各个地方队，以此增加队伍间的竞争和交流，从而促进整体排球水平的提高。集训大会的时间有长有短，有时可能长达几个月之久。集训大会主要是为各支队伍提供学习交流的机会，同时各队之间甚至是各个位置之间，如各个地方队的主攻、副攻或是二传等聚集在一起进行切磋比赛，解决普遍存在的问题并分享成功经验，目标就是提供学习赶帮超的机会，营造队员之间对抗和竞争的浓厚气氛，为年轻运动员提供更多、更有效的锻炼机会。在这种环境和氛围中，中国排球得以迅速发展，竞技水平提高得很快。当时许多优秀运动员，都是经过这种全国集训脱颖而出的，但是，20世纪90年代国家有了全国联赛之后，这种集训形式逐渐不被重视并最终消失了，令排球界的老一辈教练感到惋惜。事实上，中国男、女排近几年同时出现人才危机，竞技水平大幅下滑，一定程度上正是在集训废止后出现的，如何改变这种现状，增加国内队员高水平对抗的机会，是中国排球面临的重要问题。

随着世界排球运动的发展，运动员的身材越来越倾向于高大化，我国也在努力跟上国际步伐，但是这种高大化的追求导致中国球员原本具有的灵活、多变的快攻特色逐步丧失；国内联赛又不能很好地提升年轻队员的竞技水平；在这种情况下，优势战术和新人培养的模式都未能得到良好的传承和发扬，中国男排陷入低谷是不可避免的。中国男排此次在亚运会的惨败，不是主教练周建安一个人的责任，关键是要通过失利找到原因，找到影响球队提高的症结所在，狠下苦功、勇于改变才能有再次崛起的可能。

实践证明，建立符合国际排球发展趋势的训练指导思想是保证训练高效性的重要前提。目前，我国排球训练的指导思想是继承和进一步发扬我国排球项目的传统优势和良好作风；坚持“三从一大”的科学训练原则，加强排球基本功的练习，全面提高队员身体素质，掌握世界排球运动的发展趋势，结合自身特点紧跟世界步伐。中国男排也树立了技术全面、突出特点的思想前提，继续发扬自身快速多变的优势，提高技术的稳定性和熟练程度，适当发展高度，同时不断进行技战术的创新，提高体能储备，加强与欧美球队的抗衡。各个运动队在训练过程中应遵循“以赛促练”“赛练结合”的训练原则，与国家队保持高度一致、思想一致，合力提高训练效果。

中国男排人才储备不足已是事实，各运动队培养人才的“金字塔”结构也不再稳固，很多甚至出现了塔基和塔尖颠倒的现象，后备人才储备量还没有一线队伍运动员数量多，后备人才培养已经到了非抓不可的地步。我国青少年队伍的教练员素质有待提高；对训练的认识不足，训练计划缺乏科学性，这对于青少年运动员的成材极其不利；教练员训练理论知识欠缺，不能遵循排球运动规律进行合理训练，导致青少年训练过于“成人化”，技战术训练急功近利，运动员对技战术只是简单地掌握，不够细腻和扎实，这些训练中存在的问题导致很多青少年运动员过早出现运动损伤，直接影响了训练效果和运动员的运动寿命；意志品质培养的欠缺，影响了青少年运动员优良思想作风的形成。因此，我们应重视基层教练员的培养，建立严格的选拔和考核标准，鼓励教练员进行学习和交流，从而提高男子排球教练员的执教水平，使我们在后备人才培养方面从基础就做好。

中国男排主教练这个位置，就是烫手的山芋，每一次冲奥失败、每一次的比赛失利，主教练就一次又一次被推上风口浪尖。大环境不好、队员待遇不好、没有人才储备，太多的影响因素横亘在中国男排面前。主教练谢国臣上任之初也是踌躇满志，带着对这个项目的热爱，也许没有人比他更渴望带领这支队伍创造历史纪录，他竭尽全力确保场上阵容稳定牢靠。的确，主教练也许会有局限和失误，但是这四年，谢指导带给中国男排的改变也是有目共睹，落选赛上的一传、拦网、小球串联，都是四年如一日，一点一点磨出来的。

看过中国男排训练的人知道，男排训练付出的辛苦不比任何一个项目少。在没有任何名利吸引、缺乏社会关注的情况下，谢国臣只能靠思想工作一遍又一遍地“磨”。谢国臣在平时训练中说得很多，通常是一天训练结束，他的嗓子已经说不出话、头疼欲裂。每位教练和队员都想打好比赛，拿好成绩，然而以一己之力去改变现状的确太困难。造成男排如今局面的原因有很多，不能把责任全部都推到教练或者队员的头上。正如身在其中的人所说“像男排这样赚这么点钱、每天练这么苦这么多，换了外国球员三天就不练了”，所以能够依旧坚持站在这儿的，无论是球员还是教练，都是值得尊重的。

二、国际形势

中国男排在 2005—2016 年，经历了北京奥运会第 5 名的辉煌，也饱尝了 2010 年世锦赛第 19 名等一系列最差战绩，其间仅有 2012 年亚洲杯夺冠，世界大赛表现低迷，亚洲比赛也是在第 2 名至第 5 名徘徊，中国男排这一时期可谓跳跃式的发展。从近几年的比赛数据来看，欧美仍处于领先地位，中国男排处于第三集团靠前位置。北京奥运会的四强和连续两年世界男排联赛的六强均为欧美强队，亚洲球队整体战绩不佳，中国队在淘汰赛阶段以 0∶3 一局未胜输给巴西男排，充分说明亚、非男排与欧美强队依然有较大差距。

在欧美诸强中，巴西和美国最强，俄罗斯、保加利亚紧随其后，这 4 支队伍属于第一集团；波兰、意大利和塞尔维亚属于第二集团；中国、日本、埃及等亚、非球队属于第三集团，中国队位于第三集团前列。北京奥运会上，中国男排取得历史性突破，并列排名第 5，这一成绩显示了主场优势的重要性，但是也与队员们在场上的拼搏和坚持密不可分。预赛阶段，中国男排以 3∶2 的比分赢了日本队和委内瑞拉队，但总得分却略少于对手，说明我们的实力并非比对方更强。因此，中国男排要认真反思并不断提升自身实力，因为无论是亚洲形势还是世界时局，中国男排都不容乐观，未来的发展是任重而道远。

当时世界排球发展的趋势是新老结合，稳中有拼。随着科学技术成果在训练和比赛中的运用，运动员的运动生涯得到了延长，近几年的世界大赛中，除了涌现更年轻高大的新队员，老队员的数量也在不断增多。事实证明，老队员相对来说技术稳定、心理成熟，在比赛中确实起到了中流砥柱的作用，是球队获胜的一大法宝。另外，高水平职业联赛是提高运动员运动水平的重要途径，高水平的联赛可以为运动员提供提升自身竞技水平的舞台，职业化是排球运动未来的发展方向，职业化不断深入和俱乐部制度吸引了大批优秀选手加盟比赛，大力地宣传吸引了更多观众的注意力，高额的奖金极大地提高了排球比赛的激烈程度，同时也提升了运动员的竞技能力；教练员和运动员日益频繁的国际交流已成为世界排球运动的另一个重要发展方向。世界排球不断向快速、全面、多变的方向发展，如跳发球普遍应用，进攻速度不断加快，世界强队表现出进攻点多且强的趋势，总之，世界排球正处于一个百花齐放的阶段，速度和变化已成为主要发展潮流。

三、技战术指导思想

为继续提高排球运动技术水平和实现项目新的进步和可持续发展，排管中心制定了《2009—2016 年中国排球发展规划》，总的工作思路要做好六个两手抓：一手抓国家队的备战，一手抓全国排球的发展，两手都要硬；一手抓室内排球的发展，一手抓沙滩排球的进步，共同协调发展；一手抓一线训练，一手抓后备人才培养，搞好梯队建设；一手抓运动成绩，一手抓普及推广，共同提高发展；一手抓政府投入为主导做好优秀运动员的工作，一手抓排球产业，力争市场作为更多的补充并有所突破；一手抓女排成绩，一手抓男排提高[1]。

第七节　中国男排跳跃式发展期的历史人物

一、教练员

中国男排在 2008—2016 年长达 8 年的时间里，经历了北京奥运会夺得历史性突破的第 5 名，再到在亚洲比赛跌至第 5 名，伦敦冲奥和里约冲奥均以失利告终，可谓是跳跃式的发展，大起大落令人难以接受。这一时期中国男排的任职教练有周建安和谢国臣。

[1] 胡炫，黄兰，李可可．我国排球发展战略规划的反思与构想［J］武汉体育学院学报，2015，49（10）：89-95.

（一）历史的创造者——周建安

2005 年 12 月 27 日，排管中心经过多方面考察作出决定：正式聘任四川男排主教练周建安为国家男排主教练。关于为何选中周建安，排管中心主任徐利说：首先周建安在队员时期是一名优秀的二传手，曾创造了中国男排第二次发展的高潮期；其次因为他年轻、有激情，对待事业认真执着，具有很强的事业心，而且做教练也具有一定的水平。周建安曾说过：男人就是为事业而生的，就该把事业放在第一位，否则将来的路就会越走越窄！因此，排管中心一纸令下，周建安就毫不犹豫地担任了中国男排主教练，此时距离北京奥运会仅有两年八个月时间，这位曾在国家队待了十二年的老将深知责任重大，但是他仍然义无反顾。北京奥运会给中国男排提供了一个证明自己的机会，作为东道主直接参赛，排管中心此次制定的任务是，在北京奥运会上进入前八名，中国男排任务艰巨。

（二）忠于职守——谢国臣

谢国臣，河南开封市尉氏县人，1974 年 4 月 2 日出生，担任过河南男排主帅，以及国家队助理教练。1984 年从事排球运动，1994 年首次入选国家队，2003 年退役，担任河南省男排主教练；2006 年担任中国男排教练，率队获 2006 年多哈亚运会亚军。2012 年底临危受命，再次率队在时隔 13 年后又一次夺得亚洲杯冠军，重回亚洲之巅。

2013 年 4 月 16 日上午，中国男排主教练竞聘会议在北京天坛饭店举行，两名候选人分别是河南男排主帅暨国家男排教练谢国臣和江苏男排主教练卢卫中，但是作为中国男排教练，又有独自带队获得亚洲杯冠军的成功经历，谢国臣的优势应该更大些。经过竞聘，4 月 25 日，排球管中心正式对外公布新一届中国男、女排主教练人选，女排方面名宿郎平众望所归重掌帅印，男排方面则是谢国臣顺利当选。从男、女排的主教练来看，女排更受人关注，这也从侧面反映了中国男排因为成绩一般受社会关注程度低的事实，与中国男足和男篮相比较，中国男排的社会关注度的确是最低的，几乎是小透明般的存在，中国男排的发展需要社会各界的关注和支持，但是现实是有成绩了才会有关注度。因此，男排唯有奋发图强、自力更生，一步一个脚印，获得成绩的提升，才能拥有良性循环的发展环境。

北京奥运周期，谢国臣一直是国家队主教练周建安的助手，他们共同见证了中国男排北京奥运会获得历史性突破的过程，2012 年底在周建安辞职的情况下谢国臣全权负责队伍训练工作，其间他临危受命、不畏艰辛率领国家男排获得了亚洲杯冠军，使中国队时隔 13 年之后再次站到了亚洲之巅，充分展现了其出色的带队能力和临场指挥水平。

中国男排在北京奥运会上取得了第 5 名的历史性突破，与谢国臣教练培养的队员密不可分。主二传焦帅和主力主攻手崔建军都是其在河南男排培养起来的，这两名队员的精彩表现为北京奥运会的成绩贡献了极大的力量；谢国臣担任河南省体育局球类运动管理中心主任时，又培养出了朱婷这位世界级的主攻手，为中国女排的第三次腾飞奠定了坚实的基础，谢指导可以说是为中国排球忠于职守、鞠躬尽瘁，做出了突出贡献。

二、大赛成绩与主要队员

表 7-1　中国男排跳跃式发展期（2006—2016 年）的成绩及历史人物

<table>
<tr><th>教练</th><th>大赛战绩</th><th>主要队员</th></tr>
<tr><td rowspan="7">周建安</td><td>2006 年世界男子排球锦标赛第 17 名</td><td>李春、姜福东、沈琼、隋盛胜、崔建军、王海川、于大伟、崔晓栋、郭鹏、汤淼、袁志、任琦</td></tr>
<tr><td>2008 年北京奥运会第 5 名</td><td>边洪敏、袁志、郭鹏、施海荣、崔建军、焦帅、于大伟、沈琼、姜福东、任琦、隋盛胜、方颖超</td></tr>
<tr><td>2009 年第 15 届亚洲男排锦标赛第 4 名</td><td>边洪敏、郭鹏、梁春龙、仲为君、崔建军、焦帅、陈平、于大伟、沈琼、姜坤、李润铭、任琦</td></tr>
<tr><td>2010 年世界男子排球锦标赛第 19 名</td><td>沈琼、崔建军、仲为君、张晨、边洪敏、焦帅、袁志、郭鹏、于大伟、徐静涛、陈平、李润铭、任琦、丁慧</td></tr>
<tr><td>2010 年第 16 届亚运会第 5 名</td><td>边洪敏、张晨、郭鹏、梁春龙、仲为君、崔建军、焦帅、陈平、沈琼、李润铭、任琦、袁志</td></tr>
<tr><td>2011 年第 12 届男子世界杯排球赛第 11 名</td><td>仲为君、张晨、崔建军、宋建伟、梁春龙、边洪敏、徐静涛、耿鑫、李润铭、詹国俊、陈平、袁志、任琦、孔凡伟</td></tr>
<tr><td>2011 年第 16 届亚洲男排锦标赛第 2 名</td><td>李润铭、梁春龙、陈平、仲为君、崔建军、张晨、边洪敏、赵沐岫、袁志、沈琼</td></tr>
</table>

续表

教练	大赛战绩	主要队员
谢国臣	2012 年男排亚洲杯冠军	仲为君、王琛、詹国俊、孔凡伟、戴卿尧、耿鑫、李睿、梁春龙、张晨、李润铭、崔建军、季道帅
	2013 年第 17 届亚洲男排锦标赛第 3 名	季道帅、仲为君、金志鸿、梁春龙、耿鑫、徐静涛、袁志、戴卿尧、焦帅、李润铭、任琦、初辉
	2014 年世界男子排球锦标赛第 15 名	陈龙海、袁志、仲为君、梁春龙、崔建军、焦帅、耿鑫、孔凡伟、寇志超、李润铭、方颖超、徐静涛、任琦、季道帅
	2014 年第 17 届亚运会第 4 名	崔建军、耿鑫、季道帅、焦帅、寇志超、李润铭、梁春龙、任琦、徐静涛、袁志、方颖超、仲为君
	2015 年第 18 届亚洲男排锦标赛第 3 名	张晨、崔建军、季道帅、宋建伟、耿鑫、张哲嘉、李渊博、袁志、戴卿尧、焦帅、李润铭、童嘉骅

中国男排这一时期在主教练周建安的带领下取得了奥运会第 5 名的突破性成绩，创造了历史纪录，平了最好的大赛成绩，这是全体队员拼搏的结果。但是之后，男排队员伤病增多，成绩不断下滑，出现了跳跃式的发展态势，因此，稳定的发挥和发展，是中国男排未来要面对的又一重要问题。

第八章

CHAPTER 8

中国男排的冰点低谷期（2017—2019年）

自北京2008年奥运会获得决赛第5名的历史性成绩后，中国男排出现了跳跃式的发展，一度跌入低谷，徘徊不前，世界大赛成绩不佳，亚洲比赛更是异常低落，发展波动很大。在这种背景下，中国男排为了改变现状，开始寻求解决途径，中国男排首位外教也由此诞生。初衷虽好，现实却非常残酷，因为影响中国男排发展的问题已根深蒂固，难以撼动。为此中国男排也付出惨重的代价，屡创亚洲成绩最低，中国男排跌入冰点低谷。

第一节　中国男排聘请史上首任外教

2017年4月26日，中国排球协会召开新闻发布会，为中国男排历史上第一个正式聘任的外教阿根廷人劳尔·洛萨诺发聘书，这是中国男排历史上第一次聘请外籍教练。中国男排之前数次冲击奥运会但均以失利告终，为了有进一步地突破，排管中心（以下简称排管中心）下定决心试图通过聘请外教来改变中国男排的命运。据排管中心副主任赖亚文介绍，这次共有10名外教报名竞选男排主教练一职，而且他们都有较为成功的带队经验。经过专家组的详细分析和排球界教练的意见，排管中心最后选择了阿根廷人洛萨诺。理由有三："首先，他有执教多支国家队的经历。特别是带过亚洲队伍，应该更容易上手。其次，他具有将队伍带出好成绩的能力，而且曾带队参加过奥运会，这点比较符合我们的预期。最后，他经验比较丰富，对我们的竞争对手比较熟悉并拥有应对之策，同样符合我们的需求。"

作为中国男排第一个外教，洛萨诺面对的挑战不小。排管中心主任李全强对外教的“工作指标”说得很明确，“四个目标，两年一次评估”这四个目标包括2017年亚锦赛登上领奖台、2018年亚运会进入决赛、2019年亚锦赛夺冠和2020年获得东京奥运会参赛资格。对此，外教洛萨诺表示，他会尽最大的努力去完成任务，首先就是要多分析男排存在的问题并寻求解决对策，然后通过训练和比赛去逐步完成。

除了外籍主教练外，中国男排公布了中方助理教练沈琼等人。排管中心也是希望我们的本土教练要虚心学习外教的新理念和训练手段及方法，希望我们不仅队员得到进步，教练也要有提高。同时中国排球协会也比较认可大国家队的理念，认为“现在国家队26人的数量是远不够的，希望选拔更多优秀的年轻队员，届时把队员分为A、B队，这样可以让更多的队员参加高水平的大赛，从而达到锻炼队伍、积累经验的初衷，这是符合国际发展趋势的”。对于中国男排的未来，李全强认为未来中国男排还是要由本土教练执教，所以，希望我们的教练能够多学习国外先进的理念和技术，多储备教练员执教的相关能力。

第二节　中国男排东京冲奥

一、男排亚锦赛创历史最低纪录

2017年4月，中国男排首任外籍教练阿根廷老帅洛萨诺上任。在世界男子排球锦标赛预选赛上，中国男排顶住压力，力压老对手韩国男排杀入世锦赛，这也是主教练洛萨诺完成的第一个小目标。虽然在当年世界男排联赛上，中国男排连克法国、阿根廷两支劲旅，但在15场比赛中惨遭12场败仗，16支球队名列倒数第2位。世界排名第20位的中国男排现阶段的实力只能说是世界三流。但主教练洛萨诺依旧对球队信心满满，认为球队有能力进入16强：“出线之后就一场场打，看看自己到底能走多远。”但在分组不利的情况下，中国男排高估了法国、巴西两大强队的实力，同时对于荷兰男排的崛起缺乏针对性部署，导致面对强队有机会时不敢赢，面对一般队伍又不够兴奋打不出最佳水平，以致最终战绩不佳。

2017年第19届亚洲男排锦标赛在印度尼西亚泗水举行，中国队先是以3:0

连续击败泰国队和中国香港队，赢得两场胜利；随后中国队以0∶3输给并非全主力的澳大利亚队，已经暴露出一些问题；以3∶0击败伊朗国家二队也在情理之中；但中国队以1∶3负于中国台北队，令人对外教的能力开始怀疑。在1/4决赛对阵韩国队时，中国男排的缺点一览无余：技术粗糙，战术单一，强攻能力差，一传不到位，防反能力与对手相差明显，全队士气低落，队员显得没有信心，中国队整个精神面貌与韩国队形成了鲜明的对比。场上的表现也直接决定了最后的结果，中国队以0∶3完败韩国男排，输掉了2017年男排亚锦赛1/4决赛，这是自1975年亚锦赛开办42年以来，中国男排首次无缘亚锦赛四强，也是亚锦赛历史最差战绩，关键是韩国队并非多么强大，他们只保持原来的一些优势，是中国男排的表现太差了，根本无法与之抗衡。

这次亚锦赛亚洲格局发生了很大变化，之前一直是中、日、韩、伊、澳五队争冠，但在这次亚锦赛上中国、伊朗和澳大利亚三支传统强队均没有进入四强，哈萨克斯坦队获得亚军，印尼队获得第4名，这种变化也说明亚洲排坛风起云涌，危机四伏。

外教洛萨诺执教中国男排后倍受关注，但在这届亚锦赛上队伍表现不佳，第6名的成绩也创造了中国男排亚锦赛参赛历史上的最差战绩，这个结果与赛前预期大相径庭，令人质疑。从比赛过程来看，中国队面对同样的对手时发挥相差太多。首先，复赛中以3∶0胜伊朗，但在第五、六名的争夺战中，以1∶3输给对手，与中国台北队的比赛也是先以1∶3输给对方，后又3∶0完胜对手，这些情况充分表明中国男排的发挥极其不稳定，同时也暴露了队伍存在心理易波动的情况；其次，队员的技术基本不扎实，一传尤为薄弱，防守串联效果差，比赛出现卡轮、连续丢分时教练组缺乏调度；最后，队伍中缺少核心领袖，关键时刻场上没有精神支柱。这次亚锦赛的失利也有一些外因，队员在比赛期间遭遇了感冒、发烧、腹泻等伤病影响，也是可以理解的，但是在外教执教4个月的时间里，中国男排得到的提升并不明显，显然这一时期的训练效果并不好。

从之前的执教成绩看，阿根廷教练洛萨诺无疑是一名高水平教练，他的训练理念和手段都是国际上先进的，但是适合别人的不一定适合我们，因为比赛就是一面镜子，它客观反映了训练中存在的一切问题，中国男排这次在亚锦赛上的失利充分说明洛萨诺的训练理念和手段对我们并未奏效。中国男排队员技术粗糙也是老问题了，一传、串联、防守等多个环节中国队一直都表现得不尽如人意，这绝对不是一个高水平外教在短时间内就能彻底解决的，排球运动所需的各种能力是通过长期训练和比赛慢慢培养起来的，国家队队员技术粗糙，是在地方队训练中就已经造成的，是中国男排的根基问题，但这种情况很难迅速得到改变。

2018 年 5 月 27 日，中国男排参加了世界男排联赛，中国男排在首周赛事中以 1 胜 2 负的成绩排第三名，其中男排队员们以 3∶0 完胜当时世界排名第 6 的阿根廷队，令人欣喜，评论认为："男排小伙们打出了世界级球星风采，让我们看到中国男排的希望！"的确，中国队与阿根廷队的比赛中国男排整体发挥出色，一传到位率高，二传思维敏捷、分配球合理，攻手敢打敢拼，防守串联也表现上佳，关键是队员们在遇到困难时能够沉下心来、耐心打好每个球，这才换来最终的胜利。但是，在肯定男排的同时我们更要警醒，虽然阿根廷男排世界排名第 6，但当时他们的阵容极其不完整，中国男排以 3∶0 完胜，值得鼓励，却不能骄傲。

另外两场比赛，一场以 2∶3 输给保加利亚，另一场以 0∶3 输给美国，其中美国男排当时世界排名第 2，是公认的世界强队，但这次世界联赛他们的主二传、主力接应、首发自由人等都未参赛，实力大打折扣，对我们来说有一定机会，但中国男排仍未胜一局，这也充分说明我们与世界强队的差距着实很大。中国男排第二周的比赛与德国、波兰和法国队展开。首战输给了德国队，次战对阵东道主波兰，在对方主力缺席的情况下中国男排仍没赢下一局，最后的比赛日中国男排以 3∶2 战胜法国男排，从而以 1 胜 2 负积 2 分的成绩获得本站第 4 名。这站比赛中，二传刘濛分配球过于依赖江川，副攻线发挥不够，二传与主攻的配合也存在问题；逆转法国男排是本站最大的收获，中国男排在先输的情况下连扳两局，并在决胜局开局不利的情况下顶住压力，逆转取得胜利，非常值得赞扬。之前比赛中总是缺少场上核心，这一站，中国男排最大的收获就是江川的成长和成熟，进攻时思路清晰、沉着冷静，得分率高，基本都是全队最高得分，成为中国队的绝对进攻核心，但弊端是二传会过分依赖，造成其他点分球过少。

二、世锦赛溃败，中国男排暴露诸多缺点

2018 年男排世锦赛亚洲区资格赛 A 组在伊朗举行，在对阵韩国队的出线生死战中，中国男排发挥出色，以 3∶0 击败对手，赢下关键的一场，中国男排四场

比赛的战绩为3胜1负，已经确保获得前两名，并且获得一张世锦赛门票。

2018年9月12日，世界男子排球锦标赛开战，在保加利亚鲁塞进行的B组比赛中，中国男排以0:3不敌欧洲劲旅法国队，无缘开门红；第二场比赛对阵荷兰男排，中国男排在前两局开局领先，但均遭到对手逆转，最终中国男排以1:3不敌荷兰队，遭遇两连败；对阵加拿大男排，中国男排同样以1:3落败。前三场比赛，中国男排被打得几乎毫无还手之力。

第四场对阵埃及男排，是中国男排争取一场胜利的最好机会，因为对手同样经历了三连败，且历史上的对阵中国男排胜多负少。就在这本应把握住的比赛中，中国男排再次先赢后输遭遇逆转，第一局和第二局我们都是在领先4分的情况下输掉比赛，实在令人痛心。多年来，中国男排似乎已经“习惯”了落后，一旦分数领先就不知所措，心理上首先不自信，失误增多，甚至出现发球踩线的低级失误。除了作风不顽强之外，中国男排再次暴露了基本功不扎实、心态易波动的弱点。总之，在冲击实力较强的对手时，我们定位准确，发挥正常，有时甚至还能拼回一场胜利，但是遇到实力相当的队伍时，我们的“习惯性落后”心理严重影响了队伍的发挥，归根结底还是缺乏强队底蕴、不自信造成的结果。

中国男排落入低谷后更应该学会总结经验，心态的顽固问题应该引起重视，因为这比提高技术水平更难。中国女排在里约奥运会上同样经历过小组赛的失利，但她们迅速调整状态，从心理上扭转了劣势，再与对手相遇时重新赢了回来，这就是心理强大的作用，从低处落脚，便能反弹更高。参加这次世锦赛的中国男排队员相对年轻，大赛经验少，缺乏核心球员和精神领袖，关键时刻顶不住压力，这也是成长路上必须面对的。其实，中国男排只是二流甚至三流队伍，输球也很正常，但是在比赛中表现得毫无章法，没有敢打敢拼的精气神，让人看不到希望，是最痛心的。

中国男排在2018年世锦赛难求一胜。面对世界排名第6位的加拿大队，中国队进入状态较慢，被对手连下两局，虽然在第三、四局拥有不错的表现，但关键分把握不好，最终未能将比赛带入决胜局，拿到积分。全场比赛，只有中国队的拦网较为突出，尤其是在第三、四局的表现十分亮眼。

对加拿大而言，虽然出线无疑，但赛制规定每场比赛的结果都会带入第二阶段，所以面对排名不如自己的中国队，他们还是派出了最强阵容。中国队为博得一线生机，也是尽遣主力，面对出线压力，中国男排的年轻队员打得非常紧张。整场比赛，中国男排队员无人得分上双，而加拿大队明显发挥更好，拦网是中国男排最大的亮点。全场比赛中国队送给加拿大队18次拦网，一度逼得加拿大队第一得分手霍格坐上板凳席，而加拿大队拦网仅有7分入账。

9月18日，中国男排迎来世锦赛的最后一场比赛，对手是里约奥运冠军巴西男排。由于已经提前无缘小组出线，且与巴西队实力悬殊，中国男排在最后一场小组赛要做的是打出前四场没有的精神面貌，完全是为荣誉而战。巴西男排是国际排联世界排名第一的球队，2016年里约奥运会他们在家门口夺得冠军，传奇教练贝尔纳迪尼奥主帅在任15年期间创造了辉煌的历史，当时的巴西队可谓是兵强马壮、势不可当。

近年来两队在国际赛场有过三次交手。2011年世界杯，中国队苦战五局不敌巴西，这是中国队近年来对战巴西取得的最好成绩；2014年世锦赛、2018年国家联赛，中国队均以0∶3不敌巴西，遭遇惨败。从球队历史和过往战绩来看，中国与巴西不是同一水平的球队。之前巴西男排在小组赛爆冷输给荷兰，而小组赛所有成绩都带入第二阶段，所以即使中国队已经被淘汰，他们在最后一场对阵中国队时也不会放松。

中国男排也不是完全没有机会，巴西队王牌主攻卢卡雷利因伤无缘世锦赛，这导致巴西队主攻实力受到影响，同时巴西队的反轮也是我们需要把握的机会，这也是他们先后在对法国和荷兰比赛时陷入困境的原因所在。而且，本场比赛是中国队的荣誉之战，遭遇小组赛四连败的男排队员们需要释放一下，需要打出精神面貌。最后一场比赛，是中国男排证明自己尚心存斗志的最后机会，但事实证明，中国队与巴西队的实力的确相差悬殊，最后一战我们仍未胜出。

中国男排世锦赛五连败，使得国内男排界人士都脸上无光，中国男排与世界强队之间的技术差距令人汗颜。技术是一方面，中国男排的比赛气势也有待提高，全队要有搏杀精神、团队合作精神和协作能力。不怕出错，赛场允许青年人犯错误，但不能没有进步。运动员树立了远大的目标，想成为世界级球星，那么就要学习美国队的安德森和俄罗斯队的米哈伊洛夫等的表现，只做好一项远不够，现代排球要求的是攻防兼备。依靠整体实力来打球的法国男排之所以是一支世界强队，就是对技术全面性的要求非常高，在法国教练的眼里，没有防守、串联和一传能力的球员，就没有参赛的资格。排球比赛是一项非常讲究整体性的运动，要想成为国际球星，就要静下心来，苦练基本功。

中国男排历史上的首任外教阿根廷人洛萨诺提前下课，未能完成率队冲击奥运会参赛资格的目标，但他两年多的执教并非一无是处。在他的率领下，中国男排在技战术方面有过一些可喜的变化，在男排资格赛与芬兰队、加拿大队和阿根廷队的较量中也展现了较强的战斗力。洛萨诺之所以遭遇挫折，文化方面的差异和冲突恐怕是主要原因，中国男排应该就此进行深入研究和总结。

放眼未来，中国男排应该以更加开放的姿态面对世界排坛的变化格局，跟上形势，缩小差距。平心而论，无论是中国联赛和中国球员的水平，还是中国教练员的执教理念和联赛球队的技战术打法，与世界一流水平都有明显的差距。不能因为洛萨诺教练没有成功，就轻易否定我们实行国际化路线的改革思路。伊朗男排同样是通过聘请外教，运用请进来的方式在亚洲建立起霸主地位，也花费长达十几年的时间，而且他们在青少年发展、联赛和普及方面也做了大量的努力，因此我们不能仅指望聘请一个外教，在一个奥运周期的短时间内就起到立竿见影的效果，只有统筹并举、双管齐下才能从根本上解决中国男排的问题。

看得出，五连败的背后有许多问题需要解决，而洛萨诺也表示，自己是五连败需要承担责任的第一人。毕竟，当年排管中心给洛萨诺曾下了“四大任务”，虽然世锦赛不在四大任务中，但关乎着最后一项最艰巨任务的实现与否，这也是中国男排多年追求的最终目标。

比五连败更让人不能接受的是队伍的斗志和精神面貌。如果说技不如人，那可以靠时间慢慢打磨；如果说实力不济，但至少打出自己的血性和拼劲儿。可惜，这在中国男排的五场比赛中几乎没有看到。处在被动时的无精打采，毫无斗志可言，落后时的慌张和不知所措，而身为主教练，洛萨诺也不可能无视眼前的一切。但让人不可思议的是，作为主教练他竟然对于调动队员的斗志和精神品质束手无策。如排管中心主任李全强所言，现在的男排一盘散沙。让人不可思议的是，为何对教练的评价会在输球后表达，而不是在平时的训练中找寻合适的方法沟通。看得出，教练和队员们平日里的沟通也势必存在问题。这位在世界排坛赫赫有名的教练在中国男排面前，似乎也毫无办法。

20世纪80年代，中国男排的优异表现激发了“团结起来，振兴中华”这一口号的诞生，汪嘉伟、沈富麟等老一辈国手在运动水平和排球理念方面都曾经达到世界一流水准。但是，时过境迁，世界排球的发展日新月异，无论是技战术打法还是训练方法、科技辅助手段等都有了巨大变化。我们不应故步自封，而应与时俱进。国际视野、国际路线并非要全盘否定中国教练的水平和能力。从洛萨诺失败的经历来看，他和队员之间恰恰缺乏有经验、有能力、理念与其相同的中方教练的润滑。将来如果中国男排继续聘请外教，除了执教能力之外必须考虑其与中国文化的兼容性，并辅以合适的领队和助理教练。如果排管中心希望培养本土教练，则必须考虑他吸收国际先进经验的意愿和能力。

与中国足球和中国篮球相比，中国排球在发展思路和理念上相对保守和封闭，虽然中国女排曾经取得过辉煌成绩。其实，国际化的思路不仅适用于中国男排，同样适用于中国女排。郎平高超的执教水平既得益于袁伟民等老一辈中国女排人的经验传承，也离不开她在欧洲和美国的执教经历中所学、所感、所悟。郎平卸任后，中国女排的主教练在一段时间内悬而未决，也充分说明想要找到合适的接班人很难，后来蔡斌指导上任，中国女排才开始步入正轨。因此，中国的男排教练们同样需要以开放的视野和姿态加强与世界排坛强国的学习、交流和沟通。

以目前国内的联赛水平和人才、普及基础，中国男排无缘奥运会的结果其实并不意外。正如洛萨诺、沈富麟等教练都强调的一点，中国球员需要更多高强度的比赛和对抗来积累经验和提升实力，但我们现在的联赛还达不到这样的要求。从眼前的情况看，队员到国外联赛锻炼是最快、最有效的方法，但长远之计，我们必须花大力气把中国的排球联赛改革好，把体育、教育之间的障碍除掉，让排球运动在校园乃至全社会范围内真正普及开来。大环境改善了，冲击奥运会就不会如此艰难了，虽然中国男排冲击奥运任重道远，但是只要方向正确，坚持不懈地走下去，就一定有希望。

另外，世锦赛与亚运会时间冲突，也本着增加队员参加大赛的机会等初衷，中国男排也派出了 A、B 两队分别参赛，但是队员数量有限，分成两队后中国男排就更加年轻了，比赛结果也可想而知。有失败才会有进步，挫折往往更能使人奋进，中国男排连续的最差纪录已经几次触及中国男排的底线和痛点，中国男排不能一直把年轻作为理由，广阔天地还是需要脚踏实地地去闯。

中国男排在世锦赛最好战绩是获得过两次第7名，但那都是在20世纪七八十年代，近年来，中国男排在世锦赛上始终为小组出线而“挣扎”。近三届世锦赛上，中国男排仅在2014年世锦赛上突破第一轮，进入16强。2006年日本世锦赛，中国男排在小组赛争夺出线权的关键一战中，以1∶3负于波多黎各男排，无缘16强，这也是中国男排参加世锦赛50年来首次跌出前16位。2010年意大利世锦赛，由于赛制有所改变，每个小组只有4支球队。中国男排小组赛直接对阵保加利亚队、法国队和捷克队三支欧洲劲旅，结果三战皆负，再次无缘16强。2014年波兰世锦赛，中国男排小组赛接连以3∶1战胜埃及男排、墨西哥男排，时隔12年再度进入16强。在进入16强后，中国男排又以3∶2战胜古巴男排，最终以第15名的成绩结束了世锦赛的征程。

三、亚运会再创最低，中国男排跌入冰点低谷

世界赛场失利，在亚洲赛场中国男排同样遭遇了惨败。2018年8月21日，第18届亚运会男排比赛在雅加达举行，中国男排在首场比赛爆出惊天大冷门，面对世界排名第78位的越南男排，中国男排B队居然以2∶3落败。从比赛数据统计来看，中国男排输球的原因主要在于自身，整场比赛，自身的主动失误高达42次之多。原本开局领先，突然出现连续的进攻失误，结果被对手反超；第二局全队发球频频失误，局末几乎每轮发球都有失误送分，关键分进攻也连续受挫；第四局在领先7分的情况下险些被逆转；第五局则是在领先4分，且3次获得赛点的情况下被越南队翻盘，输掉本不应输的比赛。

距离上一次中国男排在亚运会上夺冠已经是20年前，这次出征雅加达全队的目标就是打出气势，保住奖牌，力争冠军，然而首场比赛就不敌弱旅越南，中国男排迎来一场“耻辱之战”，充分说明队伍准备不足、发挥不稳。亚运会结束马上就是男排世锦赛，关乎世界排名和奥运资格的选拔，当时中国排球协会决定由外教洛萨诺带领江川等大部分主力备战世锦赛，因此男排采取了A、B队双线作战，本意是让更多的队员得到锻炼，但是从结果看非常糟糕，队员的信心受到极大打击，对于一支在世界大赛中没有太大作为的队伍来说，中国男排没有意识到当前的主要任务其实是夺回亚洲霸主，提升自己的信心，盲目学习其他项目的同时要意识到现状和目标的不同，根据自身的需求来制订最正确的计划。

男、女排近年来的差距越来越明显，队伍的梯队建设也有着天壤之别。外教洛萨诺执教后，男排效仿女排实行大国家队理念，挑选了不少球员参加集训，但通过考察，无论是核心领袖还是后备人才的培养，都和顶级球队相去甚远。女排有朱婷这位大将压阵，而男排则没有类似的“精神领袖”，大国家队体制下主力和替补的差距过大，想做到郎平神奇般地换人扭转局势，谈何容易，尤其是国内联赛的水平一言难尽，主攻接应们没有高强度的对抗，直接面对国际赛场激烈的较量，显得更加捉襟见肘。

一到关键分就失误，意味着这支男排自身存在着技战术发挥不稳定、心理状态易波动等诸多问题。但是无论如何输给越南实属不该。越南男排世界排名第78位，而中国男排则排名第20位，虽然派出的是B队，但是阵中也有多名经验丰富的老队员，队伍也是经过了一段时间磨合和调整的，并非临时组队“打酱油”，而且越南男排正处于新老交替期，在此前结束的亚洲杯表现并不出色。

从比赛统计数据来看，老队员们的状态堪忧。队长张晨出战两局仅得到5分；仲为君三局时间也仅有8分入账，关键时刻老队员并未起到定海神针的作用。这对之后的比赛非常不利。中国男排在这场比赛之前与越南队的交手极少，上一场大赛要追溯到2012年的亚洲杯，当时中国队以3∶0横扫对手，甚至打得对手单局不上10分，在此之前，我们也没有查到中国男排输给越南队的记录。

中国男排输了本场比赛后，令之后的赛程蒙上了阴影。中国男排要想小组第一出线，不仅要在之后的两场比赛中完胜，还要看越南队战绩。如果不能小组第一出线，中国男排有可能在半决赛前的淘汰赛中遭遇全主力出战的韩国队或伊朗队，若是这样奖牌的目标可能会落空。

中国男排在小组赛爆冷输给越南，最终导致以小组第二出线，之后又在第二场对泰国时以3∶2最后时刻逆转战胜泰国，小组赛前两场就打得如此艰辛，这样的亚运征程是赛前所有人都没有预想到的。小组赛首轮负于越南后，围绕着中国男排的全部都是“刺耳”的言论，对阵泰国的赛前，少帅沈琼和他的男排队员也承受了极大的压力。这届亚运会，中国男排并没有派出全部主力出战，而是选择了“以老带新”组成的B队，当然，这并不是面对弱旅可以输掉比赛的借口，面对外界的质疑和不满，中国男排终于爆发了。他们找回了队伍的“魂”，这个魂便是永不言弃、团结一致的竞争精神。与泰国队的决胜局中，中国男排从

12∶14落后，到17∶15战胜对手泰国队，比分定格的那一刻，队员们终于长出了一口气。

2018年雅加达亚运会男排12进6比赛展开争夺。中国男排在淘汰赛遭遇老对手伊朗队，苦战三局，惨遭横扫。这场落败后，中国男排无缘六强，只能争夺第7名，创下参加亚运会以来最差战绩。尽管是派B队参赛，但中国队整体实力其实并不差，可表现还是不佳，首战输给世界排名仅第78的越南队，和泰国打到决胜局被逼到绝境，最终无奈对上强敌伊朗。赛前高喊夺冠，结果却相去甚远，黯然失落的同时，中国男排或许更应该进行反思：对自己实力预估不足、盲目自信、抓不住制胜机会等都是成功路上的拦路石。

更糟糕的是，中国男排在亚运会第7~10名排位赛的第一场又输了！他们以2∶3输给了实力并不强大的巴基斯坦男排，只能争夺第9名，从曾经的亚洲霸主到如今无缘八强，中国男排遭遇重大滑铁卢。最终，中国男排在雅加达亚运会第9~10名的排位赛争夺中，以3∶0完胜沙特阿拉伯队。至此，中国男排结束了本届亚运会所有比赛，排名第9，创下队史最差纪录。

这次亚运会前，中国男排在2017年的亚锦赛仅获得第6名，那也是中国男排在亚洲比赛最差的成绩，然而没有想到，那竟然不是中国男排最差的成绩！本次亚运会，虽然中国男排是二队出战，但考虑到亚洲层面有实力的球队不多，这支沈琼带领的中国男排，还是做了充分的准备。聘请外教，改革训练思路，到国外进行拉练交流，东京周期的中国男排想尽一切办法去提升自己的实力，想从低谷中崛起，想与中国女排共同进步，也渴望能够踏上东京奥运会的赛场，去感受胜利的喜悦，但是在这场关乎东京奥运参赛资格的亚洲大赛中，中国男排输得太彻底。

自2017年洛萨诺接手中国男排以来，球队成绩一直不佳，可以说是事与愿违，尤其是连续两届亚锦赛无缘四强，2018年世锦赛小组赛五战皆负无缘出线，派助理教练带二队参加2018年亚运会，仅获第9名，创造了中国男排亚运会历史最差战绩。2019年东京奥运会男排资格赛世界组比赛，中国男排精神状态很好，但是仍未能第一时间获得出线权。无论是外籍教练，还是本土教练，想要获得更好的执教成绩，都需要获得中国排球协会的大力支持，中国男排也需要得到更多的关注度，即使男排成绩不如女排，国家和社会也应多多支持男排，因为男、女排的发展息息相关，唯有共同进步才是正确的选择，否则，仅依靠一个外教就想改掉多年的旧疾，是不现实的。

2018 年，中国男排经历了冰点低谷的时刻，除了没能在任何一项大赛表现出较强的实力，更是在亚运会、世锦赛创造了历史最差战绩，这与预期的目标相去甚远，反而我们与国际一流强队的实力差距越来越大了，中国男排已经到了无路可退的地步。我们责无旁贷，必须坚定地走下去，继续为梦想和荣誉而战，同时也希望男排能够触底反弹，尽快从低谷中走出来。

2019 年，第 20 届亚洲男排锦标赛在伊朗德黑兰举行，小组赛首场中国队以 3∶1 战胜阿曼，取得开门红，随后中国队以三连胜的战绩排名小组第一进入复赛；第二阶段，中国队先后输给了伊朗队和澳大利亚队，以复赛小组第三的成绩进入八强；1/4 决赛，中国男排以 1∶3 输给老对手日本男排，无缘四强。最终，中国男排以第 6 名的成绩结束了这届亚锦赛，与 2017 年战绩相同，同创亚锦赛最差战绩。

主帅洛萨诺下课是可以预见的：在 2019 年亚锦赛输给中国台北队后，国内排球界就对洛萨诺的训练方式和换人时机等都提出了质疑。其实在 2018 年男排世锦赛上，中国男排五战皆负小组出局后，就有这样的声音。但在中国排球协会的挽留下，洛萨诺又继续留任。2019 年的奥运资格赛上，中国男排打出了前所未有的气势，虽然最后输给阿根廷无缘直通东京，但男排还是让大家看到了希望。不过在随后的亚锦赛上，中国男排连负日本、伊朗、澳大利亚跌出四强，在第五、六名的争夺中更是输给了中国台北队，令人痛惜。在这种情况下，洛萨诺的下课也成了理所当然的事情。

第三节　中国男排冰点低谷期的时代背景

一、国内形势

中国男排这一时期最重要的决定是聘请阿根廷教练洛萨诺，因为其突出的执教成绩，中国排球协会也期望他为中国男排带来改变。洛萨诺曾两次率队夺得世俱杯冠军，先后担任过四支国家队主教练，2016 年曾带领伊朗男排打进里约奥运会八强。决定聘请这位外教时郎平就表示，“聘请外教将是我们男排学习先进理念的好机会。”在2017年6月的世界男排联赛中，中国男排的表现就让人眼前一亮。在选拔队员方面，洛萨诺也让人看到了不拘一格选人的眼光。

中国男排在东京奥运周期前的亚锦赛成绩比较稳定，也曾在1979年、1997年和1999年三次夺冠，最差的成绩也是四强之内。然而，自从阿根廷外教洛萨诺2017年上任后，相继在2017年和2019年两届亚锦赛跌出四强排名第6，连续创造出亚锦赛近44年的历史最差战绩，导致中国男排进入冰点低谷期。

中国男排连续两个奥运周期折戟，女排却凤凰涅槃重回世界之巅，成绩的差距也带来了不同的境遇。社会关注度的缺乏势必带来男排待遇的不理想，这也导致了人才的严重流失。上一届全运会后一批成绩不错的青年男排运动员选择退役也是非常令人心痛的，但是前途渺茫、后路担忧，这些选择也是运动员们在当时局势下的无奈之举。

在世界范围内，无论是在欧美，还是在亚洲的伊朗，以及日、韩，男排的受欢迎程度普遍还是超过女排。只有中国因为男、女排成绩的巨大差异，造成了境遇的迥异，这在全球几乎独此一家。全运会女排比赛一票难求，直播也是一场不落，而男排因为缺乏吸引力，导致一些关键比赛都没有直播信号源，即使有忠实球迷，也无法关注到球队的表现。长此以往，形成恶性循环，男排的关注度就更低了，这对男排的良性发展极其不利，缺乏关注和刺激，运动队也会渐渐失去激情和动力，训练和比赛都会受到影响。

中国男排的发展需要更多的关注，男排的发展对排球这项运动在中国的整体推广非常重要，女排的许多教练都是来自男排，男、女排共同进步才是正道。然而在重视市场、提升形象的同时，中国队更需要在成绩上进一步提高，以获得更多的重视。奥运会，这项全球影响力最大的赛事无疑是最好的平台。成绩与市场已经形成了循环效应，中国男排突围之路险且阻，如何杀出一条血路，还应立足自身，用表现和结果来逐渐改变现状。

据圈内人士透露，由于语言交流方面的问题，只会说西班牙语的洛萨诺和中方教练交流较少，只能通过翻译与球员交流，语言沟通上的障碍，使其对中国排球了解不够深入，同时他训练思路和意图的传递不能清晰明了地告知队员，再加上他本人非常自信，一定程度上也影响了他的执教效果，致使执教能力大打折扣，希望越大失望越大，多方面的原因导致了中国男排在2017—2019年落入了冰点的低谷期，中国男排的复兴之路更加艰难。

中国男排东京周期聘请的阿根廷外教洛萨诺曾经带领四支球队打进奥运会，执教水平毋庸置疑（当然他带过的伊朗等队实力基础本身就在世界前列，在亚洲更是有一定优势）。但问题在于，外教对于中国的国情并不十分了解，对中国运动员的思想认知也不充分，沟通本身存在一定障碍。这就导致教练即便有新的理念要灌输给队员，也缺少有效的办法和途径。这个问题在足球、篮球项目都很普遍，归根结底还是四个字——“水土不服”。

与世界排球强队相比，中国排球的内外环境封闭，中国男排需要好土壤来孕育。内外环境封闭，看似简单的一句话，却是中国男排发展的桎梏，许多问题都是牵一发而动全身的固有问题。教练队员经历和眼界有限，因为语言交流、出访时机等因素，与国际接轨很少，缺乏国际化视野，对国际发展把握不准，对训练和比赛的整体规划也会有所偏失。落选赛上，法国、波兰、澳大利亚队中很多运动员都认识，他们在欧洲联赛一起打球，彼此熟悉有的还是朋友，在一起可以切磋技术和交流比赛体会；而中国除了北京、上海这些拥有外援的队伍之外，大部分队员都没有过跟欧美球员交手的经历，没有接触就对对方不知根知底，赛场上见到总是心虚发怵，对国际先进打法的融合学习也比较落后。

作为全国范围内最早引进外援的北汽男排，主教练李牧感叹自己所受触动最大。外援刚来的时候很不解，他们无法理解中国的排球环境：“怎么能这么打球?”甚至连中国队员的拦防位置都觉得不可思议。加拿大男排队员温特斯是北汽男排最实用的外援，刚来中国的时候，和李牧交流了两个小时，一场联赛之后，他带着比赛录像来找李牧，拿着记了厚厚一叠纸的笔记，告诉李牧在几分几秒时，这个球应该怎么拦，中国球员犯了什么样的错误，李牧当即竖起大拇指，认为这才是见多识广的职业球员，而中国球员甚至教练能做到这样的，是少之又少。

2007 年李牧第一次带领国家少年队打世界少年排球锦标赛，给他的感觉是“震惊”，原来外面的世界是这样的，高水平球员的团队合作意识和技战术素养，让他陷入了深深的思考，这就是与外界交流过少的后果。2017，李牧自费赴日本观摩比赛，就是为了开眼界，多学习。十年前，我们的国少队战胜了法国队，而现在这支法国队中，有三名主力都是当年少年队中的成员。当年国少比赛中国队能够战胜法国队，为什么若干年后，两支成年队伍的差距变得如此之大。“我们的球员身体素质一点也不差，差的是后期的生长环境。”法国队员在欧洲高水平运动队里打职业联赛拿高薪，而我们的球员只能在地方队里拿着3000元的工资，为生计发愁，差别不是一般的大。缺乏适宜的生长环境和激励机制，个人和团队的发展更是缺少激情和创新，这样的队员和队伍在训练和比赛中是很难取得效果和成绩的。因此，仅依靠聘请国外主教练来改变中国男排的现状是非常困难的，且不说外教对本土队员的了解需要时间、交流存在障碍，单是中国男排自身的发展轨迹和状况也存在很多问题，中国男排想要取得全面的提升，就必须从各个方面进行改革：教练、队员、训练、后备人才、联赛组织等，需要同时关注和改革，才能全方位地取得成效。

二、国际形势

中国男排这一时期在亚洲的地位岌岌可危，中国男排东京奥运周期的首要任务还是获取参赛资格，因此我们的主要对手仍是日本队、澳大利亚队和伊朗队，日本队作为东道主已经获得参赛权，所以在国际形势方面我们要有针对性地进行分析和准备。

伊朗男排近年来进步神速，2017年他们的世界排名是第8位，已然是一支世界劲旅；澳大利亚队的选材，由于人种不同于我们蒙古利亚人种，他们是高加索人，整体竞技能力要比中国队强，这两个主要对手的水平已经达到了世界欧美水平。这一时期世界男子排球发展的趋势是攻防平衡，各个世界强队技术全面，不仅重视进攻的威力，同时在防守上也做得滴水不漏，拦网方面日益高大化，在第一道防线上就形成了有利的防反，后排防守时能够有效预判并快速移动进行防守，这些都要有身体素质和专项技战术的完美结合才能达到的。

这一时期世界男排的国际形势是攻防平衡，技术全面，发球攻击性增强，小球串联技术得到重视，对运动员身体素质、技术水平和心理素质的要求越来越高。中国男排进攻强于防守，发球威力不够，小球串联差，在关键球把握上凸显了心理的不稳定，这些因素造成了中国男排与世界强队的距离增大，最终造成了世锦赛落败，同时在亚洲也创下最差成绩的结果，提升自身素质和技术、紧跟国际趋势，中国男排需要反思问题，奋起直追。

第四节　中国男排低谷期的历史人物

一、教练员

（一）外教劳尔·洛萨诺

作为中国男排国家队历史上的首名外籍主教练，洛萨诺之前的带队表现也得到了许多球迷的期待，尤其是他此前的带队成绩，更是提升了人们的心理预期。在之前的执教生涯中，洛萨诺曾带领西班牙和伊朗两支队伍，队史首度从奥运会资格赛晋级。里约奥运会男排落选赛期间，他就曾率领伊朗男排击败过中国队。此外，他还曾经带领波兰男排获得 2006 年世锦赛亚军，带领德国男排获得 2009 年欧洲男排联赛冠军，无论从经验还是从资历上看，都是一名值得信赖的人选。然而在中国男排的帅位上，洛萨诺却显得有些“水土不服”。

自从他上任之后，中国男排在国际大赛上的表现就一直不太令人信服：2017 年亚锦赛只获得第 6 名，创历史最差成绩；2018 年世界男排联赛 3 胜 12 负，只排在倒数第二；2018 年世锦赛 5 战全负垫底，再创历史最差成绩；2019 年世界男排联赛，1 胜 14 负的战绩继续下滑，最后排名垫底。2019 年，中国男排成绩继续低迷，在亚锦赛无缘四强，只获得第六，平了上届亚锦赛创造的历史最差成绩，此外在东京奥运会资格赛上也未能成功获得首批奥运门票。

纵观执教两年多来的成绩，洛萨诺不仅未能取得突破，反而一次又一次创造“历史最差”，这也让当初颇为期待的球迷大失所望。相比此前几次执教其他国家队的经历，洛萨诺的中国男排执教经历无疑是一次不小的挫折。

但不得不承认的是，相比洛萨诺之前执教的几支队伍，中国男排的确也在实力上难以匹敌。例如，波兰男排，在洛萨诺执教之前就已经拥有不错的实力，而伊朗男排虽然在他上任前未能突破过奥运预选赛，但也已经在 2014 年闯入世锦赛前六名。相比之下，中国男排则一直都不是强队，正如洛萨诺上任时中国排球协会方面所说，“近 30 年来中国男排一直在低谷徘徊，偶尔表现出色但是好景不长，没有稳定持续的上升和明显的突破”。而在执教中国男排期间，洛萨诺也曾多次对外表示，队中球员的实力相比世界先进水平仍有差距。

在2019年的东京奥运会资格赛期间，洛萨诺就曾在接受《北京晚报》采访时表示，“由于国内联赛水平较低，中国球队基本上没有接触过时速在100千米到120千米的发球。其他方面，如进攻、快速移动等多方面，我们都有很多不足”。在执教过程中，洛萨诺不仅带来了新的训练理念，也积极鼓励中国男排队员到国外高水平联赛去锻炼自己，“多走出去见见世面，利用高水平联赛积累自身经验，我觉得这是中国排球界必须解决的问题”。这些都说明男排当时存在了不少问题，这也是多年来中国男排一直成绩不佳的原因。

（二）沈琼

沈琼，1981年9月出生于上海，上海男排运动员、前中国排球队男排主力主攻和队长，现任上海男排主教练。做球员时期多次获得全国联赛和全运会冠军，参加并获得了2006年多哈亚运会男排亚军、2010年男排亚洲杯亚军和2011年男排亚锦赛亚军。2018年，沈琼成为中国男排B队的主教练，率队参加雅加达亚运会。对于教练沈琼来说，他在球员时期的最好成绩为多哈亚运会亚军。因此再度以教练的身份出发，他对亚运会有了更多的渴望。但是事与愿违，最终中国男排仅获得亚运会第9名，创下了中国男排亚运会历史上的最差成绩。

二、大赛成绩及主要参赛队员

表8-1　中国男排冰点低谷期（2017—2019年）的成绩及历史人物

教练	大赛战绩	主要队员
劳尔·洛萨诺	2017年第19届亚洲男排锦标赛第6名	李润铭、仲为君、季道帅、江川、童嘉骅、刘力宾、饶书涵、陈龙海、张秉龙、李睿、缪阮彤、詹国俊、唐川航、杜海翔
	2018年世界男子排球锦标赛第22名	季道帅、张景胤、杜海翔、刘力宾、饶书涵、陈龙海、缪阮彤、毛天一、于垚辰、王濛、江川、唐川航、童嘉骅、马晓腾
	2019年第20届亚洲男排锦标赛第6名	江川、张秉龙、毛天一、郭顺祥、童嘉骅、王径一、于垚辰、季道帅、杜海翔、陈龙海、彭世坤、刘力宾、饶书涵、马晓腾
沈琼	2018年第18届亚运会第9名	詹国俊、李润铭、王径一、李立业、张晨、仲为君、俞元泰、袁党毅、张哲嘉、李睿、李渊博、彭世坤、任琦、陈嘉杰

俗话说，欲速则不达，这句话真正应验在了中国男排身上。北京奥运周期，中国男排在周建安的带领下取得历史性的突破，获得并列第 5 名的成绩，但是男排的成绩波动过大，在之后的时间里迅速下滑，谢国臣时期男排一度夺得亚洲杯的冠军，但仍未真正打破禁锢。因此，中国男排聘请了球队历史上首位外教，期望能够获得长足的进步，但事与愿违，外教执教时期我们不进反退，还创下亚锦赛第 6 名和亚运会第 9 名的最差成绩，令外界哗然。中国男排的问题由来已久，并非一朝一夕能够解决的，我们还是抱着希望，期待中国男排走出低谷，迈向光明。

第九章
CHAPTER 9

中国男排开启新征程（2020年至今）

中国男排历史上首位外教黯然离任，说明了与中国男排的沟通不够深入，同时也说明了男排发展方面存在较大问题，而且很多都是顽固性问题，因此，中国男排任重而道远。外教匆忙离任，中国男排急需新的掌舵人，老帅沈富麟临危受命，新任教练吴胜也应邀出任主教练一职，巴黎奥运周期已经开启，中国男排也重新开始了自己新的征程。

第一节　老帅沈富麟临危受命

2019 年 10 月 15 日，外教洛萨诺因执教成绩不佳下课，28 日中国排球协会宣布，聘请沈富麟出任中国男排主帅，由他带领队伍参加 2020 年 1 月在广东江门举行的东京奥运会亚洲区资格赛。同时，中国排球协会也公布了新一期中国男排集训名单。

中国男排在东京奥运周期首次聘请外教，本来期待阿根廷名帅洛萨诺带队获取奥运会入场券。然而，中国男排在过去 3 年的成绩屡创新低，也未能在奥运会资格赛上直通东京。2020 年 1 月，中国男排将迎来最后一次进军东京奥运会的机会，中国排球协会决定不再与阿根廷名帅续约，权衡之后宣布 64 岁的沈富麟出任中国男排主帅。1990 年 12 月到 1997 年 5 月，沈富麟曾任中国男排主帅，并带队夺得 1994 年亚运会亚军和 1995 年亚锦赛亚军，1996 年沈富麟带领中国男排在世界男排联赛中打入了总决赛，相当于世界前六名，这是中国男排参加世界联赛的最佳战绩。50 年来，沈富麟心系排球，扎根一线，赫赫的战绩、满腔的热情，国内男排能与之相媲美的并不多，同时沈富麟教练被称为“铁腕教练”，他训练作风强硬，善抓思想工作。排管中心主任李全强表示，沈富麟是当时最合适的人选，排管中心给予了沈指导充分地选人用人的权利。沈富麟表示，距离资格赛只有两个月，时间短、任务重，他将通过努力克服困难，敢于挑战，希望为中国男排带来精气神。

64 岁的沈富麟昔日是与汪嘉伟齐名的中国男排球星，最佳战绩夺取过世界杯第五，还被评为“世界最佳二传手”。1990 年至 1997 年，沈富麟出任中国男排主帅，带出了一批优秀球员，遗憾的是未能打进巴塞罗那 1992 年奥运会和亚特兰大 1996 年奥运会，最终饮恨卸任。而后，沈富麟回到家乡上海，培养出一大批上海籍国手，缔造了上海男排王朝，是名副其实的“上海男排元老”。退休前，沈富麟已是上海体育职业学院院长。综合各方面来看，沈富麟的资历足以让中国男排的各方面服气，这也说明当今中国男排排坛的现状，没有一位各方公认的最合适的本土主帅，而能够胜任中国男排的国家级教练员断档也是事实。已经两鬓斑白的 64 岁沈富麟再度出山，令人敬佩，也为老一辈教练员沈富麟在国家需要的时候、能够迎难而上、始终将国家荣誉放在最高地位的精神而喝彩。

为了更好地备战东京奥运会男排亚洲区资格赛，中国男排于 2019 年 12 月在上海卢湾体育馆与巴基斯坦队、埃及队连续进行了四场热身赛，中国男排四战全胜，这样的战绩也增加了中国队东京冲奥的信心。

2019 年 8 月在主场错失第一时间获得东京奥运会参赛资格，中国男排通过男排亚锦赛跻身前八名才入围亚洲区资格赛，而这也是中国男排冲击东京奥运会参赛资格的最后机会。老帅沈富麟重掌中国男排教鞭后，全队的精神面貌和备战态度发生了积极的变化。在实战过程中，不仅体现了中国队近期训练的效果，也暴露了一些问题。当对抗不是很激烈的情况下，更需要队员们激发情绪、集中注意力，提升对比赛的阅读和理解能力。要进一步加强场上的统一性，把队员自身掌握的技战术水平做到稳定并且发挥到极致，这是我们接下来要做的功课。

2020 年东京奥运会资格争夺赛，伊朗男排被视为中国男排前进路上的最强拦路虎，根据两队以往的交锋记录，中国男排输多赢少。在小组赛阶段，中国男排先后击败了哈萨克斯坦男排和中国台北男排，却以 0∶3 不敌伊朗男排。以小组赛第二身份晋级 4 强的中国男排，在半决赛中以 3∶1 力克“黑马”卡塔尔男排，在另一场半决赛上，伊朗男排以 3∶2 险胜韩国男排。这样，中、伊两队在决赛中再度交手，胜者获得东京奥运会参赛资格。

中国男排的决赛首发阵容由主攻刘力宾、戴卿尧，副攻张哲嘉、陈龙海，二传于垚辰，接应江川和自由人童嘉骅组成。尽管伊朗男排主力接应加弗尔因伤缺席，但是该队的实力仍然在中国男排之上。经过 3 局较量，中国男排以 14∶25、22∶25 和 14∶25 落败，连续 3 届无缘奥运会。中国男排上一次参加奥运会要追溯到北京 2008 年奥运会，还是以东道主身份直接入围。2020 年东京奥运会资格赛中国男排以 0∶3 败给伊朗、丢掉冠军，同时也失去了参加东京奥运会的机会，夺冠的伊朗男排获东京奥运会参赛资格。64 岁老帅沈富麟主动承担责任，“比赛没有打好，责任在我”，他提到，队员们的思想包袱较重，尽管这几天集中精力解决这个问题，但效果不是很好，因此作为主教练应该负主要责任，“希望队员对比赛的把握能力进一步提高，相信中国男排一定会再创辉煌”。

世界男排的格局和发展早已不复当年，沈富麟认为，“每个项目都有一定的发展规律，这么多年运行下来有它的道理。不管哪个年代，在执教过程中既要继承好的传统和经验，还要加上现代的科学方法手段。不管怎么渗透，规律不能改变”。一如铁帅的风格，沈富麟更看重球队的精神面貌，“要树立明确的目标，我们来干什么，要拧成一股绳，瞄着这个方向，落实到每天的行动中。虽然时间短任务重，但只要不辜负每一天的过程，最终的结果如何，不留遗憾”。

正当中国男排在宁波打响东京奥运会男排资格赛世界组 F 组比赛时，新浪体育刊登了远在德国执教的北京籍中国男排著名前国手刘长城讲述自己与男排的事迹。刘长城是 20 世纪 80 年代中国男排第一主力主攻手，而且参加了 1984 年洛杉矶奥运会，中国男排至今仅有 1984 年和 2008 年两次参加奥运会的经历。刘长城表示，作为一名中国男排人，殷切盼望参加东京奥运会资格赛的中国男排打出激情。刘长城是北京男排著名前国手，“振兴中华”黄金一代中国男排中的一员，在 20 世纪 80 年代，他的名字曾家喻户晓。作为前国手，刘长城曾获得过中国男排历史上最辉煌的一段战绩。回忆峥嵘岁月，刘长城说：“我们在国家队训练非常辛苦，每天最少都是 7~8 个小时训练时间，最多的一天达到 14 个小时。1986 年，我在北京参加国家队训练，全年就回了 6 次家，春节都不在家里过，除了在国家队训练以外，基本上队伍都在漳州和郴州基地训练。我们经常参加国际比赛，长期奔波在外，没有家的概念。”后来，中国男排再一次未能挺进奥运会，刘长城心灰意懒，告别国家队生涯，到德国打球，定居下来，后来成为德国国家女排教练组成员，带出了不少年轻国手。

刘长城很羡慕现在中国男排的训练条件，他说：“现在国家队的条件比我们那个年代好了许多，尤其是男排队员的身体条件非常好，比我们要好很多。”而这么多年，中国男排一直战绩不佳，刘长城认为是有技战术方面的原因，他说：“排球是一项非常讲究配合的项目，尤其是团队作战，许多技术动作衔接都在 1 秒多以内。”刘长城特别强调了男排项目中的激情因素。他说：“我长期在国外，接触过众多国外排球运动员。与国外运动员相比，我觉得中国球员应该增加对这项运动的热爱，增加对比赛的激情。短时间内技战术是难以改变的，但有一点完全可以加强，那就是团队合作，相互弥补。”刘长城表示，当今欧洲男排发展实在是太快了，尤其是防守技术和拦防体系方面堪称达到了艺术层面。而高水平的欧洲球员，他们的技术运用堪称炉火纯青，中国男排与他们相比差距较大。刘长城和曾与中国队交手的德国男排交流过，他们认为中国球员身体条件非常好，但团队组合的爆发力还不够。中国男排整体发球的攻击性也不足。他说：“希望中国男排能够客观地认识自我，抓住机会，提升自己。”

从排球前辈的回忆中，我们可以想象到原来“黄金一代”的队员们在训练条件异常艰苦的情况下，几乎全年无休地进行技战术的配合训练，而且当时的环境下，冲出亚洲、走向世界是国家对“三大球”的期望，所以中国老一辈的男排队员们更是鼓足干劲，一心一意搞训练，基本功扎实，不断进行技战术的创新研究，最终取得了我国男排史上最辉煌的战绩，如今的男排需要学习老男排吃苦耐劳的精神和顽强拼搏的意志品质，锐意进取、奋起直追，才能改变现在的窘境。

64 岁的老帅沈富麟敢于在距离亚洲区资格赛仅有两个多月的时候毅然接手，展现出了老一辈中国排球人的血性和担当。在他的率领下，中国男排找回了凝聚力和战斗力，奋勇杀入资格赛决赛，输给伊朗队的确是技不如人。临危受命的沈富麟指导令人尊敬，让人感动佩服，但很难说已经淡出一线的他在技战术理念方面超过了洛萨诺，或是代表当今世界先进水平。

第二节　新任教练吴胜上任

一、新任教练吴胜任职

2020年10月29日，排管中心在福建省漳州体育训练基地举行“巴黎奥运会周期中国男排主教练聘任新闻发布会”，宣布现任浙江男排主教练吴胜接替功勋老帅沈富麟，担任新一届中国男排主教练，备战2024年巴黎奥运会周期。

冲击东京奥运会资格失败后，中国男排重新进行改组。2020年10月，曾经执教浙江男、女排并获得优异成绩的吴胜接过主帅教鞭，成为新一届的中国男排主教练。排管中心国家队管理部副部长、中国男排领队盖洋告诉新华社记者：“吴导这几年在国内带队成绩是非常出色的，尤其对培养年轻运动员有一套心得。”这也是排管中心信赖吴导的原因所在。

新的中国男排国家队吸纳了很多年轻队员，除了队长江川、杨天缘、于垚辰、俞元泰等1994—1997年出生的球员外，大部分主力都是1999年和2000年出生，包括主攻手彭世坤、张景胤、副攻队员李咏臻等都比较年轻。因为新冠肺炎疫情的影响，新的国家队在组建之后没有参加世界男排联赛，在参加亚锦赛之前的半年时间里，中国男排仅在2021年5月到东京与日本男排进行了两场奥运会热身赛。当时队伍的大部分年轻队员都是首次进入国家队，缺乏大赛经验和比赛历练，全队在全运会结束后仅集训了10天时间，能否在2021年第21届亚锦赛上取得好的成绩，所有人心里都没有把握。

二、走出低谷，重新开始

中国男排在2021年9月19日结束的第21届亚洲锦标赛中，夺得第3名并获得次年世界锦标赛的资格。这对于过去几年跌进历史低谷的中国男排来说，无疑是开辟了新的局面，也让人看到了崛起的希望。

在亚锦赛的小组赛中，中国男排先是轻松击败科威特队和乌兹别克斯坦队，小组赛最后一个对手是上届亚锦赛亚军澳大利亚队，中国队表现不错，率先拿下两局，而且第四局一度以24∶22领先拿到两个赛点，但关键时刻被澳大利亚队逆转翻盘，以 2∶3 惜败。这场比赛依旧暴露了中国男排在关键分上不够坚决、大赛经验不足等问题，但与亚洲强队的交锋也给了他们充分的信心。

接下来的八强赛首战，中国队遇上日本男排，在现场近 3000 名日本球迷的助威声中，中国男排排除万难、顶住压力，最终以 3∶1 获胜，取得了四年来对日本队的首次胜利，这使中国男排队员们在心理上获得了极大的鼓舞，信心倍增，值得注意的是，日本队当时的世界排名在前 10 名，比中国男排的世界排名要好得多。与日本队的整场比赛下来，中国男排五人得分上双，可以说是多点开花。虽然扣球方面我们比日本男排略占下风，但是中国男排的拦网和发球表现较好，一定程度上限制了对手的发挥，充分发挥了自身的优势，再加上自身失误控制较好，导致日本男排落败。中国男排能打出自己的气势，这才是最值得我们关注的一点，至少让球迷看到了男排崛起的希望。

中国男排和日本队是亚洲区的长期对手，追溯亚洲男子排坛的格局轨迹可以发现，20 世纪 90 年代以前，中国男排一直是亚洲实力最强的队伍，但是进入 21 世纪后，伊朗队崛起取代了中国男排的亚洲地位，中国男排长期处于亚洲第 2 名、第 3 名的位置，北京奥运会是中国男排的高光表现，由于主场和抽签等因素的影响，中国男排创造了历史性突破，拿下了奥运会第 5 名的成绩，但自从北京奥运会后，中国男排经历新老交替，到东京奥运会周期，中国男排已经跌落到底，在亚洲也只是第 5 名、第 6 名的位置。

此番亚锦赛，小组赛中国男排意外以 2∶3 负于澳大利亚，而不得不提前和东道主日本队交手，日本队是 21 世纪以来，除伊朗队外的最强对手，基本上伊朗队处于第一的位置，中国队和日本队争第二。现在，中国以全新的参赛阵容击败了日本队，可以看出中国男排的实力取得了进步，又可以回到争夺亚洲区男排第二的位置。之后的比赛中，中国男排以 3∶1 击败了以 3∶0 完胜澳大利亚队的卡塔尔队，进一步扩大胜局。

新冠肺炎疫情原因，中国男排退出 2021 年世界排球联赛的比赛后，球队的世界排名直线下滑，一度落后到亚洲第七、世界第三十二的名次。好在中国男排的队员在这届亚锦赛上发挥出色，先后战胜了日本男排和卡塔尔男排这两支实力较强的亚洲对手，最终与伊朗男排在半决赛交手。

尽管伊朗男排主力二传马鲁夫缺席了这届亚锦赛的比赛，但作为目前亚洲排名第一、世界排名第10名的男排球队，即便是伊朗男排输掉了与中国男排的这场半决赛，依旧可以通过世界排名晋级俄罗斯男排世锦赛。然而，为了锻炼队伍，伊朗男排依旧发挥实力，中国男排的输球在赛前也是能预料到的事情。

其实中国男排不是没有一点儿赢球的机会，四局比分分别是22∶25、25∶17、22∶25、17∶25。关键的第三局比赛，二传于垚辰分配球的思路出现短路现象，接应江川被对手重点盯防，再加上球队多名队员的发球不具备威胁性，就这样中国男排继东京奥运会亚洲区资格赛0∶3不敌对手后，又一次输掉了这场比赛，也失去直通世锦赛的机会。在与上届冠军伊朗队的半决赛中，中国男排实力欠缺，进攻成功率仅达到41%，而伊朗队则达到54%，伊朗队拦网得到12分，中国队只有7分，尽管实力有别，中国男排仍然表现出顽强拼搏的意志，以25∶17的比分扳回一局，展现了自身的水平。

争夺第3名的比赛，中国男排对阵中国台北队，在2019年亚锦赛上争夺第5名的比赛中，中国队曾以1∶3输给对手，其中还有两局得分没有上20分，时隔两年，两队再次交手，中国男排克服了心理上的阴影，以3∶0轻松战胜对手，获得这届亚锦赛的第3名。

中国男排队长江川经历了前两届亚锦赛的惨痛失败，此次亚锦赛一雪前耻令他非常开心，但他认为中国队不能满足现状，应该继续努力前行，因为中国男排不仅“凝聚力强”，而且各个位置上的球员“潜力都非常大”，中国男排完全拥有取得更好成绩的能力。“中国男排以前的得分点较少，这次大家看到了我们攻守能力都非常强，不仅是两个主攻，两个副攻得分能力都非常强，这样二传就有了更多的选择来组织战术，我们现在的问题是关键球的把握还不够好，希望队伍再精细一点。”这样的剖析表现了男排对自身的清晰认识。主教练吴胜也表示，中国队原本的目标是前两名，拿到第3名还需要继续努力，必须把目标放长远。

2021年亚锦赛之后，中国男排的世界排名上升到第22位，凭借这个排名拿到了参加2022年俄罗斯世锦赛的资格。中国男排领队盖洋表示，中国男排的水平现在还无法与欧美强队抗衡，目标主要还是放在亚洲。这届中国男排的三大目标是亚锦赛、杭州亚运会和2024年巴黎奥运会资格赛，亚锦赛的任务已经完成，下一个目标就是亚运会。

盖洋还表示，“这次亚锦赛，中国队在训练时间短和大赛经验不足的情况下，能够取得这样的成绩是非常不容易的，尤其是全队‘精神面貌和作风’的大幅度提升令人刮目相看。队伍在落后卡塔尔队4分、5分时都能追回来，这在以前是不多见的。以前中国男排有时候凝聚力方面会差一点，现在全队以江川和于垚辰等人为核心，加上几个年轻队员，大家的凝聚力和自信心还是挺足的，我们自身身体条件比较好，在网上都不吃亏，就是技术动作稍微粗糙一些，但是这个是可以通过练习提升的”。

伊朗队是过去两届亚运会冠军，通过这次亚锦赛与伊朗队的交手，中国男排获得了进一步的锻炼和充足的信心，队长江川表示，杭州亚运会上中国队肯定会比这次打得好，“我相信再经过1~2年的精雕细琢和打磨，大家的配合默契程度会有升华，我们完全有能力跟伊朗队抗衡”。

吴胜指导除了训练有一套外，他还特别擅长发掘“好苗子”，如这次男排的很多队员都是第一次参加亚锦赛，他发掘的俞元泰身高仅1.86米，但是这次亚锦赛发挥得可圈可点；又如副攻李咏臻，移动拦网相当出色，同时也很年轻，这次被评为亚锦赛最佳副攻；再如自由人杨天缘和杨一鸣也是第一次代表中国比赛，结果发挥很好。

第三节　中国男排新时期的时代背景

一、国内形势

阿根廷外教洛萨诺被中国排球协会宣布下课，缘于亚锦赛爆冷输给中国台北队忍无可忍，连创世锦赛、亚锦赛和世界男排联赛历史最差并且无缘直通奥运会。据了解，洛萨诺除与中方教练沟通存在问题外，同传翻译也没有切实将教练意图准确地传达，导致外籍教练组和现役国手间交流障碍大。遴选新主教练的四大标准是以郎平为标杆。首先需要具有威望能够罩得住全队，甚至在排球界都能够令业内人士信服；其次需要具有挂帅在国际大赛赢球的成功经验；再次还需要具备了解中国男排，以及亚太区对手情况的能力，并且熟悉世界一线男排格局和动态；最后需要具有决断力，体现在关键时刻临场指挥做出最合理判断，敢于为中国男排未来提前布局。

考虑到征战2020年东京奥运会落选赛只有两个月的紧迫性，沈富麟临危受命算是中国男排现阶段最合适的主帅人选，但是，阔别教练岗位多年的沈富麟存在着对于现役国手的技术特点了解不多，且不熟悉亚太区主要对手特点这两大漏洞，与中国男排队员还需要磨合。

中国男排在2021年9月夺得亚锦赛第3名，显示了较好的精神面貌，同时也展现了自己应有的实力，而过去两届，中国男排在2017年和2019年亚锦赛都只取得第6名的成绩，创下队史最差战绩。对于中国男排而言，这次夺得季军，并斩获最后一张世锦赛门票，意义非凡。经历了过去两届亚锦赛的折戟并且无缘东京奥运会之后，吴胜接手并组建这支新的国家队仅一年时间，能够取得这样的成绩已经让人非常欣喜。而从小组赛至今，中国男排的表现一直非常出色，在八强赛首场更是战胜了东道主日本男排，打破了过去4年面对日本男排一胜难求的耻辱纪录。从20世纪七八十年代的世界第5名，到现在惊险搭上世锦赛的末班车，中国男排与鼎盛时期的差距可谓天壤之别，但只有满怀希望，才能动力十足。我们刚刚经历了冰点低谷期，中国男排也是重新起航，继续为奥运目标而努力，相信在吴胜教练的带领下，离目标会越来越近。

原本外教洛萨诺签下的合同是四年，但是现在中途换帅，这对中国男排训练的系统性和连续性造成了一定影响，同时对队员也构成了一定程度的心理焦虑，使全队士气呈现低落状态。

二、国际形势

在2021年亚洲男排锦标赛中，伊朗男排依旧保持了较高的水平，在决赛中以3:0的优势战胜了东道主日本队从而蝉联冠军，中国队获得第3名，在最佳阵容中伊朗也有多位队员上榜，展示了全面的实力；日本队仍然是我们的强劲对手，中国队在亚洲虽然处于前三名的地位，但是不可否认的是想要进入亚洲比赛的决赛并取得胜利，已经是非常困难的事情。亚洲格局尚且如此，国际排坛的形势就更加严峻，中国男排的目标仍然是首先冲出亚洲，其次才能在国际大赛中有所作为。

第四节　中国男排新时期的历史人物

一、中国男排新时期的教练员

（一）“铁腕教练”沈富麟

沈富麟，浙江镇海人。1976 年入选国家队，司职二传，他在场上组织快，攻防战术变化多，曾多次参加国际比赛。作为队员曾获得 1979 年第 2 届亚锦赛冠军、1981 年第 4 届世界杯赛第 5 名（荣获“优秀二传手奖”）、1982 年第 10 届世锦赛第 7 名和第 9 届亚运会亚军，是中国男排鼎盛时期的主力队员。

刚接到执教任务时，沈富麟一方面觉得压力很大，毕竟距离奥运资格赛只有两个多月的时间。任何运动项目，两个月的时间，要让队伍有天翻地覆的变化几乎是不可能的。而且，中国男排之前亚锦赛才拿第 6 名，这次要和其他亚洲队伍争夺唯一的奥运入场券，机会十分渺茫，难度极大。另一方面，沈富麟又有他们那代人特有的一种认知习惯——只要祖国需要，就会尽最大的努力。所以虽然时间短任务重，打不好他还可能身败名裂，包括他的家人、朋友也都劝他不要去，一来压力大，二来也考虑他的年龄身体，但这些东西沈指导都已抛在脑后，怀着勇往直前、做到问心无愧的心态接任，这足以说明沈老真的是对排球有着特殊的情感。沈富麟做教练时，对队员要求严格，纪律严明，被称为“铁腕教练”。

（二）传奇教练吴胜

吴胜是 20 世纪 80 年代末 90 年代初的国手，曾在国家队打过主攻和接应两个位置，技术比较全面。从浙江队退役后，吴胜开始执教浙江女排，后来也进入国青女排辅佐过蔡斌。2009 年，吴胜改为执教浙江男排，在当年的全运会中，率领浙江男排获得第 5 名的不俗战绩。从 2010—2011 赛季开始带队，到 2017—2018 赛季结束后卸任，吴胜带领浙江女排征战了八个赛季联赛和两届全运会，浙江女排也在这八年间达到了球队历史上的一个新巅峰。2013—2014 赛季，浙江女排夺得联赛冠军，这也是她们迄今为止唯一的一次问鼎联赛，这充分说明了吴指导带队有方，吴胜也在那个赛季荣膺“联赛最佳教练”。

对于吴胜，或许天津女排球迷的印象会格外深刻，因为自吴胜执掌浙江女排以来，这支此前一直不温不火的老牌球队，就成了天津女排在国内赛场最重要的对手之一。从2010—2011赛季半决赛的先胜一场，到2012—2013、2013—2014连续两个赛季循环赛的双杀，浙江女排成为国内排坛有名的“天津克星”。而吴胜指导在女排赛场的代表作，就是2013—2014赛季带领浙江女排与天津女排进行的三回合总决赛。决赛第一场，在天津女排的“魔鬼主场”人民体育馆，浙江女排在大比分0∶2落后的情况下，实现了连扳三局的逆转，被对手在自己主场完成大逆转，这在天津女排征战联赛决赛的历史上极为罕见，同时也从侧面展现了吴胜麾下那支浙江队的顽强和韧性，更加体现了吴胜作为主教练的训练有方、指挥有度。2017—2018赛季结束后，浙江队男、女排主帅进行互换，前浙江男排主教练王贺兵执教女排，吴胜则出任浙江男排主教练。在过去的两个赛季，此前还需要争夺八强席位的浙江男排进步明显，在2020年8月重启的上赛季联赛中，浙江男排获得第4名，这也是他们时隔15年再次进入联赛四强。在2020年结束的全国男排锦标赛上，浙江男排更是闯入决赛，最终获得亚军。吴指导既带过女排，又带过男排，对队员的心理把握比较好，并且带队成绩也很出色，同时吴胜则凭借对于年轻球员基本功的训练和球队整体风格的打造上的成功，成为中国男排新任主教练。

二、中国男排新时期的主要队员

新一期的中国男排，有童嘉骅、张哲嘉、詹国俊、戴卿尧、陈龙海多达5名上海队队员。再加上临危受命的上海籍老帅沈富麟、教练组成员沈琼和任琦，夺得联赛“十五冠”的上海男排撑起了中国男排的半壁江山，我们也希望联赛冠军的底蕴和气质能给中国男排带来生机和信心。

中国男排新周期在老帅沈富麟的带领下参加了2020年东京奥运会亚洲区资格赛，参赛队员有季道帅、戴卿尧、刘力宾、崔建军、张哲嘉、陈龙海、耿鑫、缪阮彤、江川、詹国俊、于垚辰、毛天一、童嘉骅、马晓腾。队员在吴胜主教练的带领下参加了2021年第21届亚洲男排锦标赛并获得第3名，主要队员有主攻：张景胤、俞元泰、袁党毅、张秉龙；副攻：缪阮彤、彭世坤、蒋正阳、李咏臻；接应：江川、张冠华；二传：于垚辰、刘濛；自由人：杨一鸣、杨天缘。

中国男排从外教离任后重新上路，老帅沈富麟临时接任并带队参加了东京奥运会亚洲区资格赛，虽然仍未出线，但是队伍表现出了良好的精神面貌；新任主教练吴胜接掌后，中国男排参加了 2021 年的亚洲男排锦标赛并取得第 3 名，这应该是中国男排正常的实力和水平，巴黎奥运周期已经开启，中国男排重新启航，继续为梦想而努力。

第十章

CHAPTER 10

中国男排发展中的传奇人物

在中国男排50年漫长的发展历程中，有多名优秀的运动员或教练员发挥了重要的作用，为我国男排每次取得的成绩作出了巨大的贡献。中国男排“元老”戴廷斌带领男排实现了第一次发展高潮，创下了至今仍是最好的世界大赛成绩，是中国男排需要学习的榜样和楷模；“网上飞人”汪嘉伟不仅在运动员时期表现出色，而且是中国男排第一次发展高潮时期的主力得分手，更是在执教期间带领男排实现了第二次发展高潮，实现了“亚洲三连冠”的佳绩；老帅沈富麟同样在运动员时期和执教时期为中国男排作出贡献；周建安则是在北京奥运会上带领队伍获得历史性突破的并列第5名，正是这些传奇人物的共同努力，才有了中国男排砥砺奋进的激情和动力。

第一节　中国男排“元老”——戴廷斌

戴廷斌出生于1939年，是从厦门走出去的排坛名宿，他在中学时期就开始打排球，因为出色的弹跳力，他的三级跳远项目也多次在学校运动会中夺冠。1965年，戴廷斌跟随福建男排来到漳州，在中山公园灯光球场为民表演，比赛中他崴脚被扶下场，播音配合解说：“戴廷斌，国家队员，二传手，福建厦门人。”

退役后他开始担任福建男排教练，后来他讲了很多福建男排的训练趣闻逸事，“汪嘉伟练百米冲刺时，我会故意延迟按秒表，罚他重跑。为了让他达到足够的运动量，同时也治治他的过于自信的脾气；星期日我拉郑宗源加练二传，我与他一对一对传，约定谁掉球就罚谁，结果他传上一整天也不觉得累！徐真练跳发球时，属于国内首例，我在队里公开宣布，允许他跳发失误，全队养着你。结果徐真思想上没顾虑，跳发不但稳，还成了得分利器”。这就是作为主教练的考虑，“兵不厌诈，当教练就得花心思，抓住队员心理，以达到训练目的和效果为准则”。从这些训练趣事可以看出，戴指导是想尽一切办法去调动队员训练的积极性，同时也设身处地为队员着想。

一、出任男排主教练

1976 年，中国男排和中国女排在漳州训练基地组建。戴廷斌被任命为中国男排主教练，同龄人袁伟民则同时执掌中国女排。戴廷斌训练水平不凡，在他的带领下中国男排几经训练和人员调整，选拔了一批青年才俊，这批运动员就是创下历史最好成绩的“黄金一代”，至今球迷依然记得他们。戴指导曾率领中国男排长时间称霸亚洲，唯一留下的遗憾就是始终未能冲入世界三甲行列。

由于中国男排最好的成绩是世界第 5 名，并未进入世界三强，因此，国人对中国男排的关注较少，了解戴廷斌的人也不多。其实在 20 世纪 70 年代到 80 年代，戴廷斌率领中国男排长时间称霸亚洲，创造了中国男排历史上的最好成绩。戴廷斌任主教练时期的中国男排可以说是一支名副其实的世界劲旅，他带领中国男排实现了第一个发展高潮期，后来创造第二个发展高潮期的汪嘉伟也是戴廷斌的得意弟子。他对中国男排发展的贡献无人能比，称得上是中国男排真正的“元老”。

当时的中国排球刚进入第二次创业时期，戴廷斌慧眼识珠，培养了汪嘉伟、沈富麟、胡进、侯杰等一大批优秀运动员。坚持改革才有出路的他在保持中国男排快速进攻的前提下，对进攻和拦网技术不断革新，并大胆创造了“前飞”“背飞”“拉三”“拉四”等新的快攻战术，极大地丰富了原有的战术体系，使原来的平面快攻逐渐发展为立体化进攻。这一创新发明的战术进攻体系不久后在国际比赛中大放异彩，中国男排在 1977 年第 3 届男子世界杯排球赛、1978 年第 9 届世界男子排球锦标赛上分别获得第 5 名、第 7 名的突破性成绩，跻身国际排坛强队之列。在三四年前的 1974 年第 8 届世锦赛，中国男排仅排在第 15 名，几年之内中国男排水平提升的幅度之大一目了然。

戴廷斌在执教期间首创了“双快一游”“前飞”“后飞”等高难度技战术，培养了汪嘉伟、沈富麟、金虎等一批优秀球员。汪嘉伟堪称戴廷斌执教时期培养的代表人物，这位在国际排坛率先掌握“前飞”“背飞”技术的副攻手，凭借这手绝活在世界大赛上横空出世，他在巅峰时期的扣球成功率高达70%左右，被誉为“网上飞人”。除此之外，戴廷斌还培养出“优秀二传手”沈富麟、“跳发球第一人”徐真等一批世界级选手，这些优秀的队员为当时中国男排跻身世界前列、开创中国男排的辉煌时代奠定了坚实的基础，带领中国女排开创雅典辉煌的前中国女排主教练陈忠和，也是戴廷斌的得意弟子。

二、亚锦赛夺冠，大赛创优异成绩

20世纪70年代末，中国男排开始向世界三强的目标发起冲击。1979年底，中国男排在第2届亚洲锦标赛上先后击败了日本、韩国等强队，首次夺得洲际比赛冠军，并取得了参加奥运会决赛阶段比赛的资格。

当时的中国男排完全具备冲击奥运奖牌的实力，因为当时这支球队已经击败了除苏联队之外的所有劲旅，然而由于政治立场，我国最终决定抵制莫斯科1980年奥运会，踌躇满志的戴廷斌教练和队员们只能接受这一无奈的现实，中国男排错失了一次证明自己的机会。

1981年3月20日晚，中国男排VS韩国男排的世界杯亚洲预选赛打响，那场球，韩国队开场就以2∶0领先两局，中国男排几乎就要进入绝境。但第三局开始，中国式快攻让汪嘉伟等一众队员们发挥得淋漓尽致，前飞、背飞、双快一游动，梯次、前交叉、后交叉等技战术的运用，打得那叫一个眼花缭乱，最终取得胜利。中国男排以3∶2击败韩国的这场球，激励起整整一代人参与改革开放的热情，这是挥之不去的体育记忆。后来，只要谈起改革开放40周年的中国体育记忆，就会提起由中国男排而引发的全国上下“团结起来，振兴中华”情怀，那是一代人的精神力量。

1981年，中国男排出征第4届男子世界杯排球赛，继续向世界三强发起冲击，然而命运却与戴廷斌开了个不小的玩笑。比赛刚刚拉开战幕，中国男排进攻端的核心队员汪嘉伟在一次进攻时脚不慎扭伤，汪嘉伟的缺席使中国男排网上攻防实力明显下降，虽然戴廷斌教练起用了网上实力不弱的新秀王铁山，但中国男排最终仍以2∶3惜败。最终，中国男排仅名列第5位，又一次与世界三强位置擦肩而过。那届比赛，古巴队紧随苏联队之后名列第二，获得第3名的是巴西队，而这支球队一年前访华时竟然还是江苏队、上海队的手下败将，就这样中国男排遗憾地错失了一次冲击世界三强的机会。

翌年，中国男排又一次向世界三强发起冲击。1982 年秋，中国男排飞赴阿根廷参加第 10 届世界男子排球锦标赛，当时中国女排刚刚在秘鲁夺得世锦赛冠军，实现“二连冠”，这一成绩极大鼓舞了戴廷斌和队员们的士气。事实上，当时的中国男排仍处于顶峰期，然而，在复赛中中国男排先后出人意料地负于一直未胜过自己的球队——日本队、阿根廷队，将四强位置拱手相让。和前两次受挫经历不同，兵败阿根廷缘于中国男排将士在关键场次过于看重胜利，输给了自己。回国不久，戴廷斌引咎辞职。

从国家队主教练的位置退下来后，戴廷斌仍致力于中国男排的复兴事业，多年来一直作为排管中心的专家组成员，依旧奔波在男排、女排和沙滩排球的第一线，他经常为汪嘉伟、邸安和、周建安等新一代男排主帅出谋划策，发挥自己的余热。

在雅典奥运会结束后，女排队员赵蕊蕊一直留在北京进行恢复性训练。为了能在“十运会”前恢复，赵蕊蕊放弃了新赛季全国女排联赛，专心在北京治疗。前女排队长冯坤在联赛期间膝部积水更加严重，被迫高挂“免战牌”，也像赵蕊蕊一样专心进行休养。当时中国女排主教练陈忠和怕她俩这段时间荒废训练，特意找到老教练戴廷斌为赵蕊蕊和冯坤“开小灶”。戴廷斌特意针对赵蕊蕊和冯坤的现状，制订了一套恢复训练计划，后期这两人恢复训练进行得不错，伤势也向着好的方向发展，为之后中国女排的训练扫清了障碍。他一对一的传球教授法十分管用，充分体现了量变到质变的过程，这是一种实实在在的恢复提升，戴指导同时强调内外热身，强调顺序渐进，强调适量提升，强调训后整理。现在看来，戴教练当年带领的中国男排汪嘉伟、沈富麟、郑宗源、胡进、陈刚那一拨队员，都没有引发大的运动创伤，显然是训练得当的原因。

说起与恩师的情分，“网上飞人”汪嘉伟说，1973 年他就在福建队接受戴廷斌的指导了。1976 年，戴廷斌调任国家队主教练，汪嘉伟也被戴廷斌带到了国家队，开始了师徒二人和中国男排一段辉煌的历史。说起恩师戴廷斌的为人，汪嘉伟说得很简练：人品好，很低调、很宽厚，不是那种强硬的教练；业务上，带领中国男排时创造了最好的成绩，后来男排没有一个带队人达到他那样的高度，包括汪嘉伟。从福建队、国家队开始，汪嘉伟人生的一半时间和他相处，有那么一句老话——一日为师，终身为父，汪嘉伟和戴廷斌教练的感情是十分深厚的。

当年“团结起来，振兴中华”的口号就是在戴廷斌带队比赛取得胜利后提出的。戴廷斌是菲律宾归国华侨，在菲律宾有个比较富足的家族，戴廷斌有很多机会再回菲律宾去享受锦衣玉食，但他一直保持着一颗对党、对国家、对排球事业的绝对忠诚心，一直奋战在排球训练的第一线，不管是在国内执教还是援外，戴老都是兢兢业业。作为教练，他的快攻战术将排球引领到了一个新的高度；作为良师，他培养出了一大批人才，其中汪嘉伟、胡进等日后都成为国家队的主帅。戴老病重期间，依然非常关心中国排球备战北京奥运会的情况，通过电视转播，他观看了中国队所有的比赛，并提出了自己的建议。戴廷斌无愧为中国排球事业的泰斗，他的敬业和忠诚永远值得排球人学习。

第二节　“网上飞人”汪嘉伟

汪嘉伟，于1955年9月27日出生，上海人，1973年加入福建排球队，1976年至1983年是国家队主力队员；1997年至2001年，担任中国男排主教练。2001年起，汪嘉伟在带队冲奥失败后告别心爱的排球事业，开始从商，但仍然密切关注中国排球运动的发展。

汪嘉伟是20世纪七八十年代中国男排最著名的运动员之一，可以说是实力与颜值兼备的明星级运动员。汪嘉伟18岁随父母迁入福建，那一年他加入了福建省队，参加训练仅2年，他就被选入国家队并成为主力球员之一，真可谓排球天赋满满、进步神速。汪嘉伟曾担任过国家男排的副队长，1986年在日本体育大学深造；1997年应国家需要回国担任中国男排主教练，率队先后获得亚洲男排锦标赛冠军、亚运会冠军，实现了“亚洲三连冠”，带领中国男排重夺亚洲霸主地位；2000年冲击奥运会失利后汪嘉伟带着遗憾离开了中国男排。

一、球员时期创第一次发展高潮

1976年汪嘉伟入选国家队，他身体素质好，技术全面，调整能力强，能掌握各种战术球，拦网技术尤为出色。汪嘉伟的弹跳力好、滞空时间长，正是由于他突出的身体素质，中国队才发明了“前飞”“背飞”等依靠滞空能力的战术，可谓因材施教、因人制宜了。

在 1980 年之前，排球是无所谓“飞”这一说的，自然也没有“前飞”“背飞”等名词。那时的快攻只有前快、背快或短平快等说法。说起“飞”的诞生，其实也不像人们想象的那样有多高深莫测，正如历史上出现的许多排球新技术一样，是在歪打正着之后被人们扶正的。“飞”就是汪嘉伟 1980 年在北京训练短平快时误打误撞发现的，当时二传手沈富麟传短平快球时球传短了，汪嘉伟下意识地在起跳后又再往前冲了一点儿，却出人意料地打了个漂亮的空门球，这本是一次偶然的攻传配合失误，在日复一日的排球训练中就司空见惯地发生着，同样也习以为常地被忽略着，然而功夫不负有心人，这次再平常不过的失误却引起了汪嘉伟的注意，当时他正在为攻拦练习时无法突破身高 2 米的陈刚的专门盯防而苦恼，这次看似失误的配合仿佛夜空中划过一道闪电，汪嘉伟敏感地意识到这些日子一直苦苦思索却没有答案的难题有了突破口，一个全新而大胆的快攻打法的模糊轮廓正在向他招手。后来在二传手齐心协力的配合下，汪嘉伟开始有意识地改变扣球时双脚同时起跳的方法，改为双脚先后着地，踏跳方法的改变加上空中的转体、移位扣球等一系列高难度的动作，一次次地摸索，一次次地失败，汪嘉伟的手抽筋了，二传手沈富麟、胡进的手也肿了，但是换来的是越飞越高、越飞越远的“飞人”感觉，就这样慢慢地磨炼了两个多月，终于一种全新的未被命名的快攻打法在实战训练中诞生了。

当这种人们从未见过的新型快攻打法第一次亮相当年的亚洲锦标赛时，对手完全被打蒙了，拦网更是一筹莫展，明明判断汪嘉伟会在这里扣球，但是布下拦网战术时，他却忽地腾飞而过，甩开对方拦网队员，汪嘉伟在无人设防的空当将球重重地扣过去，这种新打法完全迷惑了对手。决赛时的对手韩国队更是来不及搞清楚是怎么回事，就迅速以 0∶3 败下阵来，他们纷纷惊呼，这是什么新型快攻打法？日本的排球月刊杂志更是专门刊登了汪嘉伟扣球动作的连续照片，并进行分析研究。据汪嘉伟本人回忆，在摆图布置训练战术时，当时的中国男排主教练戴廷斌经常强调要这么打，但是对这种打法没有一个规范合适的称号，后来灵机一动，将其命名为“飞”，从此，这个称号流传开来，后来更是产生了“前飞”“背飞”等一系列快攻打法。

其实在最初的攻关训练时并不是只有汪嘉伟一人进行这项创新实验，之所以只有他一人最后获得成功，则是与他本身的天赋有关。汪嘉伟天生具备超人的弹跳力和滞空能力，从他起跳到落地的横向移动距离长达3.02米，这是非常不可思议的，也不是其他队员可以随意复制的，因此，与其说“飞”成就了汪嘉伟，不如说是汪嘉伟造就了“飞”这种新型快攻战术。

1981年，中国男排出访巴西和欧洲时，汪嘉伟在“前飞”的基础上又打出了“背飞”的战术，加上原来的短平快、背快等战术，彻底打活了网前的2、3、4号位，使得排球场9米的网都成为他扣球得分的火力点，成为名副其实的“网上飞人”。早在1977年世界杯比赛中，还没有“飞”起来的汪嘉伟就以扣球第一名入选了当时的最佳阵容，后来有“飞”傍身的他更是如虎添翼。可惜的是，在1981年世界杯上，在“飞”的战术愈加成熟、中国男排处于全盛时期、最有机会冲击奖牌时，汪嘉伟在第一场对阵古巴的比赛中意外受伤，缺少了绝对主力的中国男排遗憾地获得了第5名的成绩，这应该是历史上中国男排最有希望获得奖牌的一次机会了，可这就是事实，中国男排无疑是不被命运眷顾的，但是强大从来都是靠实力的，我们也希望中国男排能真正强大起来，“团结起来，振兴中华”。

在第2届男子世界杯排球赛上，汪嘉伟在网前进行的“前飞”“背飞”等一系列快攻战术，令人感叹。由于空中移动好似飞行一样，他被誉为“世界排坛第一飞人”，以世界最佳快攻手入选由世界杯组委会评出的6人世界最佳阵容“世界明星队”，这也是亚洲球员在世界排坛获得的为数不多的殊荣，汪嘉伟也被称为“排球王子”，也是因为汪嘉伟的过人技术和超高颜值，开创了排球偶像的先河。在这届世界杯赛，汪嘉伟获得“最佳快攻手”称号并入选最佳阵容。亚锦赛冠军、亚洲杯冠军、亚运会冠军、世界杯第5名等，汪嘉伟为中国男排带来了无数的荣誉和成就，自己也多次获得赛事的最佳运动员奖。

汪嘉伟与队友曾获得诸多殊荣，如第2届亚洲男子排球锦标赛冠军，第三、四届男子世界杯排球赛第5名，第8届亚运会男子排球赛第3名，第9届亚运会男子排球赛亚军，第10届亚运会男子排球赛冠军。运动员时期在戴廷斌的带领下开创了中国男排第一次发展高潮期，汪嘉伟本人也曾获第2届亚洲男子排球锦标赛、第4届男子世界杯排球预选赛最佳运动员奖。

20世纪80年代，体育界里最耀眼的星当属排球名将汪嘉伟，他有着刚毅俊朗的面容、立体的五官、高大魁梧的身材（身高1.93米），汪嘉伟的弹跳力好、滞空时间长，正是由于他突出的身体素质，中国队才发明了“前飞”“背飞”等依靠滞空能力的战术，可谓因材施教、因人制宜。当年汪嘉伟在网上的“背飞”风采，绝对是视觉上的冲击和享受，那年那月看男排比赛，主要就是看汪嘉伟的发挥。汪嘉伟外形堪比电影明星，他在亚洲打比赛，迷倒了无数的亚洲少女。与日本队比赛，日本女球迷一边倒地给汪嘉伟加油喝彩，汪嘉伟住的酒店，日本女球迷们也去住，酒店满房后，这些球迷们把周边的酒店都包满了。当时，汪嘉伟的日本球迷数量是所有国家里除中国最多的。

1981 年男排世界杯预选赛决赛，中国男排在 0∶2 落后的情况下连扳三局，比赛中解说员说得最多的就是“汪嘉伟扣球”，最终我们赢得了比赛，这一幕也定格在一代人的心中，成为一个时代的永恒记忆！1981 年中国男排在香港的一场比赛，使北大学子喊出了“团结起来，振兴中华”的口号，这些都是汪嘉伟球员时期最辉煌的时刻。其实喊响男排“振兴中华”的口号要比“女排精神”更早，20 世纪 70 年代末 80 年代初，是中国男排历史上最辉煌的一段时期，当时全球排名前三位的队伍，都曾经是中国男排的手下败将，正是中国男排的快速发展和优异成绩激发带动了当时的中国女排，奠定了中国女排“五连冠”的辉煌战绩。多年来中国女排一直是常胜之师，是中国“三大球”唯一获得过奥运会、世界杯和世锦赛冠军的团体球队，而中国男排却一直在坚持自己的梦想——为冲进奥运会而努力，虽然前路坎坷，但是中国男排从未放弃过。

非常可惜，1981 年的世界杯，中国男排铆足了劲，要像刚夺得世界冠军的中国女排一样，向世界男排的峰顶发起进攻。1981 年世界杯是波兰队第 1 名、苏联队第 2 名、古巴队第 3 名，我们排第 5 名。实际上按照当时的实力，我们应该能打进前三名。古巴队我们已经赢过他们了，在前期的邀请赛上我们也赢过俄罗斯队，应该说当时中国男排的实力非常靠前，然而汪嘉伟在第一场比赛就受了伤，他是中国男排的定海神针，有他在就有了胜利的把握，没他在，就略显底气不足。假如汪嘉伟没有受伤，假如他受伤后再忍痛坚持打完这场比赛，中国男排的命运就会完全不同，就不会有后面的中国男排的解散。

1983 年，中国男排“黄金一代”的队员相继退役，离开国家队，而年轻队员的实力与老一批队员们无法比拟，国家队陷入青黄不接的境地，在西班牙举行的奥运会预选赛上中国队接连溃败，没能取得参加洛杉矶奥运会的资格。1984

年中国男排重新组建，汪嘉伟并未入选，他知道中国男排需要补充更年轻的血液，而他自己也应该为未来考虑了。后来，在一位日本"超级球迷"的帮助下，汪嘉伟进入日本体育大学深造，成了这所大学排球技术学和体育心理学的研究生。

1985年底，全国排球工作会议在上海举行，商议在第二年同时举行的亚洲赛事和世界赛事如何部署，最终决定派国家队参加亚运会、国家二队参加世锦赛，以保证在亚洲赛事中取得好的成绩，当时汪嘉伟已经退役并到日本深造学习，但由于当时国家队的实力并不突出，因此邹志华、戴廷斌和余有为三位教练都极力推荐汪嘉伟回国助战亚运会，汪嘉伟回国后，经历了手指受伤的极大痛苦，终于站到了亚运会的赛场上。1986年10月1日，这天正是祖国37周年国庆日，中韩之战在汉阳大学体育馆打响，汪嘉伟神了，中国队也神了，在先失一局情况下连胜三局，为中国体育代表团赢得一枚宝贵的金牌，中、韩代表团最后的金牌数是94∶93，可想而知，男排这枚金牌的分量[1]。31岁的汪嘉伟在当时绝对算是老将出马，经过半年时间的恢复训练，汪嘉伟克服了在训练中手指受伤的重重困难，最终和队友一起捧起了汉城亚运会的冠军奖杯。因为是中断学业临时回国家队"帮忙"，比赛后汪嘉伟又回到日本继续他的学业。

二、执教时期创第二次发展高潮

1997年3月，汪嘉伟回国执教中国男排，几个月后，汪嘉伟率领中国男排在第9届亚洲男排锦标赛上重新夺回久违了15年的冠军；1998年12月，中国男排在亚运会上再次夺冠，汪嘉伟成为作为运动员和教练员都获得过亚运会冠军和亚锦赛冠军的中国男排第一人；1999年第10届亚洲男排锦标赛上，汪嘉伟再次带队获得冠军，"亚洲三连冠"的获得，开创了中国男排第二次发展高潮期。

1999年，作为中国男排主帅，汪嘉伟和中国男排跌入低谷，中国男排开始遭遇一连串的挫折，先是在世界杯上被挤出前八名，接着又遗憾地失去了进军悉尼奥运会的资格。满怀希望地去准备奥运会资格赛，结果却是令人惋惜，汪嘉伟倍感失落，在认真考虑了60天之后，汪嘉伟辞去了国家男排主教练，而在决定

[1] 萧萧. 网上飞人归国记——记新任中国男排主教练汪嘉伟 [J]. 中国排球，1997 (2)：16-19.

回来执教时，他只考虑了 3 天，这一对比充分体现了汪嘉伟心系男排发展的心情和老一辈的男排精神。

三、转战商场，心系排球

转战商场以后的汪嘉伟始终关注着中国排球，他接受《成都商报》记者采访时表示，自己热爱排球，如果有机会的话还会投身到排球事业中，采取投资的方式支持中国排球，推动中国排球市场的发展。因为心中的热爱，汪嘉伟曾多次对球员们进行奖励，并且不通过其他渠道，直接把款项打到球队的账上。早在 2011 年女排出征世界杯前，汪嘉伟就以个人名义向女排赞助了 200 万元，当时中国女排拿到了世界杯第 3 名，并获得了伦敦奥运会的入场券。像汪嘉伟这样大手笔的个人奖励，当时在中国体坛并不多见，在排球项目上更不多见，可见经商成功的汪嘉伟虽离开了中国男排，但是始终没有忘记中国排球。2011 年时任中国女排主教练的俞觉敏回忆说："我记得是在出征世界杯之前，汪嘉伟特意赶到北仑为女排壮行，并承诺如果球队获得伦敦奥运会参赛资格，还会奖励大家。"结果女排姑娘们一举夺得了季军，奖励自然就到手了。

2015 年中国女排世界杯夺冠，汪嘉伟在女排夺冠第一时间致电郎平，表示祝贺，汪嘉伟和夫人共拿出 300 万元赞助中国女排，并鼓励中国女排在未来再创佳绩，加上他朋友的赞助共 500 万元奖励女排，并且宴请得胜归来的女排姑娘们。这也是中国排球历史上的巨额奖励了，汪嘉伟一再表示，这是老排球人在自己力所能及条件下的一点心意，并要求钱直接打到球队账上，由教练分配给一线队伍，包括球员、教练及工作人员。可见，汪嘉伟对中国排球是有一种特殊情结的，自己打球时没有进入奥运会，担任教练时没有带队打入奥运会，而中国男排也从未依靠实力打入过奥运会，这也是汪嘉伟永远的心结，尽自己的力量为中国排球加油，充分体现了汪嘉伟等老一辈排球人对排球的一片深情。

回忆起自己世界杯期间的看球历程，汪嘉伟感叹道"所有比赛我都看了，我觉得她们也不容易，整个过程跌宕起伏，前前后后遇到了不少困难，但始终都克服了，还拿到了冠军"。就是这种拼搏和永不言弃的女排精神打动了汪嘉伟，这也是他用自己的方式支持中国排球，希望中国排球发展得更好。

作为中国男排的运动员和主教练，汪嘉伟还为排球爱好者们留下了一笔珍贵的财富，那就是汪嘉伟和中国男排前教练辛丕鸣，以及北京体育大学的排球教练和运动员们，联合录制的经典排球教学视频，该教学片系统讲解了排球运动的基本技术和战术组织，教练阵容强大，讲解专业系统，过程完整，是一部不可多得的精品排球教学片。它不仅为排球爱好者提供了专业细致的学习资料，还极大地丰富了排球运动发展的理论支撑，时至今日，这部教学片仍然具有重要的教学参考价值。

对于中国排球的现状，汪嘉伟表示担心，因为受其他项目和各种原因的影响，排球运动的吸引力大大下降，排球比赛的转播收视率非常低，比赛现场也很冷清，男、女排的后备力量都严重匮乏，“在我们那个年代，排球运动风靡全国，国内至少有五六十支队伍，还有甲、乙、丙升降级，竞争异常激烈，各省队还有二线队伍，电视常常转播”。对比当时排球运动开展的盛况，可见中国男排如今面临的形势是多么严峻，而这种现状是多方面原因造成的，国家重视程度、社会宣传力度、项目热度、参与人数等都是中国男排前行道路上的拦路虎，只有多方一起抓，才能逐步改善男排现状，单依靠男排教练员和队员的孤军奋战，行进速度势必受到影响。

第三节　功勋教练——沈富麟与周建安

在中国男排五十年的发展历程中，有很多位伟大的运动员和教练员，他们为中国的排球事业奉献了毕生的心血，为中国男排的曲折前进和光辉荣誉谱写了一首首壮丽的诗篇。

一、优秀二传手——沈富麟

沈富麟，男，1955年1月出生，汉族，籍贯浙江省宁波市，在职研究生，教育学硕士，国家级教练。1970年12月参加工作，1979年10月加入中国共产党。

组织快，攻防战术变化多，是他的场上特点，曾多次参加国际比赛。其所在球队于1975年第1届亚洲男排锦标赛获第3名，1977年第3届世界杯赛获第5名，1978年第9届世界男子排球锦标赛获第7名，同年参加曼谷第8届亚洲运动会男排比赛获得季军，1979年第2届亚洲排球锦标赛获冠军，1981年第4届世界杯赛获第 5 名（本人获“优秀二传手奖”），1982 年第 10 届世界男子排球锦标赛获第 7 名、第 9 届亚洲运动会男排比赛获亚军，沈富麟在 1980 年获“运动健将”称号。执教中国男排后带队获得 1991 年亚锦赛季军、1994 年亚运会亚军，1995 年亚锦赛亚军、1996 年世界男排超级挑战赛殿军，曾多次带队获得全国联赛冠军和“十运会”冠军。

（一）首任中国男排主教练

1990 年，沈富麟退役后首次担任教练，就带领上海男排获得阔别 16 年的全国冠军，显示了高超的执教能力，1990—1997 年，沈富麟出任中国男排主教练一职，其间带队获得 1991 年亚锦赛季军、1994 年亚运会亚军和 1995 年亚锦赛亚军。1997 年沈富麟支援突尼斯，在不到一年的时间里训练成就突出，带队取得了非洲冠军，面对国外留任的高薪待遇，他毅然决然返回上海队。他在担任教练员时期，培养了沈琼、任琦、汤淼和方颖超等多名优秀国手，多次率领上海男排获得国内联赛冠军。可以说，沈富麟在教练岗位上创造了一系列的辉煌，是一名优秀的教练员。

（二）再任中国男排主教练

2019 年 10 月 28 日，老帅沈富麟确认出任中国男排主教练一职，任期至东京 2020 年奥运会结束，他执教之后的首个任务将是两个月后的东京奥运会亚洲区男排资格赛。当年 64 岁的沈富麟在排球圈内资历深厚，他在 1976 年入选中国男排，作为二传手与汪嘉伟、胡进等一起夺得 1981 年世界杯第 5 名的历史最好成绩，他个人被评选为“世界最佳二传手”。目前从资历来看，接任教鞭的沈富麟无可指摘。作为 20 世纪七八十年代的中国男排队长，他不仅比赛经验丰富，退役后更是作为主教练带领中国男排拿到过一次亚运会亚军和两次亚锦赛亚军，并创造了男排参加世界男排联赛的最好成绩，随后又帮助上海男排打造了国内联赛“十连冠”的辉煌。沈富麟一向以执教严厉著称，最出名的言论是“男人就要有激情，是血性男儿就不怕吃任何苦”！此次上任前，沈富麟任上海排球中心总教练。

中国排球协会发文称：“沈富麟同志在国家男排比较困难、压力较大的时候能够站出来承担男排主教练重任，充分体现了一位老排球工作者的气魄和责任心，是中国男排的一笔宝贵财富。排管中心将全力支持国家男排和沈富麟同志的备战参赛工作，希望沈富麟同志能够带领中国男排赛出风格、赛出水平，赛出中国男排的精气神，我们有决心也有信心将备战参赛工作做好，努力争取实现既定目标。闯荡排坛近50年，沈富麟的头发渐渐白了，不变的是他严格的执教风格、全身心投入排球的热情，面对中国男排的召唤，沈富麟再一次义不容辞接任。

在换帅以后，中国男排的整体面貌有了很大的转变，尤其是在此前饱受诟病的关键分问题，以及赛场上的细节处理，都有了很大的提升。

对此，不少球迷也表示，沈指导上任后中国男排更有凝聚力，自己也更想要成绩了。虽然现阶段的任务无比艰巨，但至少中国男排在沈富麟的带领下已经在往好的方向发展，也让球迷们看到了队伍的拼劲和能力。不得不说，经历了集训，以及几场热身赛后，中国男排让人耳目一新，队员们似乎也都一步一步逐渐战胜了自我，重新树立起了自信心。

不过，球队必须意识到自身与其他强队的差距，中国男排在为期近一周的资格赛中必定会打得非常艰难。但无论如何，只要队员们能够把落选赛的精气神拿出来，把训练中的水平尽可能地在场上体现，利用自己的优势去实现抑制与反抑制，打败亚洲诸强冲进东京奥运会也并非没有可能。

中国男排在新任主帅沈富麟的率领下，结束两周的北京集训，转战上海东方绿舟。时隔22年，沈富麟重掌教鞭。从打造“精气神”开始，他的思路非常清晰：男排具备一定实力，但如何表现出整体实力，需要我们统一思想。短时间内能力上有进步，确实很困难，但要把队员的思想集中到一个点上，能够有担当和责任感，在行动上能够体现出来。能力要在原有的基础上进一步细化、加固，是这次集训的主要目标。

留给沈富麟的时间本来就没多少，但正所谓“不搏不精彩”，在队内，大家已经在思想上高度一致：必须全力以赴，把东京奥运会“门票”争到手。没有什么豪言壮语，只有满腔热情，“我一贯的工作思路是敢于挑战。祖国需要，我便会尽最大努力”。沈富麟的上任宣言简单明了：“如何提升队员的凝聚力，让大家齐心协力去进行最后的冲刺，是教练和队员需要共同面对的问题。充分调动训练的积极性，在每次训练中都要付出全部的精力，在剩下的每一分一秒都尽力去准备，这就是我想说的感受。”

沈富麟在上海排坛是元老级的人物，他带队成绩过硬，训练和比赛作风顽强。正如沈富麟自己所言：“50 年来，我从未离开过排球。”能够在中国男排困难时刻挺身而出，究其原因，沈指导的答案与当年郎平指导重掌中国女排教鞭时不谋而合，那便是祖国需要，沈指导表示这是排球一代人的理想。

于男排而言，目前最需要解决的是思想问题。首先要有国家荣誉感、有担当的精神和责任感；其次需发挥项目的团队力量，在团队基础上使每个人的能量得以最大化发挥。中国男排在一些比赛中也有不错的发挥，但总是无法持续，或者到关键时刻发挥不出来，对此，沈指导认为第一是应该提升团队精神，比赛关键时刻最考验团队战斗力，而团队战斗力要靠平时训练养成，只有在平时养成良好的作风、良好的心理素质，才能在比赛的时候有出色发挥；第二是团队的作战一定要有骨干力量，骨干力量不仅体现在能力上，更需要体现在思想上，要能在比赛关键时刻，用语言去带领大家渡过困难时期。此次中国男排组队之后，江川担任队长，“希望他能够帮助同伴、帮助队伍，大家共同朝着一个方向努力”，沈富麟说道。

上海男排在国内联赛获得“十五冠”，上海男排的成功经验，得益于人才梯队的培养、职业化的运作等因素。在中国排球超级联赛中，上海男排犹如一道难以逾越的墙，既有球队技战术的保障，也有强大的心理优势，这一点更像是屹立世界排坛的中国女排，因此，中国男排可以借鉴其经验。

上海排坛“元老”沈富麟堪称上海男排的“大脑”，不但执教期间带领上海队屡次问鼎冠军，退居二线后依然是球队高参的角色，更是培养了沈琼这样的优秀年轻教练。巧合的是，沈富麟此番复出是他与郎平的第三度“携手同行”。第一次是当运动员时期，他与郎平共同筑起中国男、女排冲出亚洲的梦想；第二次是 20 世纪 90 年代中期，他与郎平同期各自担任中国男、女排的主教练；如今沈富麟在中国男排最低谷时期回归，希望能像郎平带领中国女排那样从低谷中腾飞。

中国女排在郎平的带领下实现了里约周期的腾飞，与其个人的经历是分不开的。郎平五次夺得世界冠军的传奇经历，使她的榜样示范作用成为重要的间接教学方法，女排姑娘们之所以能在赛场上展现这样顽强拼搏的精神，和郎平的榜样示范作用是分不开的。中国男排同样也需要榜样的示范力量，沈富麟作为运动员时获得过世界大赛的“优秀二传手”称号，执教风格以严厉出名，培养了沈琼、王之腾、方颖超等一批名将，有着丰富的执教经验。最难能可贵的是他从未离开排球，不但对排球有着一腔热忱，更有敢于挑战的雄心。很多网友为老帅出山点赞，“沈导重新回归男排主帅值得期待和称赞！”“国家男排更需要的是团队整体的精气神合一和锻造，而且关键时刻的队员担当和不掉链子也是重中之重，沈导一定不负众望，期待男排雄起！”“球队的技战术可能无法在短时间内获得质的飞跃，但沈富麟的威望、智慧和能力，可以塑造出一支更有气质的中国男排”。

奥运会是每个竞技体育人梦寐以求的舞台，尽管已经年过花甲，但沈富麟仍然有梦想，即使困难重重，即使只有两个多月的时间，沈富麟还是想为奥运梦再搏一次。事实证明，两个多月的时间里，他重塑了中国男排的精神面貌，国家的荣誉感、国家队员的使命感是他说的最多的，不忘初心、不留遗憾是他强调最多的。从 2019 年 10 月 28 日成为主教练，到 2020 年 1 月 12 日中国男排无缘奥运会，在这 77 天时间里，沈富麟为中国男排带来了太多改变，卸任之时，沈指导也是对中国男排给予了厚望，希望男排不断提高实战能力，越来越好。

二、历史的突破者——周建安

周建安于 1987—1999 年入选国家男排担任二传手，曾与队友在汪嘉伟的带领下创造了中国男排的第二次发展高潮期，夺得了亚洲“三连冠”的佳绩。周建安曾是中国男排最有头脑的二传手，带领“亚洲飞人”张翔和张利明等创造了中国排坛“无川不成军”的辉煌，成为国家队教练后，周建安带领的中国男排曾一度遭遇困境，男排在世界锦标赛、亚洲锦标赛和亚运会上排名连创最差的纪录。但是，终极大考北京 2008 年奥运会上，周建安率队取得了历史最好的第 5 名。

2005 年 12 月 27 日，排管中心经过考察和分析作出决定，任命四川男排主教练周建安为中国国家男排主教练。至于为何选择周建安，排管中心主任徐利说：因为周建安首先是一名优秀的运动员，他曾代表国家队获得多个亚洲冠军，他年轻、有激情，具有一定的执教经验，同时具有较强的事业心，中国男排现在就需要这样的教练。周建安说：男人就是为事业而生的，就该事业第一，否则你的路就会越走越窄。因此，调令一下，“二哥”周建安毫不犹豫地接任中国男排第十二任主教练，此时距离北京奥运会只有不到三年的时间。这位曾在国家队待了12年的老将深深感受到肩上的责任，主教练这个职位实属不易。北京奥运会中国队以东道主身份直接参赛，这是一个难得的机会，排管中心定下的目标是在北京奥运会上进入前八名。中国男排之前仅以替补身份参加了1984年奥运会并获得第8名，进入奥运会决赛、参加最高级别的世界大赛是几代排球人的共同愿望，中国男排也一直在为获得奥运会参赛资格而努力，如今我们拥有了这个千载难逢的机会，一定要把握机会，力争2008年在家门口打几场漂亮球，保十争八，证明自己的实力，让国人看到男排的变化！

对所有中国男排的主教练来说，周建安可以说是幸运的，北京2008年奥运会，中国男排不必为冲奥资格而奋力拼搏，而是以东道主身份直接进入奥运会，机会有了，关键就要看后面的发挥，其实周建安和男排队员们是喜忧参半、压力更大，除了要完成保十进八的任务，在家门口比赛，更是要打出精气神，打出气势。

1998年曼谷亚运会男排决赛中，周建安不慎与队员撞在一起，当场头破血流，由队医简单处理后就马上进入比赛，当染了血的绷带妨碍了他视线时，他不顾伤口，一把扯掉头上的绷带，继续比赛，周建安带伤比赛的精神激起了队友们的顽强斗志，中国队士气高涨，最终以15∶10拿下比赛，在队员们的共同努力下，中国队赢下了这块血染的金牌——亚运会男排冠军。当时，广东维达公司董事长李朝旺在电视转播中看到周建安带着流血的伤口坚持比赛的情景，被深深地感动了，即刻决定斥资200万元赞助1998—1999赛季排球联赛，支持中国排球事业的发展。说起此事，周建安笑了：这可不是我个人的功劳，他是看到中国男排坚持的精神，认为我们还有希望吧。的确，中国男排在“三大球”中关注度最低，缺乏群众基础和市场关注，完全是凭着排球人的一腔热血去为梦想奋斗。

周建安作为运动员，一直梦想实现这个奥运梦，从1987年入选国家队后的12年里，队伍一直在冲击奥运会，但均以失败告终，这成为他心里挥之不去的痛。周建安在运动员时期，获得两枚亚运会金牌和两枚亚锦赛金牌，还曾代表中国参加了1987年萨格勒布和1991年谢菲尔德这两届世界大学生夏季运动会，在1987年的萨格勒布世界大学生夏季运动会上，周建安作为主力队员，随队杀进最终的男排决赛，并获得亚军，这也是中国男排在世界级大赛中获得过的最好成绩。纵观中国男排，20 世纪 90 年代后一共获得过 4 次亚洲冠军，周建安都是冠军队的成员，他是中国男排第二次发展高潮期的主力队员，他与中国男排共计 4 次冲击奥运会但均未成功，但这个梦想始终萦绕在心，从队员到教练，为了实现这个梦想而不懈努力，自己虽然没有机会上场比赛了，但一定要培养自己的队员参加奥运会，让老一辈排球人的梦在年轻一代身上实现。

周建安说，代表中国男子排球最高水平的中国男排，近年来的进步是有目共睹的，但队员在国家队集训的时间毕竟是有限的，大多数的时间要回到省队训练，但地方队条件差、信息来源慢，中国又很少举办高水平的排球赛事，特别是有些教练员观念落后，也很少有机会接触到世界上最新、最先进技战术打法和信息，多沿袭过去落后的思想和意识，少有创新，在客观上阻碍了队员和中国排球的发展和进步[1]。

周建安一直深深地挚爱着排球，也深爱着祖国。他刚从国家队退役时，有一家法国俱乐部开出年薪 7 万美元的诱惑，希望他到法国去打球，但当时四川男排正需要教练，面对抉择他毫不迟疑地留了下来，金钱与自己热爱的事业孰轻孰重他分得很清楚，爱情同样也不能影响周建安的事业发展，足以说明排球事业对周建安的重要性。

周建安表示，“亮剑”精神给中国男排注入了灵魂，但这个灵魂必须在队伍拥有实力的基础上才能发挥作用。北京 2008 年奥运会中国男排历史性地夺得第 5 名后，那批球员或退役或因年龄增长而竞技状态下滑，中国男排进行人员的新老交替已不可阻挡。多年以来，中国男排尽管多次经历低谷期，但仍在为目标而努力，整支队伍时有亮点。但令人不能接受的是，北京奥运会夺得第 5 名后，此后两年，中国男排出现跳崖式下滑，飞速坠入谷底。

汪嘉伟在 1997—2000 年曾执教中国男排，这一时期又诞生了另一位男排“飞人”张翔。作为周建安的好兄弟，张翔在 2005 年周建安担任中国男排主教练后不久宣布回归，舍小家顾大家，对中国男排的年轻队员实行“传帮带”，一时传为佳话，终于在教练和队员的共同努力下，北京 2008 年奥运会，中国男排历

[1] 温向阳．真心英雄周建安［J］．中国排球，1999（1）：11-13.

史性地夺得了奥运会第 5 名，这也是多年来中国男排最好的世界大赛成绩。

周建安认为，现在的男排队员成长慢、缺乏竞争力，主要是之前我国锻炼和培养年轻球员的集训模式消失导致的，全国联赛水平参差不齐，对队员的锻炼价值不大。中国男排超级联赛中的参赛队大部分仍是专业队，联赛职业化水平太低，也造成了各支队伍技战术水平低下，并且严重影响了国家队的水平。

回顾历史，中国男排曾是中国“三大球”项目中最早实现突破的，比中国女排成名还早，20 世纪 70 年代中国男排曾多次获得世界大赛的前几名，是名副其实的世界强队。1981 年 3 月 20 日，中国男排在世界杯亚洲预选赛上以 3∶2 逆转战胜韩国队的那场比赛，在改革开放之初的中国大地上掀起了一股爱国热潮，中国男排不言放弃、勇于拼搏的精神激发北京大学学生喊出了“团结起来，振兴中华”的时代口号。汪嘉伟、沈富麟、陈真等一大批男排的队员都是能够顶住压力、创造辉煌的时代楷模，40 年后的今天，中国男排真是缺少这样的明星球员，也许正是中国男排当时的杰出表现，激励了当时的老女排，才有了后来的“五连冠”，抛砖引玉，相辅相成，如今中国女排东京失意，中国男、女排都需要从低谷中振作起来，为巴黎奥运会而努力。

中国男排的 50 年，经历了从 20 世纪 60 年代的发展初期，20 世纪 70 年代的崛起到腾飞，其间又陷入低谷，再到第二次的辉煌，再到近年来的下滑，直至外教执教期间跌至冰点低谷，一路历经曲折与坎坷，周建安带队在北京奥运会所创造的历史性的突破则是中国男排最近的一次高光时刻，我们也期望现在的新一期男排能够不忘初心、砥砺前行，去实现自己的梦想。

第十一章

CHAPTER 11

中国男排曲折发展的影响因素

中国男排在漫长的发展历程中，经历了高潮和低谷，社会政治、经济、训练环境、核心层次因素都对其产生了重要影响，正是在多种因素的共同作用下，中国男排才能不断向前发展，并展现出每一阶段独有的特征。

第一节　社会政治因素

众所周知，任何事物都不是孤立发展的，都与其存在的社会环境有着密切的联系。体育也是如此。体育从诞生之初，就拥有着自身发展的运动轨迹，遵照自身发展规律而前行，体育的发展同其他事物一样，受其发展时期的政治、经济和文化等外界各种因素的影响。可以说，一定程度上，体育是为政治或经济等服务的，体育的发展反映了社会政治的方向，政治需要同时也影响着体育的目的和性质。

古巴的排球运动发展状况良好，排球是其国内排名第三的国民体育项目，群众基础非常广泛，古巴政府对排球运动大力支持，古巴民众对排球的关注度较高，参与排球运动的人口数量也很大。巴塞罗那奥运会排球比赛的转播时间是在午夜，但古巴国内的收视率仍极高，足以说明人民群众对排球运动的喜爱程度。体育在古巴人心里占有一种特殊的位置，古巴男排夺取 1991 年世界杯银牌时全国上下一片欢腾，古巴女排也在世界排坛取得过优异的成绩。如此一个岛国队能在体育赛场上取得优异成绩并一直保持领先地位，与古巴政府的大力支持是分不开的。

“文化大革命”期间，中国男排的竞技水平也在特殊的社会政治环境下受到影响，各省市的运动队停止了训练，各队运动技术水平普遍下降，基本功不扎实，队伍老化，出现青黄不接的现象，刻苦顽强的训练作风和严格要求、严格训练的优良传统遭到彻底破坏。但同一时间世界排球运动却快速发展，我国与世界强队之间刚开始缩小的距离又被拉开了。1974 年我国恢复参加世界排球锦标赛时，我国男排仅获得第 15 名。

“文化大革命”后，我国面临着在国际上树立良好形象的历史任务，在这种背景下，体育的发展也带着浓厚的政治色彩，肩负着为国争光、促进中国与世界交流的责任，体育在政治方面的功能被放大，作为基础大项的“三大球”首当其冲，比较具体的目标是“三大球”在 3~5 年内达到国际水平。1978 年制定了中国排球的“三、八年”规划，1983 年提出“三大球”的竞技水平要向国际水平看齐，1985 年又提出了具体的奥运战略计划，这些国家纲领性文件的提出，表明国家对体育的重视程度之深。在政治使命的驱使下，在国家的大力支持下，中国男排的国家荣誉感和使命感倍增，男排健儿们励精图治，不断创新，在 20 世纪 70 年代末和 80 年代初逐渐达到世界先进水平，创造了历史上最好的大赛成绩。

在中国，国家领导人非常重视排球运动项目的发展，这对中国男排的前期发展起到了积极的促进作用。作为基础大项，排球运动的发展得到国家领导人的特别关注：周恩来总理亲切接见男排队员，对排球训练的关心更是激发了队员们刻苦训练的决心；贺龙元帅提出的“三大球不翻身，死不瞑目”的号召激励着新中国的运动员们树立了为国争光的信念并不断为之奋斗，这些关注和重视为中国男排的第一次发展高潮奠定了坚实的基础。国家体委根据当时“三大球”的发展状况和世界体育运动的竞技水平，认为排球是我们可以首先突破的项目，因此作出“三大球中排球应该打头炮”的决定。作为中国男排主教练的戴廷斌在面对这个艰巨的任务时深感责任重大，为了冲出黑暗、走向黎明，中国男排首先面临的就是 1978 年的亚洲男排锦标赛和 1981 年的第 3 届世界杯赛。事实证明，戴廷斌指导在国家领导和政策的指示下，努力学习国际强队的排球技艺，在艰苦的训练环境中苦练基本功，发扬不怕苦、不怕累的奋斗精神，再加上当时制定的合理的技战术指导思想和戴廷斌根据中国男排的特点进行的技战术创新，发明了风靡世界排坛的快速进攻打法，才保证了中国男排在几年时间里从籍籍无名到世界前五名，这足以说明当时国家的政治大环境对中国男排的发展起到了重要的激励作用，当年的中国男排第一次发展的高潮期也是特定社会环境的时代产物。

对中国男排50年的发展历程进行分析可以发现，政治因素对竞技成绩具有一定的影响，稳定的社会政治环境对中国男排的发展具有积极促进的作用，当然，竞技水平还与多种因素密切相关，只有天时地利人和都具备了，才能实现突破。

第二节　社会经济因素

毫无疑问，经济水平决定着一切与物质相关的事物的发展，尤其是对于体育运动来说，社会经济的发展水平决定了对体育运动投入资金的多少，同时也对比赛条件、训练条件及运动装备等起着重要的作用。20世纪80年代，由于国家政治的需要，对排球项目的投入较大，因此我们获得了巨大的成就，在我国经济发生转变后，排球运动因为金牌少、投入大、收效慢惨遭各省市的“嫌弃”，导致我国排球的竞技水平提高缓慢，甚至在一段时期内发生了严重下滑，中国男排也受到极大冲击。随着我国社会经济的不断发展，直至现在成为世界第二大经济体，排球运动也得到长足发展，中国男排的竞技水平也有了一定程度的提升。因此，社会经济水平直接制约着排球运动的发展，在物质装备逐渐高科技化的今天，这一影响显得尤为重要。

20世纪70年代末80年初，我国正处于改革开放的时期，国家事业百业待兴，国家经济状况也较差，但是当时排球作为中国“三大球”冲出亚洲、走向世界的领头羊，肩负着振兴中华、为国争光的重任，虽然国家经济条件差，但是相比之下，国家还是为中国男排提供了充足的供给：如将排球的训练基地定在物产丰饶特别是水果充沛的漳州，为男排建造了尽管只是竹棚的训练馆。在这样的训练环境中，男排队员们深刻体会到国家对他们的期盼，一心把球练好、为国争光成为男排最大的精神动力。虽然当时我国经济条件并不好，但是对排球的全力支持极大地促进了中国男排技战术水平的长足发展，为中国男排的第一次腾飞创造了有利条件。

1995年7月，随着我国社会经济的进一步发展，为了跟上国际体育运动的发展步伐，提高我国在体育方面的成就并促进体育更加快速高效的发展，国家体委制定和实施了《奥运争光计划》，希望通过体育方面的成功展示我们的国家实力，因此夺取更多奖牌、赢得更大荣誉成为我们在奥运会上最大的目标，一切都要围绕这个最终的目的服务。《奥运争光计划》旨在号召保持我们优势项目的同时，注意发展一般项目并将那些次优势项目迅速提高。简而言之，就是要在奥运会上尽可能多地赢取奖牌，同时兼顾亚运会和全运会的发展，使三者能够相互促进，共同发展。

在国家政策的统筹安排下，本意是尽力提升我国的竞技体育实力，以取得奥运会优异成绩为目标，激励全国体育管理部门和体育健儿锐意进取、超越自我。但是在这种影响下，有些省市曲解了正确的含义，犯了急功近利的错误，想为国家输送更多的优秀人才，想在全运会上取得更多的金牌。于是，相比于足篮排“三大球”投入多、经济消费大的状况，许多单项运动项目更为吃香，各地市在金牌至上的业绩选取上，更加侧重一些冷门、提升成绩快和边缘地带的项目，而排球作为集体项目，收效慢，投资大，运动员的成才周期也较长，且中国男排又不像女排的成绩那么耀眼，社会关注度也低，导致国家和一些地市在经济支持上的取舍，这也导致了当时全国从事排球训练人数的骤减，直接影响了中国男排后备人才的培养。

第三节　训练影响因素

总的训练环境主要包括竞赛与训练的协调管理、训练的具体环境和科研对训练的有效促进三个方面，训练工作是项目的竞技水平得以有效提高的重要基础，是竞技水平提高的内部决定因素。竞赛与训练的协调管理方面，后备人才的培养至关重要，竞赛机制和训练体制也直接影响着队伍的成绩。场馆条件是训练最为密切的关联者，从最初的草棚到现在先进的现代训练场馆，场馆的改善为我国男排的进一步发展提供了更加便利的条件。科研保障也对排球训练起到了促进作用，很多新的科研成果广泛应用于技战术和康复训练，为提升整体水平提供了有利帮助。

一、竞赛与训练的协调管理

排球运动的竞赛与训练管理又包括后备力量培养、竞赛体制和训练管理方面的内容，竞赛与训练管理是球队管理工作的重点，排球运动的整个体系都是围绕训练工作和竞赛工作进行的，都是为之服务的。

（一）后备力量培养

根据相关研究表明，优秀排球运动员的成才时间是5~8年，这充分说明排球运动后备人才的培养周期是漫长的。1978年，我国当时业余体校中排球项目的训练人数是21945人，这是一个相对可观的数字，正是这样雄厚的排球基础才为我国男排获得世界杯第5名和世锦赛第7名的历史最好成绩奠定了人才基础。20世纪80年代后期，随着国家“奥运争光战略”的实施，像排球这类耗费人力和财力的大球项目遭到了排挤与舍弃，导致排球人口基础大大削减，到2000年底，全国体校的排球在训人数只有3385人。纵观中国排球的发展历程，后备人才的变化与男排竞技水平有着密切的联系，排球后备人才的匮乏，不仅影响了中国排球“金字塔”的底部，而且已经成为影响男排竞技实力的最大瓶颈之一。

中国竞技排球运动员成长轨迹是从业余体校到专业队，这样的训练方式和培养模式使培养的人才都是一个模子里出来的，缺乏个性和个人特点。美国的培养方式与我国不同，他们以排球俱乐部形式培养后备力量，不同的排球俱乐部具有不同的优势，如一些俱乐部在培养二传方面较为成功，就有可能会储备多名优秀二传，在这些优势团体举办训练营时会有很多人慕名而来进行学习交流，而中国在培养人才方面非常封闭和传统，切磋交流的机会也较少，进行国际交流的机会更少，这对个人的促进和提高造成了不同程度的限制。美国的俱乐部需要付费训练，所以他们的队员在训练时积极性很高，而中国专业队都是国家一管到底，造成了积极性不高、被动练习的状况。诸多的差异造成了我国在运动员培养方面缺乏创新机制，队员训练缺乏激励机制。

后备人才的储备和补充是项目保持高水平竞技能力的重要保证，许多世界强队在选拔队员时都比较自由，只要有实力、状态好的运动员都可以进入国家队，这种相对宽松环境下的选拔能够有效加大队员之间的竞争，从而促进队员运动水平的提升，而我国男排国家队在奥运会等世界大赛后进行队员调整时，经常会陷入人才困境，几乎没有新鲜血液的补充，这非常不利于男排的发展。纵观世界排坛，新老交替、水平的强弱交替上升本就是竞技体育的常态，但是如果能做好后备人才的储备，就能减少新老交替的影响，使球队形成以老带新、新老结合的良性循环。据汪嘉伟回忆："我们那个年代，排球风靡一时，全国至少有五六十支队伍，有甲、乙、丙升降级。省队还有二线队伍，电视常常转播。"而现在国内仅有十几支队伍，后备力量严重匮乏，比赛现场也是无人问津，电视转播率低下，这些对排球运动在我国的普及和后备人才的培养都非常不利。

（二）竞赛体制

国内的排球竞赛，最为重要的就是四年一次的全运会，长期以来，我国已经形成了围绕全运会展开备战工作，各级各类比赛也是本着为全运会服务的目的，另外，每年一次的排球联赛已经成为常规赛事。1996 年，为了推动排球运动的市场化和职业化，我国对排球联赛进行了改革，采用主客场赛制代替之前的赛制，希望通过主客场制增加比赛的上座率，加大对排球运动的宣传。当时，我国全运会与排球联赛的关系尚不清晰，而且我国排球联赛赛期短，任务重，没有达到宣传和促进排球运动发展的目的，仍需进一步改革。

2016—2017 年中国排球联赛的赛事分为两阶段，战绩以蛇形编排分为两组，首阶段为分组主客场双循环赛制，次阶段按积分排名角逐，赛制为 5 场 3 胜制。但是我国的排球联赛中还有很多问题需要改进：尽管做出很多努力，但事实是，我国排球总是表现得不温不火，现场冷清，转播很少，远不如职业化程度较高的足球等项目。对排球的不重视还表现在联赛安排的赛程较短，过度压缩赛程导致比赛出现了疲劳过度、发挥不佳等现象，比赛的观赏程度也受到影响，这就导致社会对联赛的关注程度也越来越低，赛程的短暂不利于宣传，加上精彩程度大打折扣也影响了赞助商对排球联赛的青睐，多年来我国排球联赛多次出现无赞助商的"裸冠名权"现象，长此以往，我国排球联赛形成一个恶性循环。按照一般的规律，如果国内的联赛能够举行得轰轰烈烈，就可以培养出相对高水平的队员，而国家队的后备人才也无须发愁了，然而，我国联赛冷冷清清，国家队再受重视也无济于事，这无异于舍本逐末之举，我国国家队选拔人才为何一直困难也是这个道理。之前中国的排球联赛都是故步自封，虽然现在有引进外援和不同程度的转会流动，但是排球联赛的关注度仍然低下，遇到其他热门赛事时，排球比赛总是限播减播。

虽然中国的排球联赛已经开始了20年，但职业化的道路却愈加艰辛，广东恒大女排、北京男排等队伍率先引入高水平外援，虽然为联赛各队做出了榜样，但这不是根本的解决之道，抛弃禁锢的思想，让人才真正流动起来，才能让排球联赛运作起来，焕发活力。要想促进我国排球运动的发展，一定要坚持引进和输出有度，引进优秀的外援可以为我们带来新鲜的面孔，更重要的是丰富技战术打法，鼓励国内队员到国外打球，让球员适应不同的环境，学习国外优秀运动员的优势和特色，从而丰富眼界，增长经验。目前，中国男排的两位副攻陈龙海和彭世坤就在日本男排V联赛效力，这是一个良好的开端，也希望中国能有更多的优秀球员走出去，丰富个人经历，汲取更多的技能，为中国排球贡献力量。

事实说明，目前我国排球运动的竞赛制度还不够完善，需要不断地进行改革，尽管2016—2017赛季的排球联赛已经进行了一些改革，如延长赛程、加大宣传等，但是还没有从根本上解决问题，当然这需要一个长期的改进来完成。

从整体来看，影响国内排球联赛发展的因素有很多，但最重要的是国家队在世界赛场能够拿到耀眼的成绩，这才是带动联赛发展的风向标。最新的《中国男排超级联赛改革方案（征求意见稿）》改革内容的发布，这次针对中国男排联赛发展而发布的内容，提到了成立联赛联盟和城市俱乐部、建立联赛联盟和城市俱乐部联赛准入制度，以及创新赛制和激励机制。力争打通中国男排超级联赛与“体总杯”男排城市联赛之间的升降级，优化球员注册和转会等内容。这些改革措施和变化是在以往国内男排联赛基础上的创新，最大限度契合国内男排队员水平和世界一流职业男排联赛的发展模式。中国男排在世界男子排坛的竞争力较为有限，此前更是直接放弃了2021年世界男排联赛，让很多球迷难以理解。老帅沈富麟在重新出山后，也无法在短时间内凭借一己之力将中国男排带进东京奥运会。进入巴黎周期，主教练吴胜将继续率领中国男排，力争实现奥运梦想。目前，意大利男排联赛、俄罗斯男排联赛，是世界范围内水平最高的职业联赛。美国男排、巴西男排、俄罗斯男排、意大利男排等球队中的多名球星，都选择在这两个联赛中打球。中国男排队员的身高条件不输欧美球队，但在比赛气质、经验及个人能力上和几支老牌强队相比相去甚远。巴黎周期的备战已经开启，中国男排联赛史无前例地进行改革，希望能在不久后迎来丰收的季节。

（三）训练体制

在训练方面，我国排球的训练管理一直采用专业运动队训练体制和“金字塔”形训练体制。最初，我们采用的是集体进行专业训练的方式，这种模式在当时培养了大批优秀的运动员，极大地促进了我国男排竞技实力的提升。后来，我国开始建立从业余体校到一线专业队的“金字塔”形训练体制，这种注重层层递进的训练方式，使我国男排的竞技水平有了一定程度的提高。但是，随着训练体制的改革及国内外环境的影响，中国男排的竞技水平呈现较不稳定的现象。可见，训练体制对排球运动的发展也起着重要作用。

亚洲男子排球的先进思想和技战术打法曾经风靡国际排坛，日本国家队的大松博文开创的魔鬼训练法能有效塑造良好的训练和比赛作风；我国排球界所创造和遵循的“三从一大”训练原则客观揭示了排球运动训练的过程，我国男排“元老”戴廷斌教练组创新发明的“快速多变”战术体系曾是欧美强队争相学习的对象。但如今，亚洲男子排球在国际排坛的地位日渐下降，训练的理论和方法严重缺乏创新，虽然随着规则的演变，队员高大化逐渐成为世界竞技排球的发展方向，但是我们在紧跟国际潮流后仍未改变现状，甚至在实现队员高大化之后，我们连之前的快速移动、战术快变的传统优势也失去了，主要原因是中国男排的训练指导思想、训练过程的执行和实施没有完成预期目标。在队员高大化的基础上，要有针对性地制订训练计划，针对不足进行有效提高，扬长避短，科学、精准控制训练过程，以达到最佳的训练效果，否则只会得不偿失。所以，中国男排身体素质的训练要具有科学性和针对性，弥补不足，缩小与世界强队的差距。

世界男排运动仍在快速发展，影响中国男排训练效果的因素存在一定的动态变化，因此教练员和运动员都要具备科学训练的正确思想，力争从训练过程入手，切实提升我国男排的实力和水平。事实上，当前“三从一大”训练原则仍然具有一定的借鉴意义，在深入分析我国男排运动水平和训练方法的基础上，加强对这一训练原则的创新，能够有效地提升我国男排的训练水平[1]。

中国男排运动员从整体情况来说技术缺乏全面性，战术组织失去了原来多变的优势，而且由于身体素质原因我们的扣球力量不如欧美球队，发球也缺乏攻击性，这些差距对比赛的胜负影响是非常大的。"快速多变"战术原是我国男排的传统优势，但如今我国男子排球的一传到位率受对手发球冲击后越来越低，为二传组织进攻造成困难，许多战术进攻无法进行，从而造成进攻不利、比赛失败的结果。

二、中国男排训练环境的改善

中国男排从20世纪70年代创造的辉煌战绩发展至今，一些成绩的获得离不开训练环境的支持，从最初的草棚训练场到如今的高科技、现代化训练基地，训练环境的改善为中国男排提供了更加便利的训练场所。

（一）漳州训练基地

1972年，为保证排球运动训练的稳定性，国家体委决定建立排球训练基地，并将地点选择在物产丰富的漳州，这是由于在食品匮乏年代，为了保证运动员的饮食需求而作出的决定。自从基地建成后，中国男、女排和各省市球队的集训都安排于此处。1973年，漳州在"竹棚"原址盖起了一座拥有3块排球场地、堪称当时"世界级"水平的训练馆。后来，基地的设施越来越好，为国家排球队提供了更优质的服务。2021年4月，为了完成国家男排训练及比赛任务，中国男排在福建漳州进行封闭式训练，漳州训练基地作为国家队最早的训练基地，为男排的训练提供了大力的支持，也赢得了国家男排的青睐。

（二）湖南郴州体育训练基地

中国排球的第二个训练基地是郴州体育训练基地，1978年，了解到国家体育总局想成立排球训练基地的消息，郴州有关领导主动请求建在郴州。郴州人民的热情非常高，只花费42天的时间，训练场馆就建成，那时的训练场馆就是2

[1] 武晓磊．影响我国男子排球项目运动水平的若干因素与研究[D]．济南：山东大学，2011.

个竹棚和 5 块排球场地，但在当时已经是相当好的条件了。之后，中国男排和国家青少年男排多次在此集训，获得了长足的发展。

（三）秦皇岛训练基地

1997 年，“网上飞人”汪嘉伟回国执教中国男排，就是在秦皇岛训练基地进行的训练，并夺回了亚洲男排锦标赛的冠军。之后，男排继续在此进行训练，并夺回了 1998 年亚运会和 1999 年亚锦赛的冠军，秦皇岛训练基地成为中国男排的“风水宝地”。邸安和接任中国男排后，第一次集训也是选在此地，中国男排多次在秦皇岛基地进行集训，主要源于基地领导和员工们对排球运动的关心和爱护，他们从饮食和生活起居各个方面都无微不至地照顾着男排队员们，深受男排队伍的喜爱。

（四）北仑训练基地

中国宁波北仑训练基地于 2006 年 8 月 29 日举行奠基仪式，2008 年投入使用，与前两个基地相比，宁波北仑训练基地更为高大上：仅占地面积就有 180 亩，各类场馆应有尽有，包括球类训练馆、重竞技训练馆、室内游泳馆、田径场地，以及综合训练馆、专业的素质训练馆等一应俱全，总投资高达 1.55 亿元。这里能够同时接纳 10~12 支球队进行训练，能够为全国性的集训提供服务，这里也是宁波市体工大队的训练基地。北仑训练基地在 2008 年正式投入使用，这里更加完善的训练设施和更优越的环境，为国家队的训练提供了更加优质的服务。

（五）潍坊市体育运动学校

潍坊市体育运动学校于 2018 年 1 月 23 日被排管中心授予“中国排球协会排球训练基地”称号，是中国排球协会在省市体校中命名的第一家排球训练基地。潍坊市体育运动学校拥有一座占地 5262 平方米含 6 块标准场地的排球学院训练馆、一座占地 8736 平方米的排球学院学生公寓楼，加之排球学院训练馆，新校共含 24 块标准排球场地，可满足日常训练、大型国家级集训和承接比赛的需求。

（六）江门体育中心

江门体育中心于 2020 年 12 月 17 日被排管中心授予“中国排球协会排球训

练基地”称号。近年来，江门体育中心承办了国际排联世界排球联赛、东京奥运会亚洲男排资格赛等国际赛事，全国女排锦标赛、中国女排超级联赛等国内重要赛事，承接了国家男排赛前训练等重要任务，具有丰富的竞赛、训练服务保障经验。江门体育中心项目总建筑面积约20.25万平方米，用地面积约40万平方米。其中包含约40000座甲型中级体育场、8500座甲级大型体育馆、2000座甲级中型游泳馆，以及2050个展位的中型会展中心。会展中心主要分为5大功能区、5个展览厅和训练馆，具备了更加现代化的设施和设备，能够充分满足球队训练和比赛的需求。

三、科研保障因素

随着现代科学技术的发展，科研已经成为不断提高训练效果的有利帮手，将科研项目运用于训练中，充分利用各种科研攻关的优秀成果，已成为有效提高训练水平的常用方法。我国排球教练员善于进行科学研究，1977年排球运动规则修改后，我国排球教练员和科研人员充分研究和利用新规则，创造性地发展了“前飞”“背飞”等一系列快速进攻打法，使男排在20世纪70年代末80年代初达到了第一个巅峰时期，创造了一系列的辉煌战绩。

从科研角度来看，目前研究内容多是我国男排与世界强队的差距，也提出了一些众所周知的建议，而对技战术创新的研究较少，一方面是因为目前中国男排处于世界三流球队，需要学习的世界先进技战术有很多，盲目地去自我创新缺乏实践基础；另一方面是因为水平有限，进行技战术的创新需要自身的条件达到一定的程度，因此，我国男排的科研与训练、比赛的结合程度总体不高。同时，从社会关注度方面讲，男排与女排的热度相比相差太多，社会资助少，热点球星少，世界大赛成绩不佳，这都导致了中国男排的边缘透明化，再加上本来排球运动就不如足球、篮球的普及程度高，因此，中国男排的处境更加堪忧，各种不利因素导致恶性循环，这对后备人才的储备也产生了极其不利的影响。中国男排想要在低谷中崛起，就必须重视科研的力量，理论指导实践并领先于实践，只有在科研上有所建树，才能掌握主动权，引领男排进行技战术的创新发展。

第四节　核心环节因素

一、运动员因素

（一）运动员综合素质

首先，技术是运动员的生命。全面、高超的个人技术是基础，是比赛的关键，也是运动员赖以生存的必备条件。排球运动技战术的实施需要运动员具备良好的体能素质，随着排球运动技战术的国际传播，各支队伍之间的技战术运用差距也逐渐减小，但是技战术的实施需要建立在运动员身体素质的基础上，同时实施效果也深受身体能力差异的影响，如果运动员的身体条件好，就可以在此基础上研发更为先进的技战术。例如，“网上飞人”汪嘉伟弹跳力好，空中滞空能力强，在这个基础上，我国老一辈男排创新发明了“前飞”“背飞”等新的进攻战术，因此，良好的身体机能也是在对抗中取得胜利的关键，这也是进行科学选材的原因。近年来，我国男排在研究国际趋势的情况下，为了增强自身竞争力，逐渐向队员高大化发展，但这只是一个方面，还要增加进攻和防反等多方面能力，我们才能够拥有与欧美强队抗衡的实力。

其次，运动员除拥有精湛的个人技术外，还应在场上起到核心和灵魂的作用，在比赛的关键时刻，能临危不乱，充分发挥个人和集体的力量，为本队赢得比赛的胜利。中国男排第一次发展高潮时期的“网上飞人”汪嘉伟是队伍的绝对核心，在场上起一锤定音的作用。后来的“亚洲第一主攻”沈琼，也是队伍的灵魂人物，在场上能够起到稳定军心的作用，中国男排现在就是缺少场上的灵魂领袖，缺少定海神针一样的核心运动员。

综上所述，扎实的技术是运动员在比赛中获胜的基础，核心队员对全队起着稳定军心的作用，拼搏精神和集体荣誉感是决定球队胜负的精神层面的因素，运动员的身体条件和默契配合同样也是比赛的重要影响因素。

（二）运动员年龄结构与比赛经验

随着排球运动比赛激烈程度越来越高，队员的年龄和比赛经验对比赛胜负直接起着重要作用，很多世界强队里都拥有一定数量的老队员，他们参加比赛较多，经验更加丰富，因此在比赛中面对困难时能够更好地解决问题。与年轻队员相比，老队员的心理素质更加成熟、比赛的临场发挥更加稳定，在比赛中他们往往能起到稳定军心和鼓舞士气的作用，是队伍取胜的一大法宝。从现代排球的发展趋势来看，运动员的运动寿命不断延长，老队员在排球比赛过程中的作用越来越明显。但是从中国男排近年来的参赛数据看，我们的队员年龄普遍偏低，虽然队员年轻有活力，但是技术相对不成熟，大赛经验太少，对临场应变极其不利，原因是我国运动员运动寿命较短，队员刚成熟起来就可能因为伤病退役，无奈只能选拔更加年轻的队员，如此循环，队伍整体的技术和心理都不够成熟，势必会对发展造成影响。因此，中国男排今后要致力于延长运动员运动寿命，为队伍的发展提供经验保障，同时要尽可能地增加队员锻炼的机会，丰富大赛经验，提高队员心理承受力和抗压力，为争取更多比赛的胜利奠定更为坚实的基础。

有数据表明，中国男排在2006年全年共计参加国际比赛18场，而同为亚洲球队的韩国和日本参加场数为58场，差距之大令人吃惊。欧洲男排每年参加的国际比赛也都在60场以上，这些队伍的参赛场数是我们的3倍多，充分暴露了我们的差距。没有锻炼就没有提高，没有数量的积累就没有质的飞跃，从这些数据对比看，我国男排运动员严重缺乏比赛的锻炼，也非常需要积累比赛经验的过程。年轻队员具备一定的优势，但是经验方面必须多加磨炼，只有通过大赛的历练，队员在心理素质和临场应变方面才能逐渐成熟起来，因此，把握好老队员和年轻队员的培养重点，我们才能做好队伍的新老交替，才能发挥队员最大的优势，夺取更多的胜利。

（三）后备人才培养机制

从我国排球发展的现状来看，我国排球后备人才的储备严重不足，人才培养机制不够完善，这已经成为阻碍中国男子排球运动发展的主要因素之一。李国东在《现阶段我国排球后备力量调研报告》中的研究表明：排球后备人才建设是我国排球运动成绩延续的保障，现阶段我国排球后备力量培养的主体是25所高水平后备人才基地，从调研的情况来看，存在教练员梯队建设不合理、队伍一定程度的老化、教练员学历水平与知识结构相对较低等问题，同时发现女排的后备力量储备要好于男排，这与女排世界大赛成绩较好有直接联系。各支队伍每年比赛的场次较少，难以达到锻炼青少年运动员的目的。因此，男子排球运动项目要实现可持续发展，首先要做到人才培养的可持续发展，而后备人才的培养和储备是人才培养的关键所在，需要国家政策的引导和社会的大力支持。

二、教练员因素

在运动训练和比赛过程中，教练员起着主导和指挥作用，优秀的教练员是制订科学训练计划、进行高效训练以及培养优秀运动员的关键所在。运动员技术水平的提高，除了离不开自己的坚持和努力，更大程度上与教练员的指导密切相关，优秀的教练员总是善于发现问题并帮助运动员快速解决困惑，从而使她们的技战术发生质的飞跃。

教练员在训练中的主要作用是为运动员提供科学、正确的训练计划，不断激发其训练动机，能够发现并解决运动员存在的问题，为运动员的进步提供最科学、有效的训练方法和手段。一名优秀的排球教练员，应不断提高自己的专业理论水平，时刻关注世界排球运动的发展趋势和新的前沿动态，同时在深入了解对手的情况下提高现场指挥的能力；此外，还要营造球队良好的竞争氛围，为运动员树立不断提高自我的目标，培养他们良好的训练和比赛作风。同时，随着国际比赛的日益激烈，各队之间的差距不断缩小，队员的临场发挥和表现也越来越重要，如何在瞬息万变的赛场上运筹帷幄、调兵遣将显得尤为重要，因此，比赛临场指挥艺术也是一名优秀教练员必备的素质。我国优秀教练员郎平，就拥有着国际化的视野，对各国各队的风格特点研究得非常透彻，什么情况下运用什么样的战术，什么时候换什么人，她都拿捏得非常准，无论再激烈的比赛，我们总能看到郎平指导平静的面庞和稳健的指挥，她的指挥总能化腐朽为神奇，总能在关键时刻力挽狂澜，起到出其不意的效果，这是郎平任教多年的能力积淀，是在长期的执教生涯中慢慢形成的。

从最近几年中国男排参加世界性比赛的情况看，我国男排教练员的执教水平和临场指挥水平与世界强队的优秀教练仍有一定的差距。国际排球联合会监督切斯柯诺夫指出：亚洲排球教练员对于现代排球的发展规律及趋势等把握不足，自我学习和创新的能力也有待提高，而且交流仅限于国内范围，国际交流和学习基本没有。我国男排教练员大都是由专业运动员转型而来，运动员时期封闭管理的经历造就了相对狭隘的眼光，经常闭门苦练，缺乏与外界的交流，这是不可取的。从最近几年我国男排的比赛成绩与临场发挥来看，我国排球教练员对球队自身和对手实力的预估、对技战术的部署和临场调度的表现方面，都存在不少问题。因此，为了中国男排的发展，为了实现男排几代人冲击奥运会的目标，我国男排教练员的水平急需提升。

教练员是运动训练的制定者和实施者，也是比赛临场发挥的调配者，他们的训练和比赛意识直接决定科学化训练的程度和比赛的发挥情况。研究表明，教练员聘任期的长短对教练员的科研意识和创新能力具有一定影响，频繁更换教练员会影响教练员对训练计划的制订和对技战术的创新研究。中国男排在大赛成绩不好时频繁地更换教练，严重影响了训练的稳定性，同时带来的必然是执教理念的不同和技术实力的下降与倒退。教练员带队都有自己的带队理念和计划，但这必须经过一定的周期才能实施和完成。同时教练员要充分熟悉运动员的个人特点和队伍的整体水平，而运动员也要适应教练员的执教风格，这个熟悉的过程也需要时间。所以，在评判教练员时，不能只依据一两次大赛的成绩，更应该考虑教练员的事业专注度和对待工作的态度，同时注重教练员知识储备、业务水平和临场指挥等的综合能力。在选拔教练员问题上一定要秉着用人不疑、疑人不用的原则，一旦任命了教练员，就要做他们坚强的后盾，只有这样，教练员才可能专注地做好训练工作，把球队带好并取得优异的成绩。作为一名专职的排球教练员，其人格魅力非常重要。教练员的精神风貌、指导能力、学历经历，以及在学校或工作岗位上的地位、身份，在排球界的名声和口碑等，对教练员的形象都起着举足轻重的作用，而更为重要的是对谁都不服输的个性，将使教练员在队员面前赢得尊重[1]。

培养人才最直接的也是教练员。因此，加速培养具有真才实学的合格教练员乃是根本所在。而国家队教练的难选，尖子队员的奇缺，也说明培养教练队伍方面的失策。我们必须采取坚决措施，有效提高教练员的科学文化素质，鼓励其创新性，支持他们结合科研人员进行各种科学实验。要打破过去师傅传下来的老一

[1] 陈学华. 优秀排球教练员的指导艺术［J］. 南京体育学院学报（自然科学版），2002（3）：34-35，33.

套理论、方法和技战术，创造性地开辟一条全面培养人才、迅速提高水平的新路。只有做到这一点，男排重新崛起才不会成为一句空话。

三、训练理论与方法

训练理论与方法主要表现在我们对原有训练理论与方法的创新，对已有技战术的创新使用等。训练理论与方法对排球运动队的训练效果有着至关重要的作用，一支队伍能否快速地提高技战术水平，与训练时所采用的训练方法是否先进、科学等有着密切的联系。

我国的排球训练理论与方法在两个阶段产生了快速的发展，第一个阶段是中华人民共和国成立后开始振兴各项事业时，也就是20世纪50年代中期至60年代中期，这一时期中国男排在世界排坛崭露头角；第二个阶段是国家提倡“三大球”努力冲出亚洲、走向世界后，也就是20世纪70年代中期至80年代中期，这一阶段中国男排获得了大赛历史最好成绩，创造了第一次发展高潮，这两个阶段我国男排竞技水平均呈现快速增长态势。

技战术创新一直是促进排球竞技水平提高和在比赛中获得主动地位的有力武器。中华人民共和国成立以来，中国男排不断创新排球技战术打法，如20世纪70年代末发明的“前飞”“背飞”等快速进攻打法。当前，随着世界排坛的技战术创新速度减慢，中国男排应注意在学习国际先进技术的同时，充分结合自身特色，走适合自己的技战术道路，扬长避短，实现优势最大化。

我国的排球训练指导思想从确立之初到现在，经历了4次大的修改和完善。实践证明，在不同时期，我们所制定的技战术指导思想反映了不同时期世界排球发展的大方向，同时表明我们需要关注的侧重点不同，在技战术指导思想的指引下，发展能够突出我们优势的技战术，才能使我们的竞技水平得到提高。

训练方法方面，我国排球一直遵循的是向日本女排学习时期所采用的“三从一大”训练原则。20世纪80年代，老女排刻苦的训练和大运动量的练习帮助她们夺得了“五连冠”的辉煌，而中国男排也在这一时期达到巅峰，之后的中国排球在训练时还是会遵循这一原则，但是，随着科学技术的不断发展，各种先进的训练手段和康复手段不断运用于排球训练和比赛，新时期的训练方法和原则也要适当进行调整。现在国际比赛中运动员的年龄呈现了新老结合的形势，老运动员在比赛中扮演了重要的角色，他们心理素质好、大赛经验丰富，关键时刻能够顶住压力、逆转局面，并且非常重视队员在伤病方面的防护，世界强队都会成立康复团队来为队员们进行科学有效的放松和康复训练，另外还非常注重队员的饮食，所以，科学化的训练会有效延长运动员的运动寿命，使运动员的能力和激情在赛场上得到更多展示。

第五节　国际影响因素

相比于我国男足和男篮，我国男子排球队的存在感很低。从中央卫视和各大体育频道的重播节目中我们也可以看到，排球不仅在中国关注度低，在全世界关注度也较低。归根结底，体育的发展与市场和关注度息息相关。对于举国体制的中国体育来说，很多优秀的运动员都选择了关注度更高的其他体育项目。尽管与篮球和足球的关注度差距很大，但我们也希望中国男排有能够跻身世界强队之列、重返20世纪70年代的辉煌。对于今天的中国男排来说，最重要的是先冲出亚洲，目前我们在亚洲的地位堪忧，甚至跌出了前八的位次，只有在更高的国际舞台上展示自己，才能给排球运动带来积极的影响。

一、国内外排球运动文化差异的影响

从人类学角度分析，中国人属于蒙古利亚人种，我国人种的优势是技能类、灵巧度和体现静力性及稳定性、耐力等相关的项目，在绝对速度和绝对力量上我们相对薄弱。我国运动文化的特点是遵循传统、固守内敛等，这就使我国排球受中国传统文化的影响，讲究平衡，顽强韧性，侧重于集体配合的作战风格，再结合我国运动员快速灵活的特征，逐步形成了“快速多变”的进攻体系，而欧美男排的特征是力量性强，比赛中个人表现欲强，个性突出、敢于冒险、行为大胆等。在我国男排与欧美强队的比赛中，也会侧面体现出我们在运动文化上的不同，这对比赛的发挥也产生了不同的影响。所以，我们必须充分认识到排球运动文化差异给我国排球运动带来的不同作用，在训练中有针对性地进行调整。

二、规则修改因素的影响

随着排球运动的发展，竞技排球的竞赛规则也在不断地修改和补充，宗旨则是适应现代排球发展的需要，使比赛中的攻防相对平衡，提高比赛的精彩程度，使比赛更具观赏性，从而促进排球运动更好地发展。排球竞赛规则的修改是为了世界各国排球运动的发展，因此也从一定程度上影响着中国男排的发展历程。中国男排在 20 世纪 70 年代末曾是世界强队，最好成绩获得过世界大赛的第 5 名，我们也发明创新了一些先进的技战术，但是随着排球运动的快速发展，我们逐渐跟不上世界强队的步伐，其中规则的修改也决定了中国男排的曲折发展。

每球得分制执行后，比赛对发球的要求越来越高，大力跳发球越来越普遍，这对我国男排的一传造成了极大困扰，因为一传的到位率直接影响我们“快速多变”进攻战术的质量，同时对运动员的心理素质也是一个考验，因此每球得分制的规则执行对中国男排的发展具有重大的影响。另外，发球区的扩展决定了发球的无限可能，在大力跳发球和多种性能发球的冲击下，接发球的难度大大增加，一传的到位率普遍不高，这严重影响我们进攻战术的组织，因此，想要保持原有的优势，就必须紧跟规则的变化，快速适应并寻求对策。自由防守队员的使用，对欧美等身高占优势的队伍极其有利，后排的防守问题得到解决，但是对我们亚洲球队来说，就更需要加强进攻的速度和力量了。现代排球正式比赛中允许有挑战机会，这也是近几年规则的增补，中国男排心理素质不稳定是由来已久的软肋，关键分或关键球的暂停、换人和挑战等，都会造成比赛的中断，这对队员的心理稳定性是一个极大的挑战，因此，针对我国男排心理波动大的事实，研究竞赛规则的修改趋势，充分信任和利用规则，平常心对待比赛中的各种突发状况，减少规则对自身技战术发挥的不利影响，也是我们需要不断提升的一环。

规则的修改和增减是为排球运动的发展而进行的，任何队伍都会受到影响，或是有利或是阻碍，中国男排的曲折发展历程也会受到一定的影响，这是非常正常的，但是我们要具有一定的敏感性，敏锐捕捉规则改变的趋势，及早做好准备，扬长避短，充分发挥自身优势，才能在比赛中获得更好的成绩。

三、世界排球发展趋势的影响

当今世界排球发展迅速，技战术发展更加简单实用，整体发展更加全面、快速、高大化，单纯依靠一种打法的强队越来越少，世界强队都兼顾了技术精细全面，传球速度和扣球速度加快，导致整个战术组织更加速度化，队员更加高大，同时更加灵活，进攻力量更强，拦网滞空更明显，变化更多，整个团队配合更加重要，这些都显示了世界排球运动的发展程度更加细腻，想要达到世界强队的标准，就必须将各项技战术都发挥到极致，配合非常默契。

中国男排的发展深受世界排球发展的影响，由于身体素质方面的因素，我们与欧美强队的扣球力量存在着一定程度的差距；后备人才培养机制欠缺，导致有些队员到了国家队，仍然还要对技术动作进行纠正，反映了我们在技术方面比较粗糙，配合的精细度不高；国内联赛水平有限，参加大赛的机会又少，因此队员的比赛经验较少，在关键球的把握上表现不好；缺乏强队底蕴，经常在关键比赛中被逆转；与女排相比，我国男排大赛成绩差，社会关注度低，这与其他国家不同。多种原因显示了我国男子排球运动的发展与世界排球运动的发展趋势存在一定的差距，这些因素导致了我国男排的曲折发展历程，从20世纪70年代末的高光时刻到现在，中国男排一直在低谷中努力，争取冲奥成功，争取在亚洲保持稳固的地位，“冲出亚洲，走向世界”是中国男排一直以来的努力方向，而中国男排要想改变现状，就必须把握好世界排球的发展趋势，保持正确的努力方向，才能距离梦想更近一步。

第十二章

CHAPTER 12

新时期中国男排的优劣势分析

中国男排走过漫长的50年，经历了荣耀和困境，了解并掌握中国男排目前的状况，对其今后的发展有所裨益，总结和分析中国男排自身的优势和劣势，对我们下一步的发展方向具有指导性作用。

第一节　中国男排的优势分析

中国男排起步较晚，1951年正式成立国家队，六人制排球才在中国逐渐开展起来，1964年邀请日本教练大松博文来华访问是中国排球发展的一个转折点，当时的日本女排已经获得了世界冠军，同为亚洲人种的日本队获得胜利，为中国排球带来希望和动力，在20多年里，中国男排发展迅速，在20世纪70年代后期已经是世界一流强队了。中国男排能在较短的时间内迅速攀升至世界较高水平，与中国当时的社会环境和体育环境是分不开的，也与中国男排在特定历史时期形成的优良传统息息相关，正是拥有了天时、地利和人和的优势，中国男排才实现了20世纪70年代末的第一次腾飞和20世纪90年代后期亚洲“三连冠”的优异成绩，分析这些优势并继续保持和发扬下去，对中国男排未来的发展会有极大的意义和帮助。

提高中国男排成绩，加强中国男排的队伍建设，是贯彻党中央、国务院大力发展“三大球”的重要指示精神的需要，是中国排球可持续发展的迫切需要。李全强说：“男排的发展对于女排的发展具有非常重要的作用，男排团队是女排队伍教练的主要来源。同时中国男排要认真学习女排精神，刻苦训练，加强团队和思想作风建设，争取在巴黎周期实现突破。”[1]

一、举国体制优势

举国体制是指中华人民共和国成立以来，我国政府为发展竞技体育，提高我国运动员的运动技术水平和国际综合竞争实力，实现奥运战略目标，当前正在贯彻实施的发展竞技体育的一系列理论观点、方针、政策、措施和发展方式的总和[2]。

我国在发展竞技体育之时，根据我国的实际国情，确定了采用举国体制的方法办体育，这一方法促使我国在相对较短的时间内取得了优异的竞技体育成绩。举国体制是我国特有的促进竞技体育快速发展的方式，也是一条成功的中国道路，虽然举国体制有利也有弊，但是这种独有的中国模式的确有效地促进了我国竞技体育的发展，是一条具有中国特色的新路，这是中华人民共和国成立后我国体育工作者和领导共同制定的正确决策。在国际上，我国的举国体制所获得的成就也引起其他国家的高度关注。

美国奥委会竞赛部负责人罗什夸奖中国在雅典奥运会上表现出色，而举国体制无疑是中国竞技体育得以快速发展的有力保障。举国体制优势的重要体现就是高度重视和加强国家队的建设。我国“三大球”从中华人民共和国成立以来都在刻苦训练，想要为国争光，即便中国女排在东京周期遭遇低谷，但其整体实力依然是我国集体项目最强的。然而中国男排其实比中国女排成名更早，更是激发了国人“团结起来，振兴中华”的时代最强音，随着我国举国体制的进一步完善，充分运用我们的优势，学习女排，学习世界强队，不断进行技战术创新，相信中国男排会逐步走出低谷，重拾信心，去追逐自己一直以来的梦想。

二、“快速多变”打法的传统优势

“快速多变”的进攻打法曾是中国男排的撒手锏，是中国排球界总结多年的经验，经过研究创新并得到验证，是完全符合中国男排自身特点的一套进攻战术

[1] 周圆．中国男排巴黎周期力争突破［N］．中国体育报，2020-10-30.

[2] 梁晓龙．举国体制：中国发展竞技体育的成功之路［J］．广州体育学院学报，2005，25（6）：1-5.

体系。20 世纪 70 年代处于鼎盛时期的中国男排，曾多次凭借自己高质量的“快速多变”的进攻打法，在重大的国际比赛中，取得过令人振奋的战绩，曾两夺世界第 5 名的好成绩，在强手如林的世界排坛曾占有一席之地。对中国男排来讲，自身“快速多变”战术组织质量的高低，很大程度地决定了我们在世界大赛中的表现与排名。20 世纪 80 年代中期以后，中国男排与世界强队间的差距逐渐拉大，在世界大赛中的表现一直不好，甚至在亚洲也失去了领先地位。当然，男排的落后，是由许多原因造成的，但不可否认的是，中国男排曾引以为豪的“快速多变”进攻战术体系，已失去了往日的气势，以致中国男排一蹶不振，落入低谷。

“快速多变”的进攻体系是我们的传统打法，是经过实践证明的适合中国男排自身特点的，是我们的传统优势，因此，我们应该有信心重新找回这种优势，使其在新时期成为男排真正的优势，这在心理上对于我们来说具有很大的可能性，曾经我们做到的“冲出亚洲，走向世界”已经实现过，现在仍是我们的目标，巴黎奥运周期已经开启，中国男排应与女排一起，在继承和发扬传统优势的前提下，跟随世界排球的发展潮流，苦练基本功，钻研创新，为自己的目标而努力奋斗，为曾经的辉煌而奋起直追。

快速多变的战术最初是亚洲各队创新的，是用来制约欧美强队的力量型的进攻打法的成功模式。但随着各种先进技战术打法的融合，这些战术很快被普遍使用，有些欧美队伍的进攻速度甚至已经超过亚洲队伍，因而这已不再是我们独有的优势了，在新的时期，我们必须在技战术上进行新的创新，才能突出我们的优势。技术全面仍然是取胜的基础。在这个基础上，我们不仅要继续发扬之前快速多变的优势，同时也要增加我们强攻方面的筹码，两者密切结合才是取胜的王道。根据目前国际排球的发展趋势，今后一个时期，排球运动将主要向着速度、高度、节奏和形式多样化发展。所谓速度，是指完成进攻的时间短，能够在有限的时间内避开对方的拦网，为对方的防守造成麻烦。高度是指队员逐渐高大化，充分利用高度完善自身的进攻和抑制对方的拦网。快节奏和多变性是体现快攻最主要的特征也是主要的制胜因素。快速进攻目前已经成为世界男子排坛一项重要的进攻战术，在排球比赛激烈的对抗中，只有快速地进攻，快速地调整，快速地配合，快速地防守，才能抢得进攻与防守的先机，在比赛中充分占据主动地位，因此“快速”已成为各个强队首先要掌握的进攻打法。在“快速化”的排球战术思想中，我们所强调的应是建立在默契配合基础上的快，队员根据场上具体情况采用实用且有效的快攻。总的来说，在高大化的基础上，速度和变化已经成为当今世界排球发展的趋势。

三、压力之下的动力转化优势

中国男排的发展历程是极其曲折的，球队历史上共有2次参加奥运会的经历，第1次是1984年依靠替补名额进入奥运会赛场，第2次是北京2008年奥运会依靠东道主身份获得参赛名额，可以说这2次参赛都不是依靠自己真正的实力获得参赛资格的，因此，中国男排比任何一个项目都想通过自身努力去参加奥运会这个竞技体育最高规格的比赛。一直以来，中国男排的存在感都比较低，社会关注度与男足、男篮都相去甚远，因此，中国男排急需通过世界大赛来证明自己，更需要通过获得奥运会参赛资格来突破自己。

由于中国男排的曲折发展历程，因此对奥运会等世界大赛的极大渴望，反而转化成了他们最大的动力。俗话说，压力就是动力，一直以来，参加奥运会落选赛都是中国男排奥运周期计划的重点，是最大的目标，冲奥成功成为一代又一代排球人最渴望的梦想。因此，这既是我们的遗憾，更是我们的潜在动力，中国男排想要改变现状，获得长足的发展，就必须把我们对冲奥胜利的渴求转化为前进的动力，一如既往，一鼓作气，不断激励自己，为了中国排球的梦想而奋斗拼搏。

四、“振兴中华”精神激励优势

从中国排球发展的历史可以发现，中国男排其实比女排成名更早。1981年3月20日亚洲杯决赛，中国男排前两局输给韩国队，之后经过顽强的拼搏反败为胜，最终夺冠，从而顺利进军世界杯。那天的胜利曾让北京大学的学生们自发地举行游行，当时的情景不亚于中国女排夺冠后的激动场景。“团结起来，振兴中华”的口号便是从那时叫响的。时隔一天《人民日报》发表新闻特写，题目就是这句响亮的口号。中国男排的这场胜利充分激发了国人的爱国情怀，男排健儿们在比赛落后的情况下不畏强敌、奋起直追的精神，展现了中华儿女优秀的民族精神，更是突出了我国在改革开放初期大无畏的奋斗精神与前进的无限动力，这句激情四射的口号也陪伴着人们在改革开放的新道路上勇往直前走下去。

一支队伍的精神面貌是非常重要的，因为中国男排在历史上曾经激发了社会各界的热情，喊出“团结起来，振兴中华”的时代最强音，所以这也是我们在精神上的一种优势，是我们曾经一脉相承的精神力量。虽然中国男排现在从低谷中出发，步履维艰，但是我们应该相信，男排的教练和队员们一定会沿着前辈们的脚印，向 20 世纪 70 年代男排“黄金一代”的辉煌看齐，以他们为榜样，激发自身最大的潜能，在巴黎周期闯出一片天地。

中国排球曾在 20 世纪六七十年代一起冲出亚洲走向世界，也曾是我国“三大球”的学习榜样，中国男排在女排辉煌战绩的映衬下，有着巨大的压力，但是如果能将压力转化为动力，借鉴同一项目训练和比赛的经验，同时结合世界男排的发展方向，改进自身存在的问题，中国男排一定会重新振作，取得佳绩。

第二节　中国男排的劣势分析

根据国际排球联合会网站发布的消息，由于 COVID-19 大流行造成的财务限制和旅行限制，以及 14 天隔离政策和中国全运会的安排冲突，中国排球协会宣布中国男排不参加 2021 年在意大利里米尼举行的 VNL 国家排球联赛。根据国际排球联合会此前的公告，2021 赛季国家排球联赛没有升降级，所有 16 支队伍都将参加 2022 年的赛事，中国队或许会缺阵至少两年。国际排联给出答复是尊重我们的决定，荷兰男排也凭借其浓厚的排球氛围获得国际排球联合会的认可将顶替中国男排参加 VNL 联赛。这对本来参加大赛机会就少的中国队来说，无疑是一个不好的消息。

排球作为一项在我国群众基础薄弱、上手技术相对较难的体育项目，发展起来本就比篮球、足球更为困难。中国排球联赛的发展和中超、CBA 如火如荼地运作形成鲜明对比。简短的赛程，毫无波澜的宣传，甚至都没有赛事转播，让排球联赛冷上加冷。如今在互联网平台能看到的大多是一些关于中国女排的消息。而我国的相关部门却依然在利用女排带来的热度，男排无人问津，几乎沦为小透明。这相较于意大利、巴西、波兰、俄罗斯等其他国家，他们依靠男排带动女排发展，中国排球的发展却略有不同。男排在队员时期没有掌握精湛的技术和成熟的排球理念，大赛锻炼少、成绩差，综合素质较弱，但是退役后大多转为女排教练，以至于我们现在基层女排的技术相较以往更为粗糙，甚至还出现队员到了国家队还要再去练基本技术的情况，同时在队伍建设各方面都无法给予优质的指导，这对中国排球未来的发展极其不利。

中国男排在奥运会上的最好战绩是第 5 名，那是在北京 2008 年奥运会上，中国男排凭借天时、地利、人和晋级八强，并最终名列第五。巧合的是，中国男排在世界杯上的最好成绩也是第 5 名，不过年代比较久远，分别是 1977 年和 1981 年；另外中国男排世锦赛的最好成绩是第 7 名，分别是在 1978 年和 1982 年取得。迄今为止，中国男排还没有突破之前取得的成绩，甚至差距越来越大，中国男排的复兴之路任重而道远，要想做出改变，首先中国男排要清楚自身存在的问题，针对问题进行改正。

一、缺乏强队底蕴的劣势

中国男排自汪嘉伟那一批“黄金一代”球员之后，实力就逐渐下滑，现在亚洲的几个主要对手特别是伊朗、日本的世界大赛成绩一直不错，已经完成赶超中国男排的任务，中国男排不进还退，特别是在 2018 年连续创下亚锦赛和世锦赛的历史最差成绩，在亚洲都没有进入四强，回到世界前列对中国队来说更加遥远了。在缺乏强队底蕴和胜利自信心的情况下，中国男排在世界大赛中与强队交手，在有机会的时候总是抓不住，带着冲击对手的心理去比赛时还可以正常发挥，一旦领先就不会打球，最后输掉比赛，可以看出，中国男排缺乏自信心，没有作为男排强队所具备的沉着冷静的气质，而强队底蕴是一支球队冲击好成绩的必要前提，在今后的训练和比赛中应有意识地进行培养。

要想成为世界强队，有高水平教练指教同样必不可少。中国男排虽在东京周期请来了阿根廷名帅洛萨诺，但是从比赛成绩来看，球队并没有突飞猛进，而球员的基本功、把握关键分的能力、比赛气质等也没有本质提高，比赛中很难打出像欧美国家男排那种高质量的攻防配合。所以，中国男排要想迈入世界强队之列，依然任重道远。大赛成绩、强队底蕴、自信心、社会关注度是息息相关、相辅相成的，只有提高基本功和技术水平，才有机会去争取成绩和尊重，这是毫无疑问的。

中国男排队员因为人种原因逊于欧美队员身体素质，扣球力量也不足，这是我们需要提高的方面，而在体能训练方面，多则容易导致损伤，少则导致训练效果不佳，因此很难把握。现代竞技排球逐渐向高、快、全、稳方向发展，中国男排技战术快速多变是传统优势，但最近几年，这种优势逐渐消失，中国男排目前的现状不容乐观，竞技能力与其他强队仍存在较大差距，因此，要客观认识这种严峻形势，尽快提升中国男排的竞技水平。

二、联赛职业化和国际交流方面的劣势

中国男排大赛成绩不佳，缺乏社会关注，一直不被重视，再加上排球运动与足球、篮球运动的差距，所以男排职业联赛改革脚步过慢，经营落后，职业化程度低下，参赛队伍良莠不齐、水平较低。对比中国女排的成绩和待遇，地方队球员待遇差，缺乏激励机制，全国范围内均存在职业前景不好的问题，不少球员受伤病、待遇和从业等因素的影响，刚成熟起来就只能退役，这就导致我国男排队伍普遍存在队员年龄小、缺乏大赛经验的问题。成绩差因而社会关注度低，所以对男排的赞助和支持也较少，导致有些球队根本无法维持生计，提高竞技水平更是一句空话。中国排球联赛相对比较封闭，教练和队员都缺少与国际接轨的机会，与世界先进水平接触更少，以前中国男排球员到国外俱乐部打球的很少，现在我们先后有刘力宾、季道帅、饶书涵和彭世坤等队员到日本等联赛效力，国内男排也有北京、上海等队伍引进外援，之前我们队员都没有与欧美球员交手的机会，学习交流的机会很少，技战术水平很难提升，心理素质也不能得到锻炼。目前，中国男排已经有更多的队员走出去了，相信他们到高水平联赛中锻炼之后，能不断提升个人能力，同时也给中国男排的发展带来希望。

国内男排联赛引进外援利弊并存，联赛水平与国外仍有差距。国内几家豪门俱乐部如北京男排、上海男排等，近年来都纷纷引进外援，增强球队实力，提高联赛竞争力，外援的加入虽说可以和本土球员交流技术、比赛经验，但也减少了国内本土球员的实战机会，并且外援一般都是球队的核心球员之一，外援的存在掩盖了整支球队其他环节的漏洞。外援的引进也导致本土球员的机会更少，为了成绩，很多年轻的队员得不到相应的比赛锻炼机会，致使联赛水平虽然提高了，

但本土队员能力却下降了。

再说联赛发展，虽然近几年国内联赛不断地改革调整，但是客观上讲，国内联赛的职业化程度与国际上相比依然不高，不论是从球员整体实力还是知名度等方面都与意大利、俄罗斯等世界顶级联赛还有较大差距，一些男排国家队队员所面临的比赛强度和强队实力依然不够，技术、经验、团队配合并没有得到充分历练。到了国际赛场上，一旦碰到世界强队，就显示出巨大差距，很难与之抗衡。

与世界强队的训练理念和训练手段相比，我国男排的训练还是比较落后的。亚洲人种与欧美洲人种在身体素质上存在较大差异，尤其是弹跳、扣球力量上我们明显不如欧美队伍。随着国际化交流的加深，我们不能故步自封，应该多学习国外先进的训练理念来指导训练。同时要重视训练和赛后的恢复，以及伤病的治疗和保健，因为从世界排球发展的趋势来看，运动员的运动寿命逐渐延长，老队员在比赛中展现出的比赛经验和心理的稳定性都起到了良好的作用。竞赛在训练中起着杠杆的作用，中国男排队员的大赛经验少，高水平对抗的经验也不足，因此陷入不良的发展循环中，我们应意识到这种差距，及时进行改进。

我国排球在发展初期参加的国际交流较少，大多是排球高水平人才的输入，如聘请国外优秀教练员来华讲学、付诸执教，邀请国际强队来我国进行交流比赛等，由于当时中国排球的水平较低，个人的国际流动基本没有，中国排球处于向国际强队学习的阶段。中国男排在第一次发展高潮期之后，大赛成绩一直不好，球员的受欢迎程度一般，到国外打球的机会很少。

从国际行情来看，走出去进行交流是一种必然的趋势，更是一种与时俱进的选择，随着世界排球运动的快速发展，高科技手段及人们思想观念的转变使国际间的交流也日渐增多，中国排球联赛能够引进外援，同时我们国内高水平的运动员也应该出去学习和锻炼，这样才能共享世界上先进的技术手段，使我国的排球运动得以良好的发展。现在世界上有很多水平很高的职业联赛，队员走出去交流、锻炼对其有着非常大的提升，因此，我们应创造更多的机会，让更多的男排队员走出去进行学习交流。

三、后备人才的培养劣势

由于中国男排在世界大赛上的比赛成绩一直不理想，现在在亚洲的地位也岌岌可危，因此社会关注度低，得到的赞助也较少，这些客观事实导致男排队伍训练和比赛积极性有所下降，同时也影响了后备人才的培养数量和质量，大家更愿意去选择篮球和足球等普及程度高的运动项目，基层排球运动则更显冷清。另外，由于基层教练员的水平有限，选材和训练方式不够科学，训练水平不高等因素，导致男排后备人才的储备量更低。

中国男排的第一次崛起始于 1977 年男排世界杯，在该届世界杯上，中国队力压巴西、美国等欧美球队，并最终获得第 5 名，这是中国男排的高光时刻，当时国内各省市拥有几十支排球队伍，联赛需要升降级，比赛多，电视转播也多，国人对排球的热情极高。但是后来，在世界排球运动以飞快的速度发展的同时，我国有些省市却削减排球队，队伍萎缩，赛场萧条，后备力量严重缺乏。可以说我国提出的“奥运战略”目标，虽然从整体上提升了我国在奥运会上夺金的概率，但是也在一定程度上影响了人们在排球运动等费时费力难夺金项目的选择，直接动摇了排球运动的社会地位，也间接导致了中国男排的发展进入了低谷，直到现在，我国男排仍然还没有重登世界赛场的高峰，甚至在亚洲也失去了以往的优势，沦落到输球无底线的地步。

李国东在《现阶段我国排球后备力量调研报告》中的研究表明：排球后备人才建设是我国排球运动成绩延续的保障，现阶段我国排球后备力量培养的主体是 25 所高水平后备人才基地，从调研的情况来看，存在教练员梯队建设不合理、队伍一定程度的老化、教练员学历水平与知识结构不相符等问题，同时发现，女排后备力量要好于男排。各支队伍每年比赛的场次较少，难以达到锻炼青少年运动员的目的[1]。

要建立各个基地与专业队的沟通机制，后备人才培养基地的培养目标要以专业队的需求为标准，因此，应该建立专业队与后备人才基地的定期沟通机制。后备人才的培养要符合排球运动员的培养规律，要把物质激励和精神激励有机结合起来。目前，我国男排正处于冰点低谷期，此时，应充分宣传排球运动，鼓励更多的青少年投入排球的学习和训练中来，加大排球的普及力度，才能为后备人才的培养提供土壤。

---

[1] 李国东．现阶段我国排球后备力量调研报告［J］．西安体育学院学报，2011，28（6）：696-698.

在对后备人才培养经费的投入上，要坚持做到使其达到最大化的收益，加强对经费使用的管理和监督，切实保证国家划拨的经费真正用到实处，同时提高培养经费的整体使用效益，确保专款专用。充沛的后备人才是竞技体育赖以生存的土壤，没有后备人才的支持，竞技体育只能是纸上谈兵。目前，国内联赛队伍只有十几支，每年供国家队选择的队员只有一二百人，实情就是基础差、人才少。在这种人才匮乏的情况下，中国男排应该不断激发队员的潜能，不断加强队员的心理素质，这对队伍的整体发展较为有效。但是如果可供选择的运动员太少，难免也会有“巧妇难为无米之炊”的尴尬。

中国竞技排球的培养多是体校—省队—国家队的模式，对运动员的培养偏重运动技能的培养，而对运动员教育的培养有所欠缺，也使运动员退役后的生活缺乏保障。体教结合的提议早就有，但直至现在仍然没有大的进展，中国排球未来的发展重点是开展校际排球联赛，促进学校排球的发展，加大排球的普及力度，实现学训结合的发展模式。

充分认识当前后备人才培养的劣势，改变中国男排的现状，更要为长久的发展寻求对策，需要我们采用科学的培养模式，借鉴世界强队的成功经验，为中国男排的后备力量培养寻找正确的途径，是新时期中国男排亟待解决的问题。

四、心理劣势

心理素质不过硬一直是制约中国男排取胜的重要因素，在一些关键比赛中或是比赛的关键分时刻，队员的技战术水平因为面对压力或困难时无法正常发挥，队员在心理紧张的情况下动作容易变形，配合不够默契，失误增加，这都是心理失衡造成的，在关键分的把握上更加不稳定，导致许多重要比赛被翻盘，因此，矫正心理已经成为中国男排技战术应用的重要内容。排球运动要想在比赛中取得胜利、战胜对手，不仅要在体能、技战术水平等方面与对手进行抗衡，同时在临场发挥中心理素质稳定性、抗干扰能力、面对困难的心理调节能力等也是赢得比赛胜利的重要因素，尤其是在球队实力和水平比较接近的情况下，对比赛关键比分的把握尤为重要，因为高强度对抗时考验的就是队员的心理承受力。

中国男排屡屡在重要比赛中因为心理素质不够强硬而落败。在 2016 年 6 月里约奥运会男排资格赛中，中国男排对阵澳大利亚男排，第 1 局比赛中国队在开局以 6∶3 领先，进攻不断得分，并且两次技术暂停都处于领先地位，但是比赛后半程，两队陷入僵持局面，局末 22∶22 关键分时，仲为君的进攻被对手拦死后，又被澳大利亚队制造了进攻的打手出界，此时中国队没有顶住、连连丢分，导致先赢后输，最终以 23∶25 遗憾告负。在与世界冠军伊朗队的比赛中，双方苦战 5 局，中国队打出了自己的技战术水平，但是第 5 局遗憾落败，这场球也成为中国男排这次落选赛的转折点。像这种在关键分、关键局、关键比赛失误的情况中国男排有很多例子，能打到决胜局，说明双方水平相当，临场发挥就显得尤为重要，关键分的惯性失误说明心理稳定性的缺失已经成为男排的软肋，必须在训练和比赛中重视起来，只有心理强大，才能更好地发挥出技战术水平。

五、技战术缺乏创新的劣势

中国男排在 20 世纪七八十年代能够成为世界强队，在世界大赛中取得第五的成绩，除了苦练基本功外，最重要的一点就是在技战术的创新方面下了大功夫，这一时期我国男排创新的“前飞”“背飞”“双游一动”等震惊了世界排坛，为中国男排带来了累累硕果。当时的“快速多变”进攻打法是极具中国特色的打法流派，是根据男排自身特点而量身定制的，这与当时的中国男排“元老”戴廷斌的功劳是分不开的，这也是当时的教练组潜心研究、不断创新并根据队员自身特点制定技战术的结果。

如今的中国男排在亚洲失去了往日的辉煌，2018 年亚运会第 9 名（二队）、2019 年亚锦赛第 6 名，充分说明中国男排在亚洲的实力较差。男排落入低谷冰点，反映了许多问题，但是其中一个问题就是中国男排技术创新严重不足，技术老化严重，在比赛中没有特点，没有撒手锏。原本身体条件就不占优势，如果技战术配合上缺乏创新，那就更没有与强队抗衡的资本，训练能力有限，技战术应用受限，外教也无力回天，这也是中国男排亟待解决的问题。技战术创新需要掌握世界排球的发展趋势，研究男子排球的制胜规律，结合我国男排自身的特点，制定当下行之有效的技战术打法，技战术创新是任何一个时期不可缺少的研究重点，也是任何一支队伍想要脱颖而出的利器。

第十三章

CHAPTER 13

世界男排发展趋势及中国男排巴黎奥运周期展望

在分析掌握了中国男排的发展历程、现状及优劣势之后，我们还要对世界男排排球的发展趋势进行前瞻性的研究和推测，以此来决定我们进一步的发展思路，巴黎奥运周期又是新的开始，进行新的规划和展望，我们希望中国男排能够坚持不懈地努力，不忘初衷，牢记使命，为最初的梦想继续前行。

第一节 世界男排发展趋势

一、世界男排发展的规律

在任何一个竞技体育项目中，由于竞争机制和自身发展因素的制约，任何一支队伍都不可能永远保持全胜，也不可能永远处于巅峰状态，总是有高潮也有低谷，这符合运动项目的发展规律，也是因为现在世界各国都非常重视竞技体育的发展，各国获胜的欲望使竞争变得更加激烈。“江山代有人才出，各领风骚数百年”，正是这种普遍规律的生动写照。竞技体育的发展不是一蹴而就的，它深受世界经济、政治、文化等多种因素的影响，其发展态势不是匀速的，而是时缓时急、时快时慢的，所以竞技体育的发展呈现螺旋式上升的发展规律，世界男子排球同样也遵循这一规律。

在世界男子排球螺旋式上升的发展过程中，项目的良性可持续发展是目标，规则不断进行修改和增减，则是在为排球运动的发展保驾护航，正是这种对之前发展否定之否定的矛盾发展注定了其螺旋式发展的结果，全攻全守是排球运动发展规律的外在体现，科技是排球运动发展的有利帮手，为运动员的训练和康复创造了无限可能。随着世界经济的发展，奥林匹克运动发展得越来越好，人类为了更高、更快、更强的目标不断努力着，在科技的帮助下不断挑战自身的极限，使人们更加享受胜利的喜悦和运动的美好体验。尽管世界排球这种螺旋式的发展会受到各种阻碍和挫折，但是在各项有利因素的促进下，世界排球运动一定会持续平稳地发展，并且会更加精彩。

二、世界男排发展的趋势

随着世界排球的发展、各学科多方面的支持和医疗康复手段的先进技术发明，竞技排球运动员的运动寿命相对延长，高水平职业联赛成为提高运动水平的重要途径，而竞技排球技战术也逐步向全面、快速、多变方向发展。从表象来看，现代世界男排正朝着身材相对高大化、队员大龄化、体能逐渐力量化的方向发展，从内在来讲，竞技排球比赛正朝着高水平方向演进，一直在为将排球运动发展为世界最受欢迎的运动而努力，“高度+力量+经验”的竞技因素使排球运动的发展更具人文关怀性，从而吸引更多的人参与其中，这会对竞技排球后备力量的培养有所帮助。排球运动保证正确的前进方向是极其重要的，我们应该看到，在世界各种运动百花争艳的情况下，各项运动受到的冲击是非常明显的，保证大众参与度和商业化，以及竞技比赛的精彩程度，是排球运动赖以持续发展的根本所在。

（一）世界排球技战术向全面、高攻击性、简单实用化发展

排球运动比赛要求运动员技术全面，能攻能守，进攻上强攻与快攻结合运用，前排攻与后排攻增加了进攻的深度，构成全方位立体进攻阵型，力量与速度、前排与后排结合已经成为高水平强队的标配。根据运动员特点，因人制宜地制定相应的战术，使战术效果达到最佳，从而提升整体优势。现代世界男子排球在技战术组织上正朝着技术保持全面性、稳定性和攻击性，战术更加多样化和简单实用化的趋势发展，同时攻击兼具稳定和变化、战术形式多样且简单实用，这个先进的指导思想强调的是球队在进攻组织中，有适合自身的相对稳定有效的战术进攻打法，队员在比赛中技战术发挥相对稳定，能够加强得分的稳定性并减少

失分；在进攻的组织形式上要具备多样化，强调进攻全面而有效，临场发挥要有多种选择，以适应瞬息万变的比赛状况；同时在技战术的运用方面强调合理和简单实用，避免华而不实的虚招。目前，世界各男排强队已经实践应用了这套先进的进攻组织理念，而中国男排无论是在进攻的稳定性、进攻手段多样化或是进攻组织合理简单化方面都与世界强队存在一定的差距，需要认真研究并改进。

另外，在进攻方面，现代世界男排逐渐向快速化、立体化和专位化的方向发展，形成“快速+立体+专位”的进攻理念。中国男排的“快速多变”进攻打法曾是世界领先水平，但是必须建立在一传到位的基础上，现在被各队掌握后也需要创新；而在立体化进攻方面，中国男排的水平较低，过度依赖前排的进攻，对后排立体进攻的效果认识不足，应该加强主动组织后排进攻的思想理念；在队员专位训练上，中国男排应加强接应二传在整体进攻中的重要作用，取长补短，缩小与世界强队的差距。

（二）国际多种打法相互融合

随着国际交流频率的加快，各国间教练员与运动员的交流频繁，亚洲籍的教练员、运动员出现在欧美赛场上，中国的排球联赛中也出现了许多欧美运动员的面庞，国际上各种技战术打法在运动员和教练员的广泛交流中不断融会贯通。例如，我们聘请外教时会引进国外先进的训练方法和手段，外教也会把我们中国的训练理念和方法带到其他国家，不同国家球员的国际流动会影响原本单一、封闭的训练和比赛环境，启发更多的技战术思维，加速产生一些新的发明创造，这些国际化的交流促进了世界男排发展中出现各种打法的融合，也是世界排球运动更好发展的需要。

在这种融合交流的过程中，中国队感受到了更为先进的训练和比赛理念，“大国家队”的训练思想不仅适用于女排，对男排同样适用，提升板凳深度，激发运动员的潜能，这些都是提升训练水平的方法和手段。我们还学习和采纳了一些欧洲球队的拦网技战术，而且掌握了欧洲强队先进的“拦防配合”打法，自身的特点再加上吸收国际先进经验的做法有效促进了中国队防反能力的提升，成功抵御了世界强队的进攻。我们需要注意的是，在融合使用欧美球队特有的技战术时，不能盲目地全盘采用，而要根据我国的特点汲取精华、弃其糟粕。在医疗康复方面，我们应用了世界先进的治疗手段，避免了伤病加剧，提高了康复水平，这些都是国际交流带来的便利，同时也是世界共享科技和先进技术的结果。

及时掌握对手情况，了解并学习掌握世界男排各队的动向及世界男排技战术打法的发展趋势，是中国男排今后发展的方向，而促使更多的球员走出国门，到更广阔的国际舞台去锻炼自己，提高水平，是更有效的培养途径。国内的技战术打法相对保守，联赛水平较低，而世界巨星云集的超级联赛上，各种先进的训练方法和手段汇集，在这样的环境中，运动员进步是非常神速的，中国男排也需要在这样的环境中培养出“一锤定音”的领袖级球星，因此，重视各种打法的融合，打造“全面+特色”的球队，不断提升球队竞技水平，是中国男排需要努力的方向。

（三）排球运动更加职业化、商业化、大众化

职业化是排球运动的发展趋势，大赛的荣誉感和高额奖金的吸引力促使运动员不断挑战自我，队员在比赛中更有动力、比赛更加精彩，而精彩绝伦的高水平比赛往往更能吸引观众的眼球，同时也能带来更大的经济效益。职业化和俱乐部制度吸引了大批优秀排球选手的加入，极大地提高了排球赛的激烈和精彩程度，国际交流日益频繁，世界排球融合发展，职业化发展具备了更多的可能性。现代传播媒体的介入，使排球运动技战术的传播更为迅速，各种比赛的宣传更加广泛和深入，各种利益竞争、最大化的实现促使排球运动商业化程度更加深入。在排球运动发展的金字塔底部，大众排球的发展也越来越普及，排球运动的竞赛形式越来越多样化，参与人群不受年龄、职业、性别等限制，越来越多的人不满足于仅是观看排球比赛，而是参与到各种形式的排球比赛中，亲自去体验排球运动带来的美妙体验。因此，在竞技排球竞争日益激烈、水平越来越高的今天，大众排球运动的发展同样日新月异，这对世界排球运动的整体发展具有巨大的促进作用。竞技排球与大众排球繁荣共进，高水平职业排球与群众排球共同发展，形成“大排球”的概念，这是排球运动发展的最好诠释。

（四）竞技排球的训练和比赛向多学科综合支持方向发展

随着世界科学技术的快速发展，更多的高科技产品和手段运用到了排球运动

的训练和比赛中。利用虚拟仿真、动态链接等媒体技术手段，可以完整地将运动员进行技战术的时空状态和连续变化过程再现，切实提高运动训练效果。伴随着排球运动技战术的不断创新发展，运用科技支撑科学控制排球运动训练过程已成为现实，为运动员制定科学适量的评价标准，也能有效促进训练后恢复水平的提升。

在竞技排球比赛中，我们经常能够看到教练戴着耳麦、拿着计算机接收信息，这也是科技的展现之处。比赛场上教练可以在第一时间了解到场上攻防对抗的数据分析，可以精确地知晓某一运动员扣球的高度、速度和成功率，对手在进攻和防守方面的部署也会以此方式显示得一清二楚，这可以为主教练后续的指挥和判断提供科学有力的帮助。在训练和比赛中，包括运动生物力学、康复学、计算机技术、3D影像等多学科的知识综合运用，为排球运动员的训练和比赛提供了科学的依据，许多新的科研成果运用到实践中来，极大地减轻了运动员的损伤概率，先进的康复仪器帮助运动员尽快地恢复体能和机能状态，为训练和比赛提供了高质量的支持和服务，极大地推进了排球运动的发展。

（五）运动员寿命延长，高水平联赛至关重要

随着科技手段日益先进，训练中的疲劳和不适通过康复放松等方式得到更好的缓解，运动员的伤病得到了预防并可以得到更好的医治，运动员也比以往得到了更多的人文关怀。因此，排球运动员的运动寿命得以延长，这对比赛具有一定的帮助，年龄大的队员拥有更多的比赛经验，心理素质更加稳定，因此在比赛中展现出了更为稳定的发挥，遇到关键球和关键分时能够发挥得更好，这是世界排球发展的趋势，老队员在球队中起着至关重要的作用。

目前，世界男子高水平的排球联赛当属意大利和俄罗斯，女子高水平的联赛则是土耳其联赛，这些高水平的联赛为运动员们提供了更为广阔的平台，在这里他们能够接触到更高水平的比赛强度刺激。世界上各种先进的打法和技战术对于任何一名运动员来说都会得到飞速的提高，韩国的金软景，还有我们的女排队长朱婷，都是在留洋以后得到了长足的进步，为国家队带来了更大的帮助。继刘力宾、季道帅等留洋国外联赛后，我们期望更多的中国男排队员能够到世界高水平的排球联赛去锻炼，提升个人能力，同时带动整个中国男排的提高，为中国排球事业的发展贡献自己的力量。

第二节　中国男排巴黎奥运周期展望

目前，中国男排已经在北京集结，开启了2022年国家男排精英训练营的训练工作，为做好杭州亚运会和巴黎奥运周期各项赛事备战工作，这次集训集结了30余名省队优秀队员进行体能和强化训练。国家队主教练吴胜作为训练营的组长，负责全部训练工作。2022年中国男排的主要任务是杭州亚运会，对于之前跌入低谷的中国男排来说，做好亚洲比赛的准备是首要任务，因此，分析男排目前的处境和主要对手是非常重要的，只有在亚洲站稳脚跟，才能在国际上有所作为。

巴黎奥运周期中国男排的目标是在亚洲具有较强的竞争实力，争取巴黎奥运会的参赛资格。排管中心副主任赖亚文表示："抓紧时间加强队伍的训练、磨合，增强凝聚力，尽快提高技战术能力水平。新周期国家男排将立足亚洲，卧薪尝胆，全力以赴争取巴黎奥运会的参赛资格，实现历史性的突破。"[1]主教练吴胜表示：我们客观认识自身问题，努力学习"女排精神"，加强作风训练，从头做起，使基本功、基本技术等更加全面稳定，我们要树立"为国争光"的信念，增强集体荣誉感，将每个任务都渗透到训练备战工作中。技战术方面我们要认真分析自身特点，发挥自身已有的优势，提高体能训练水平，扬长避短，形成自己的技战术风格，最后要严格队伍管理，塑造顽强拼搏的训练和比赛作风，打造一支敢拼敢赢的队伍。

一、中国男排的处境和主要对手

中国男排在巴黎奥运周期的目标是争取奥运会的参赛资格，巴黎奥运会排球比赛，参赛队仍为男、女各12支，东道主法国男、女排自动参赛，6支参赛队通过2023年开展的3站奥运资格赛产生。国际排联世界排名前24位的球队将参加这3站奥运资格赛，每站8支队伍参赛，前两名获得奥运入场券。同年在日本举行的世界杯是否会成为其中一站奥运资格赛仍需待定。巴黎奥运会其余5支参

[1] 周圆．中国男排巴黎周期力争突破［N］．中国体育报，2020-10-30.

赛队根据2024年1月1日的国际排联世界排名确定，亚洲、欧洲、非洲、南美洲、中北美洲和加勒比地区这五大赛区中未通过之前比赛入围的，将各有1支世界排名最高的球队搭上奥运末班车。这一方案仍需国际奥委会最终批准通过。不管巴黎奥运会排球资格赛如何举行，世界排名显然比以前更加重要。从2020年2月1日开始，国际排球联合会推行新的奥运积分排名，除了奥运会、世界杯、世锦赛、洲际赛事，奥运资格赛也会增设相应的积分，参加世界排球联赛也会有积分，更重要的一点，新的积分政策将两支球队的胜负关系都要计算于积分之内。新的积分政策要求一个队伍必须多参加比赛，从最基础的洲际赛开始，只有洲际比赛参加得多并且取得好成绩，使得自身积分相应增加，继而有出现在国际舞台的机会，特别是奥运会资格赛是根据世界排名来确定参赛球队的，剩下的5个奥运资格更有可能参照按照世界排名来定夺，所以世界排名很可能就是奥运资格的一个重大因素。

（一）中国男排的处境

因为2021年没有参加世界男排联赛，没有获得成绩和积分，所以中国男排的世界排名掉到第28名，中国男排要想获得2022年世锦赛的入场券，就只有一条路走，那就是通过亚锦赛取得好成绩，争取上升到第24名以内。为了这一目标，在国内全运会比赛结束后的男排队员便第一时间跟随主教练吴胜前往日本参赛，好在付出终有回报，中国男排先后赢下日本、卡塔尔和中国台北队，世界排名也上升到了第23名，尽管未能进入亚锦赛的决赛，可最终还是凭借着世界排名获得晋级，搭上了2022年世锦赛的末班车。

随着2022年世界男排联赛分组和赛程揭晓，中国男排继2021年后连续两年放弃世界男排联赛，这是令人遗憾的，因为球队挑战欧美诸强提升大赛经验的愿望化为泡影，想要在2022年世锦赛上创造佳绩难度就更大了。但是，中国男排放弃世界男排联赛是因为防疫形势严峻，不同于女排需要承担冲冠世锦赛和奥运会任务，交锋诸强有助于考察国手和锻炼阵容，反观男排徘徊于低谷而冒险参赛辗转，防疫成本太大，才有了这样的部署，而正是得益于放弃2021年世界男排联赛没有损失积分，中国男排才得以借助亚锦赛积分淘汰欧锦赛劲敌乌克兰晋级世锦赛，可以说是塞翁失马焉知非福。但如今的中国男排可以说正处于上升阶段，整支队伍表现得朝气蓬勃，积极向上的态度，哪怕是面对强敌也敢打敢拼，在2021年的亚锦赛半决赛上，面对实力强大的伊朗男排，中国男排一改以往的作风，尽管实力不如对手，但是拼劲十足，硬生生地赢了他们一局，尽管没有改变最后输球的结果，但这次的输球却让球迷们看到男排的希望。不能参加男排联赛，失去与强队过招的机会还是非常遗憾的。2021年12月，中国男排的世界排名是第22位，如果不参加世界男排联赛，中国男排的世界排名必然又会下跌，世锦赛上强队如云，中国男排压力会更大，如果掉落到第24名之后，那么就会缺席巴黎奥运资格赛的选拔赛，只能参加亚洲区的落选赛，这对中国男排获取巴黎奥运会的参赛资格来说，机会就又减少了，男排的处境可谓无比艰辛了。

（二）中国男排的主要对手

随着2021年亚锦赛的比赛结束，中国男排的世界排名已经升至第22位，在伊朗和日本之后排名亚洲第三。虽然中国男排的主要目标还是奥运会和国际大赛，但是首要任务是要在亚洲稳住阵脚，在亚洲比赛中锻炼自己并获得好的成绩，同时争取增加积分，这样才能有机会参与世界大赛，使队伍得到更多的锻炼，不断提升自己。目前亚洲格局已经不仅是中、日、韩三国鼎立的局面，传统的东亚三强中，中国男排实力逐渐滑坡，因此我们的对手除了老牌劲旅日本和韩国外，还有后来居上的伊朗和澳大利亚队，特别是伊朗和日本队，世界排名都在我们前面，将会是我们在巴黎周期最重要的竞争和赶超对手。

同是亚洲球队，中国男排在身高、扣球高度、拦网高度素质指标上与伊朗、日本和韩国相比没有显著性差异，甚至还有着一定的优势，但是中国男排在扣球、拦网、发球、传球和二传等技术与亚洲三强有着一定的差距，发球的基本功不够扎实，高质量的攻击性发球不多、稳定性不够；扣球线路单一，扣球得分率较低。中国男排应结合自身优势特点，努力把身体、素质等优势条件转化为网上实力，加强自我特长技术的培养与组合。

二、提升策略分析

中国男排在20世纪70年代末和80年代初曾进入世界排坛前列，获第3届、第4届世界杯赛第5名，获第9届、第10届世界锦标赛第7名。由于近年来世界男排水平迅速提高，世界强队进一步增多，相比之下我国男排水平有所下降。北京2008年奥运会男排获得了第5名的好成绩，但只是昙花一现，并不稳定，之后就出现下滑，2018年中国男排又陷入冰点低谷。因此，中国男排寻求对策、提升实力刻不容缓，根据世界男排发展趋势和我国男排的具体特点，应从以下几个方面进一步努力，以早日进入世界前列。

（一）继承和创新“快速多变”的传统优势

从世界男排发展的趋势来看，全面、快速、高度和力量化的立体进攻是世界排球的发展方向，世界强队凭借高度和力量获得网上优势，对中国队造成了一定困扰，但是“快速多变”的快攻打法仍然具有一定的优势，集体配合型打法越来越发挥出强大的威力，巴西、俄罗斯、意大利等世界强队在力量和高度兼备的基础上结合快攻战术，实力更加强大。中国男排曾发明“前飞”“背飞”“平拉开”等一系列快攻战术，并且在世界排坛占有一席之地，因此现阶段的中国男排应继承原有优势，并加强快攻战术的创新，提高战术质量、增加战术变化，重新激活我们曾经的制胜法宝，突出自身特色，加强竞争力，去争取更多获胜的机会。

（二）紧跟世界排球发展趋势，提高高大队员的全面进攻能力

我国男排与世界强队的差距，主要集中在进攻和拦网高度欠缺、进攻力量差距显著两个方面。巴西男排队员弹跳力强，同时也注重发展高度，因此得以充分发挥网上优势才夺得奥运冠军，其他强队也是如此。因此，我国男排要紧跟国际趋势，努力培养高大型主攻手，同时不断提高他们攻守兼备的能力。另外，我们要加强高大型队员进攻技巧的训练，提高发球攻击性和网上突破能力，不断培养队员在困难面前的应变能力。

（三）加强拦网水平训练，提高防守水平

拦网是防守的第一道防线，也是进攻的超前形式。我国男排盖帽拦网技术曾被称为“天安门”拦网而被世界排坛所称赞，这曾是我们的优势，说明我们拥有这种能力，现阶段要加强拦网技术的练习和创新，提高第一道防线的防守质量。目前，我国男排拦网虽有较强实力，但对于欧美世界强队高点强攻和后排进

攻的拦网还有待于进一步提高。同时我们还有待于进一步提高防反水平，现代排球比赛跳发球和大力发球较多，一传水平在比赛中显得尤为重要，一传的质量直接影响到我们后续进攻的效果，特别是我们“快速多变”的打法就是建立在一传到位的基础上进行的，一传到位后战术才能有变化，这种战术可以减轻主攻的压力，尤其是我们的强攻还不够强悍，快速多变的战术配合有利于我们扬长避短，发挥自身优势；拦防配合以及防守重扣等方面要进一步加强以提高防反水平。现代排球的发展趋于攻防平衡，做好进攻和防守的每个细节，我们才能稳扎稳打，不断提升实战水平，从而早日进入世界前列。

（四）增强心理素质，加强关键时刻的抗压能力

中国男排心理积弱是一直以来都存在的老问题。中国男排队员在关键局、关键球和关键分的把握上和世界强队存在一定差距，中国男排队员在困难面前的心理承受能力不够强大。在 2016 年 6 月里约奥运会男排资格赛上，中国男排对阵澳大利亚男排的第 1 局比赛中，中国队在开始阶段以 6∶3 取得领先，我们在进攻端不断得分，并且两次技术暂停我们都是以 8∶7 和 16∶14 领先进入，但是此后，两队一直在比分上形成僵持，老将崔建军上场后通过发球将比分追至 22 平，就是在这关键时刻仲为君进攻受阻、被对手拦死；再加上澳大利亚队进攻时制造了打手出界，在前半程始终场面占优的中国队只得遗憾地以 23∶25 告负。中国男排类似的情况很多，许多 5 局大战中我们都是遗憾告负，甚至像中了魔咒一样，中国队一到领先的时候就不知道怎么打球了，这些都反映出我们心理素质的欠缺，关键时刻掉链子，就是心理不够强大，而强大的心理来源于过硬的技术，两者是相辅相成的。

增强心理素质，不是一朝一夕就能实现的，中国男排基本技术不够扎实，现在还缺少大赛的锻炼，在加强基本功训练的基础上，多进行高水平、高质量的对抗练习，在关键局、关键分的时候技术能够稳定发挥，心里有底了，才能更好地临场发挥。过硬的技术和大赛的锻炼也是互相影响的，只有过硬的技术才能在比赛中组织好丰富高效的战术，从而提高比赛锻炼的效果；而大赛的锻炼能够不断考验运动员的技术发挥，经过高水平的比赛历练后，队员能够迅速成长起来，长此以往，心理素质才能增强。另外，中国男排还需要场上的灵魂领袖，在关键时

刻可以一球定乾坤的“超级球星”，技术全面而且个人能力突出，不仅是技战术上的要求，对运动员的要求同样如此，整支队伍在技术全面的基础上，能够拥有个人能力突出的队员即“超级球星”，那么就能在比赛胶着的时候脱颖而出，力挽狂澜。因此，增强心理素质，需要男排加强基本功的练习，进行大赛的高水平锻炼，同时培养“超级球星”，多管齐下，才能有更好的收效。

（五）提高联赛职业化程度，增加教练和队员国际交流机会

2016年3月，中国排球协会与体育之窗在签约之初曾高调宣称，“将在三年到五年之内打造出最好看的排球联赛”。2020年4月21日，中国排球协会发表声明，因为运营推广商体育之窗长期拖欠费用，自4月14日起与其解除合作关系。早在2016年排球之窗介入后，联赛也发生了不少积极的变化：如使用“鹰眼”系统、提高联赛奖金、重启排球全明星赛等，也切实扩大了排球运动的影响。此外，中国排球联赛还在2017—2018赛季升级改名为“中国排球超级联赛”，赛程增加、活动丰富、软硬件提升等多种改革也显示了良好的发展势头，但是好景不长，随后的两个赛季里，联赛赛程连续缩减，赛事活动也缺乏管理和新意，中国排球联赛的发展似乎回到之前的水平。

在2019—2020赛季，中国排球超级联赛赛程过短引起球迷不满，甚至是夺得女排冠军的天津队整个赛季也只打了13场比赛，其他队伍的比赛场数更少，电视转播场次寥寥无几。职业化程度过低，导致联赛发展滞后，队员缺乏高水平对抗和大赛历练，这对中国排球的发展极其不利。为了备战东京奥运会，女排联赛早早结束，男排联赛则推迟开幕。赛制不稳定，赛程和赛时有变化，中国排球超级联赛难以吸引观众的眼球，发展面临挑战。

中国排球协会要以奥运战略为第一目标，首先考虑的是国家队成绩，其次才是国内联赛的发展和市场开发。但事实是，这两者难以同时兼顾，因此中国排球出现了重国家队轻联赛的现象，也是预料之中的。其实在目前国内的排球市场，中国女排的吸引力还是比较大的，郎平、朱婷等人的市场影响力很强，但是女排东京失利后，也面临着巨大的压力和挑战。中国男排因为大赛成绩差，本身就备受冷落，男排超级联赛也因为缺少世界级球星而没有吸引力。中国排球超级联赛，虽号称职业联赛，但根本无法与足球、篮球职业联赛相媲美，与土耳其、意

大利等高水平联赛更是相去甚远。联赛是培养人才的试验田，也是锻炼队伍的最好平台，只有联赛发展好了，国家队的实力才会相应提高。

2019—2020 赛季的中国男子排球超级联赛，为了让男排备战奥运资格赛，从 2019 年 10 月推迟到 2020 年 2 月，后来又受新冠肺炎疫情影响而暂未开赛，这就导致一些外援可能一场比赛没打就结束合同了，男排队员想要锻炼队员的目标也落空了，由此可见国内联赛不受球迷、赞助商的青睐也是有原因的。社会关注度低，世界大赛成绩差，国内联赛水平低，中国男排的发展充满荆棘和坎坷。男排的改变不是一朝一夕的，纵使聘请经验丰富的外教，也难以得到快速的提升，这与国内诸多因素相关，需要统筹协调，才能逐步改变。

中国男排与国际交流较少，无论是教练员还是运动员，走出去的还是很少。与中国女排相比就显而易见，郎平、朱婷都是有留洋经历的，作为教练员和运动员，她们的能力是非常强的，韩国的金软景同样也是在留洋后实现了质的飞跃。事实证明，到国外高水平的联赛进行锤炼，不仅给个人、还会给球队带来飞速的发展。国外先进的训练理念和技术会让人产生耳目一新的感觉，也会颠覆自己的认知，中国男排现在缺的就是根本上的改变，学习世界先进技战术，融合各种打法，顺应世界排球发展趋势，才能得到最终的提高和发展。

（六）加强后备人才培养

2004 年，国家体育总局局长袁伟民同志在全国体育局长会议上讲道：“后备力量的培养是竞技体育发展要面临的战略性问题，只有重视后备人才的储备和培养，我国竞技体育的发展才有动力，一个运动项目要保持较高的竞技水平，必须遵循项目自身的发展规律和人才成长的规律。”可见，在世界竞技体育的竞争中，同时拥有后备人才数量和质量优势的国家，才能在世界竞技体育舞台屹立不倒。

“体教结合”一直是体育界推崇的人才培养模式，“体教结合”指的是体育系统与教育系统共同培养体育人才，这种培养模式既遵循运动训练规律，又遵循教育发展规律，是一种新型业余训练体制。实施“体教结合”是竞技体育可持续发展的有效途径，是实现体育“育人”与“夺标”双结合的有效途径，使运动员在进行体育训练的同时能够接受常规的文化教育，成长为一个完整的社会人，同时这对运动员将来的就业也大有裨益，解决了后顾之忧，参与体育事业的人就会越来越多，这对我国建设体育强国是非常重要的。

我国另一种排球人才的培养模式是按照业余体校—专业体校—专业运动队的模式培养的，这样的培养模式的基础是各种业余体校、排球运动传统学校和中小学排球队等基层的力量，这种模式相对来说受众面比较大，基本能够挖掘身体条件好的队员，通过培养再输送到专业体校进行专业训练，最后选拔进入优秀的运动队，但与“体教结合”比较仍存在弊端。这种培养模式是目前我国高水平竞技排球人才的主要来源，但是这种模式培养的后备人才学历层次较低，将来就业困难，与社会相对脱节。

新时期我国竞技排球后备人才的培养趋向于多元化发展，体教结合和专业输入的模式各有利弊，因此，我们要正确处理好两者之间的关系。郎平在执教里约奥运周期时执行的“大国家队”的选拔理念就是国外先进的做法，也取得了良好的效果，这为后备人才的培养提供了参考，这种行之有效的人才选拔机制能够促进队员之间的竞争，有利于挖掘队员潜在的能力，是非常可取的。现在中国男排也采纳了这种选拔理念，2022 年国家男排训练营我们就选拔了 30 余名运动员参与体能和强化训练，但是与女排的 67 名球员相比，男排的参训人数还是很少的。中国男排近年来一直在低谷徘徊，中国女排东京奥运会遭遇惨败，中国排球面临着重大挑战，当前形势下，我们应当大力宣传排球运动，扩大排球运动在我国的影响力，扩大排球人口的数量，实现大众排球和竞技排球的共同繁荣，才能保证中国排球在巴黎奥运周期甚至更远的未来后继有人，高枕无忧，才能实现中国男排真正的突破和发展。

REFERENCE

参考文献

[1] 许瑞勋．排球运动文化导论［M］．北京：人民体育出版社，2014.

[2] 许瑞勋，郭瑞平．中国女排40年发展历程纵览［M］．北京：人民体育出版社，2017.

[3] 袁伟民，张彩珍．中国排球运动史［M］．武汉：武汉出版社，1994.

[4] 靳小雨．技战术指导思想与中国排球运动的发展［J］．中国排球，2003（2）：13-14.

[5] 全国排球教练员训练班讲义［Z］．北京：北京体育学院，1983.

[6] 洪阳．孙志安——新中国排球诞生和发展的见证者［J］．中国排球，2005（4）：16-17.

[7] 中国男子排球队参加第三届世界杯男子排球赛总结［J］．体育科技资料，1978（19）：17-24.

[8] 陈建华．团结起来，振兴中华［J］．中国排球，2001（4）：12-13.

[9] 曾倩．中国排球运动世纪回眸［J］．上海体育学院学报，1999，23（4）：72-78.

[10] 邹志华，江申生．第23届奥运会男排比赛追记［J］．中国体育科技，1984（28）：7-39.

[11] 泉浩．邹志华谈亚运会中国男排［J］．体育博览，1986（12）：8.

[12] 黄学文．冠军背后的隐思——对中国男排十一届亚运会后的状况分析［J］．体育科技，1991（4）：15-19.

[13] 郑宗源．第六届亚洲男排锦标赛中、日之战解析［J］．中国体育科技，1992，28（4）：12-16.

[14] 袁伟民，邓星寿．中国排球的出路何在——袁伟民在全国排球训练工作会议上的讲话摘要［J］．辽宁体育，1989（10）：2-4.

[15] 高宝龙，郝利玲．浅论影响中国男排快速多变发挥的因素［J］．四川体育科学，1998（3）：24-25.

[16] 点点．激战多哈——第9届亚洲男排锦标赛追记［J］．中国排球，1997（4）：4-6.

[17] 曹学峰．从第十四届世界男排锦标赛看世界男排格局及发展趋势［J］．沈阳体育学院学报，1999（2）：43.

[18] 中国新闻．中国男排将力保亚洲冠军［J］．中国排球，1998（1）：48.

[19] 张五平，董立．中国男排冲击2008年奥运世界前八强训练思路探讨［J］．成都体育学院学报，2004，30（5）：63-65.
[20] 孔涛．中国男排与世界强队一攻与防反得分能力特征研究［J］．北京体育大学学报，2009，32（12）：143-144.
[21] 李军，徐兰君，李洪磊．第29届奥运会中国男排与世界强队运动员若干非技术因素的差异分析［J］．四川体育科学，2009（3）：67-70.
[22] 黄世光．中国男排与亚洲强队日本、伊朗和韩国男排技术统计对比分析［J］．广州体育学院学报，2011，31（4）：86-88.
[23] 萧萧．网上飞人归国记——记新任中国男排主教练汪嘉伟［J］．中国排球，1997（2）：16-19.
[24] 张颂岐．浅谈国家男排重组后的发展方向［J］．武汉体育学院学报，1983（3）：44-49.
[25] 洪志敏，万百亭．对中国男排未能“冲出亚洲”的思考［J］．上海体育学院学报，1994（S1）：51-53.
[26] 黄文添．当代排球技战术的主要特点［J］．中国体育科技，1996，32（12）：49-50.
[27] 邹志华．第8届世界杯男子排球赛特点分析［J］．南京体育学院学报，1996，10（24）：1-12.
[28] 张然．对中国男排技战术发展方向的考量［J］．体育科学研究，2006（2）：1-3.
[29] 翁仁良．亚洲排坛劲旅奋夺魁首——第十三届世界男排锦标赛展望［J］．体育世界，1994（9）：6-7.
[30] 郭荣．世界冠军巴西男排的成功对中国男排的启示［J］．西安体育学院学报，1995，12（2）：31-33.
[31] 李国东．现阶段我国排球后备力量调研报告［J］．西安体育学院学报，2011，28（6）：696-698.
[32] 王超，李芬芬，李平威．第17届亚运会中国男排与“三强”主动得分技术的对比研究［J］．辽宁体育科技，2015，37（2）：78-81.
[33] 黄汉升．中国男排主要技战术差距及改进对策［J］．北京体育大学学报，1994，17（1）：89-92.
[34] 温向阳．真心英雄周建安［J］．中国排球，1999（1）：11-13.
[35] 梁晓龙．举国体制：中国发展竞技体育的成功之路（上）［J］．广州体育学院学报，2005（6）：1-5.
[36] 彭漪涟．逻辑学大辞典［M］．上海：上海辞书出版社，2004.
[37] 王东．三大球集体滑坡引发的思考［N］．光明日报，2012-08-09（7）.

[38] 王萍丽，薛文标，许榕．中美排球后备人才培养现状比较［J］，体育学刊，2010，17（12）：78-81.

[39] 杨龙，钟秉枢．中国排球运动科学研究的现状和发展［J］．中国排球，1994（4）：34-36.

[40] 李国东．现阶段我国排球后备力量调研报告［J］．西安体育学院学报，2011，28（6）：696-698.

[41] 董兆云，王庆华．技战术指导思想的确立与中国排球运动的发展［J］．烟台师范学院学报，2004，20（3）：229-231.

[42] 梁晓龙．举国体制：中国发展竞技体育的成功之路（下）［J］．广州体育学院学报，2006（1）：1-6.

[43] 谢诚．古巴排球崛起探因［J］．中国排球，1996（3）：16-17.

[44] 陈学华．优秀排球教练员的指导艺术［J］．南京体育学院学报（自然科学版），2002（3）：34-35，33.

[45] 张承玉．21世纪世界排球技战术发展趋势探讨［J］．曲阜师范大学学报（自然科学版），2000（4）：91-93.

[46] 高健，王江云．现代排球战术发展趋势探略［J］．中国排球，1999（6）：43-44.

[47] 刘艳．试论加快我国排球后备人才的培养［J］．沈阳体育学院学报，2001（2）：40-41.

[48] 傅月红．新规则实行后排球发球技术发展趋势［J］．福建体育科技，2001（3）：32-35.

[49] 陈少坚．国家男排后备力量现状与发展对策探析［J］．中国体育科技，1996，32（3）：59-61.

[50] 丁海勇，冉强辉．排球比赛中前后排进攻及跳发球等的云顶学对比分析［J］．上海体育学院学报，1997（2）：39-45，57.

[51] 王志军，张克仁，翟亚青，等．情商与排球运动员的心理素质训练［J］．南京体育学院学报（自然科学版），2005（1）：43-46.

[52] 欧阳林．从排球规则的演变看排球运动的发展趋势［J］．中国体育科技，1995（11）：61-62.

[53] 黄辅周，钟秉枢，高峰，等．排球运动科学探蹊［M］．北京：北京体育大学出版社，1996.

[54] 张少云，徐振兵．思考与借鉴——来自美国男排成功的启示［J］．体育文史，1998（4）：13-15.

[55] 许瑞勋．体育学科理论与排球运动实践［M］．北京：人民体育出版社，2016.

[56] 谷延辉．从男排失利谈运用新战术的可行性［J］．河北体育学院学报，2001，15（3）：

47-48.
[57] 张然．排球纵谈［M］．南京：江苏人民出版社，2001.
[58] 张玉红．从近几届世界大赛看我国排球运动的可持续发展［J］．辽宁体育科技，2014，36（4）：70-72.
[59] 许瑞勋，郭瑞平．排球运动发展中的哲学规律探讨［J］．首都体育学院学报，2005，17（5）：84-85.
[60] 陈佩源．奥运战略视觉下中国男排发展的现状与出路［J］．2018，8（6）：185-186.
[61] 林松．从第16届男排世锦赛来研究中国男排技战术特点及发展趋势［D］．西安：陕西师范大学，2007.
[62] 于贵身．2011年男排世界杯中国男排与世界强队差距对比研究［J］．吉林体育学院学报，2013，29（1）：54-57.
[63] 凌文杰．世界排球运动发展趋势和我国排球运动改革现状［J］．南京体育学院学报（社会科学版），2003（2）：98-100.
[64] 张利明．浅析排球新规则对中国男排技战术的影响［J］．北京体育大学学报，2004，27（5）：706-709.
[65] 翁飚．排球运动职业化和商业化问题的社会学探讨［J］．中国体育科技，1995（2）：43-44.
[66] 丁永玺．我国排球后备人才的培养与市场管理交流体制［J］．鲁东大学学报（自然科学版），2006，22（4）：345-348.
[67] 陈雪梅．解析亚洲男排现状［J］．沈阳体育学院学报，2004，23（4）：586-587.
[68] 刘颖余．大球“沦陷”：2013年中国体育之痛［N］．工人日报，2013-12-28.
[69] 张兴林，葛春林，张建章．我国男子排球后备力量调查及北京奥运会战略分析［J］．中国体育科技，2005，41（4）：85-87.
[70] 许基仁．“奥运战略”拖累了三大球［N］．新华每日电讯，2014-10-10.
[71] 张永兴．中国男排饮恨希腊［N］．新华每日电讯，2000-07-28.
[72] 王幼华．第29届奥运会中国男排与欧美三强综合实力比较［J］．首都体育学院学报，2010，22（1）：59-63.
[73] 黄绵成，郑帅．伦敦奥运落选赛中国男排败因探析［J］．成都体育学院学报，2012，38（10）：41-44.
[74] 姜冠军．我国男子排球后备人才现状与培养方式的研究［J］．西安体育学院学报，2004，24（1）：81-84.
[75] 陈林会，刘青．制约我国三大球项目发展的瓶颈与突破路径［J］．北京体育大学学报，

2017，40（4）：6-13，43.
[76] 王建民．中国男排技战术现状及发展出路探析［J］．福建体育科技，2004，23（2）：14-16.
[77] 陈佩源．奥运战略视觉下中国男排发展的现状与出路［J］．体育大视野，2018，8（6）：185-186.
[78] 张宏伟，沈辉．从2003年世界杯看中国男排的出路［J］．南京体育学院学报，2004（2）：94-98.
[79] 宋明伟，吕立，于江杨．新中国五代领导人关于体育的重要论述及逻辑意蕴［J］．浙江体育科学，2021，43（4）：7-12，79.
[80] 张然．对中国男排技战术发展方向的考量［J］．体育科学研究，2006（2）：1-3.
[81] 刘颖余．中国排球该醒醒了［N］．工人日报，2000-07-28（4）.
[82] 公伟．中国男排技战术创新特点及研究［D］．苏州：苏州大学，2013.
[83] 汪大昭．中国男排跌倒之后［N］．人民日报，2016-06-14.
[84] 胡炫，黄兰，李可可．我国排球发展战略规划的反思与构想［J］．武汉体育学院学报，2015，49（10）：89-95.
[85] 武晓磊．影响我国男子排球项目运动水平的若干因素与研究［D］．济南：山东大学，2011.

APPENDIX

附 录

中国男排历届大赛成绩（1972—2022 年）

序号	主教练	执教年份	主要战绩
1	孙志安	1972—1975 年	1974 年第 8 届世界男子排球锦标赛第 15 名
			1974 年第 7 届亚运会第 3 名
			1975 年第 1 届亚洲男排锦标赛第 3 名
2	戴廷斌	1976—1982 年	1977 年第 3 届男子世界杯排球赛第 5 名
			1978 年第 9 届世界男子排球锦标赛第 7 名
			1978 年第 8 届亚运会男排第 3 名
			1979 年第 2 届亚洲男排锦标赛冠军（首次获得奥运资格）
			1981 年第 4 届男子世界杯排球赛第 5 名
			1982 年第 1 届小世界杯男排赛第 3 名（首次获得国际级大赛奖牌）
			1982 年第 10 届世界男子排球锦标赛第 7 名
			1982 年第 9 届亚运会男排第 2 名
3	祝嘉铭	1983—1984 年	1983 年第 3 届亚洲男排锦标赛第 2 名
4	邹志华	1984—1988 年	1984 年第 23 届洛杉矶奥运会第 8 名
			1986 年第 10 届亚运会男排冠军
			1986 年大冠军杯第 12 名
			1987 年第 4 届亚洲男排锦标赛第 2 名

续表

序号	主教练	执教年份	主要战绩
5	余有为	1989—1990 年	1989 年第 5 届亚洲男排锦标赛第 3 名
			1990 年第 11 届亚运会男排冠军
			1990 年世界男排联赛第 8 名
6	沈富麟	1991—1997 年	1991 年第 6 届亚洲男排锦标赛第 3 名
			1992 年世界男排联赛第 9 名
			1993 年第 7 届亚洲男排锦标赛第 4 名
			1993 年世界男排联赛第 7 名
			1994 年第 12 届亚运会第 2 名
			1994 年世界男子排球锦标赛第 10 名
			1994 年世界男子排球锦标赛第 11 名
			1995 年第 8 届亚洲男排锦标赛第 2 名
			1995 年第 8 届男子世界杯排球赛第 9 名
			1995 年世界男排联赛第 11 名
			1996 年世界男排联赛第 6 名
7	汪嘉伟	1997—2000 年	1997 年第 9 届亚洲男排锦标赛冠军
			1997 年大冠军杯第 4 名
			1997 年世界男排联赛第 10 名
			1998 年第 13 届亚运会男排冠军
			1998 年第 14 届世界男子排球锦标赛第 15 名
			1999 年第 10 届亚洲男排锦标赛冠军
			1999 年第 9 届男子世界杯排球赛第 11 名
8	邸安和	2001—2005 年	2001 年第 11 届亚洲男排锦标赛第 4 名
			2002 年第 15 届世界男子排球锦标赛第 13 名
			2002 年第 14 届亚运会男排第 4 名
			2002 年世界男排联赛第 9 名
			2003 年第 12 届亚洲男排锦标赛第 2 名

续表

序号	主教练	执教年份	主要战绩
8	邸安和	2001—2005 年	2003 年第 10 届男子世界杯排球赛第 10 名
			2004 年世界男排联赛第 10 名
			2005 年第 13 届亚洲男排锦标赛第 2 名
			2005 年大冠军杯第 6 名
9	周建安	2005—2012 年	2006 年世界男排联赛第 13 名
			2006 年世界男子排球锦标赛第 17 名
			2006 年第 15 届亚运会男排第 2 名
			2007 年第 14 届亚洲男排锦标赛第 4 名
			2007 年世界男排联赛第 9 名
			2008 年北京奥运会第 5 名
			2008 年男排亚洲杯第 3 名
			2008 年世界男排联赛第 7 名
			2009 年第 15 届亚洲男排锦标赛第 4 名
			2009 年世界男排联赛第 13 名
			2010 年世界男子排球锦标赛第 19 名
			2010 年男排亚洲杯第 2 名
			2010 年第 16 届亚运会男排第 5 名
			2010 年世界男排联赛第 15 名
			2011 年第 16 届亚洲男排锦标赛第 2 名
			2011 年第 12 届男子世界杯排球赛第 11 名
10	谢国臣	2012—2016 年	2012 年男排亚洲杯冠军
			2013 年第 17 届亚洲男排锦标赛第 3 名
			2014 年世界男子排球锦标赛第 15 名
			2014 年男排亚洲杯第 4 名
			2014 年第 17 届亚运会第 4 名
			2014 年世界男排联赛第 23 名

续表

序号	主教练	执教年份	主要战绩
10	谢国臣	2012—2016 年	2015 年第 18 届亚洲男排锦标赛第 3 名
			2015 年世界男排联赛第 24 名
			2016 年男排亚洲杯第 2 名
11	劳尔・洛萨诺	2017—2019 年	2017 年第 19 届亚洲男排锦标赛第 6 名
			2017 年世界男排联赛（第二档次）第 5 名
			2018 年第 18 届亚运会男排第 9 名（沈琼带领二队）
			2018 年世界男排联赛第 22 名
			2018 年世界男子排球锦标赛第 22 名
			2019 年世界男排联赛第 16 名
			2019 年第 20 届亚洲男排锦标赛第 6 名
12	沈富麟	2019—2020 年	2020 年东京奥运会亚洲区资格赛
13	吴胜	2020 年至今	2021 年第 21 届亚洲男排锦标赛第 3 名

POSTSCRIPT

后记

伴随着2022年春天的来临，本书终于掩卷付梓了，笔者在激动之余，内心还有些诚惶诚恐。作为长期从事排球教学训练，以及科研工作的教师，我们聆听过老一辈专家的教导，回顾了世界排球运动的发展历程；也见证了中国排球的辉煌与成功、低谷与高峰、失意与光荣。既感受到了竞技排球运动的魅力和传奇，也领略了全民健身活动中排球运动的精彩纷呈。身随其行，情随其动！在长期的教学、训练和科研工作中，也学有收获，教有所成。我们所主持和教授的排球课程，与团队成员一起努力，荣幸地被教育部评定为国家级精品课程，进而转型升级为第一批国家级精品资源共享课程。河南师范大学体育学院也涌现出国家男子排球队原主教练谢国臣，主力队员焦帅、崔建军、郭亮这些杰出的校友和球星。长期的工作经历，与排球结下了不解之缘。

世界排球运动蓬勃发展，中国男排一直在为中国体育事业和世界排球运动输入力量，砥砺前行，奋力拼搏，不忘初心。中国男排在北京2008年奥运会中曾获第5名，在世界男排锦标赛中获得过第7名，展现了较高的竞技水平，在亚运会和男排亚洲锦标赛中多次获得过冠军。中国男排为世界排球发明创造了一系列新的技战术配合，中国男排的技战术打法独树一帜，极大地推动了世界排球运动的发展。中国男排虽然还没有登上世界排坛的傲人顶峰，但是他们始终心中有理想，眼前有方向，脚下有底线，心中有正气，身上有能量，一直在不懈的努力拼搏中。

多年来，在编写教材的同时，我们陆续出版了《排球运动文化导论》《中国女排40年发展历程纵览》等著作。比赛虽有输赢，热爱不分胜负。伴随着新时期“体育强国梦”的建设进程和蕴藏在内心深处对中国男排的热爱与拥戴，我们撰写了本书，作为《中国女排40年发展历程纵览》的姊妹篇，聊表我们对中国男排的敬意。同时也期望总结经验和教训，能够为我国排球运动及中国体育事业的持续发展提供些许参考依据，为新时期我国竞技体育的发展提供帮助。

感谢河南师范大学体育学院的领导和老师，尤其是排球教学团队的各位同人，我们既是事业上的合作伙伴，更是生活中的亲密朋友。在努力进取中成就事业，在团结合作时加深友谊。

感谢郑州西亚斯学院体育学院的领导和老师，你们给予的支持和帮助，理解与关心，使我能在团结和睦的氛围中愉快地工作、舒心地生活。

在本书的编著过程中，笔者力求其科学性、前瞻性和先进性。参阅、借鉴了众多领导、专家、学者的学术论文、著作等参考资料，在此我们一并表示感谢。

书中如有不妥之处，恳请读者给予谅解和指正。

图书在版编目（CIP）数据

中国男排50年砥砺奋进综观 / 许瑞勋，郭瑞平著
. -- 北京：人民体育出版社，2022
ISBN 978-7-5009-6177-2

Ⅰ. ①中… Ⅱ. ①许… ②郭… Ⅲ. ①男子项目－排球运动－体育运动史－中国－现代 Ⅳ. ①G842.92

中国版本图书馆CIP数据核字(2022)第097473号

*

人民体育出版社出版发行
北京中献拓方科技发展有限公司印刷
新 华 书 店 经 销

*

787×960 16开本 15.25印张 240千字
2022年10月第1版 2022年10月第1次印刷

*

ISBN 978-7-5009-6177-2
定价：80.00元

社址：北京市东城区体育馆路8号（天坛公园东门）
电话：67151482（发行部） 邮编：100061
传真：67151483 邮购：67118491
网址：www.psphpress.com
（购买本社图书，如遇有缺损页可与邮购部联系）